プリント形式のリアル過去問で本番の臨場感！

広島県

盈進中学校

2025年春受験用

解答集

本書は，実物をなるべくそのままに，プリント形式で年度ごとに収録しています。
問題用紙を教科別に分けて使うことができるので，本番さながらの演習ができます。

■ 収録内容

・解答集（この冊子です）

書籍ＩＤ番号，この問題集の使い方，最新年度実物データ，リアル過去問の活用，
解答例と解説，ご使用にあたってのお願い・ご注意，お問い合わせ

・2024（令和６）年度 ～ 2021（令和３）年度　学力検査問題

JN132490

○は収録あり	年度	'24	'23	'22	'21		
■ 問題収録		○	○	○	○		
■ 解答用紙		○	○	○	○		
■ 配点							

算数に解説があります

注）問題文等非掲載：2024年度国語の二と社会の6，2023年度社会の6，
2022年度国語の二，2021年度国語の二と社会の6

問題文などの非掲載につきまして

著作権上の都合により，本書に収録している過去入試問題の本文や図表の一部を掲載しておりません。ご不便をおかけし，誠に申し訳ございません。

本文の一部を掲載できなかったことによる国語の演習不足を補うため，論説文および小説文の演習問題のダウンロード付録があります。弊社ウェブサイトから書籍ＩＤ番号を入力してご利用ください。

なお，問題の量，形式，難易度などの傾向が，実際の入試問題と一致しない場合があります。

教英出版

■ 書籍ＩＤ番号

入試に役立つダウンロード付録や学校情報などを随時更新して掲載しています。
教英出版ウェブサイトの「ご購入者様のページ」画面で，書籍ＩＤ番号を入力してご利用ください。

書籍ＩＤ番号　118432

（有効期限：2025年9月30日まで）

【入試に役立つダウンロード付録】
「要点のまとめ(国語／算数)」
「課題作文演習」ほか

■ この問題集の使い方

年度ごとにプリント形式で収録しています。針を外して教科ごとに分けて使用します。①片側，②中央のどちらかでとじてありますので，下図を参考に，問題用紙と解答用紙に分けて準備をしましょう（解答用紙がない場合もあります)。

針を外すときは，けがをしないように十分注意してください。また，針を外すと紛失しやすくなりますので気をつけましょう。

① 片側でとじてあるもの

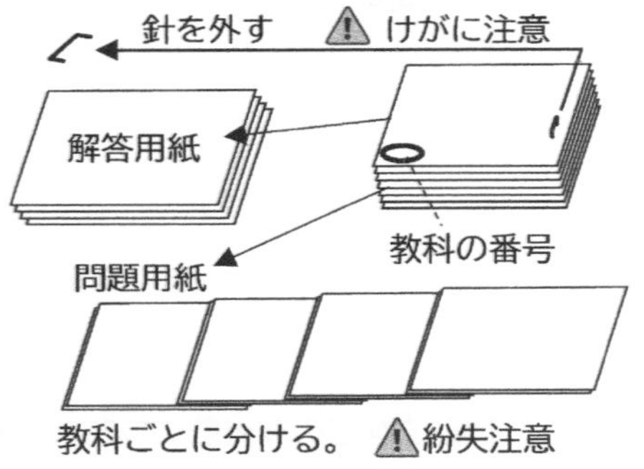

② 中央でとじてあるもの

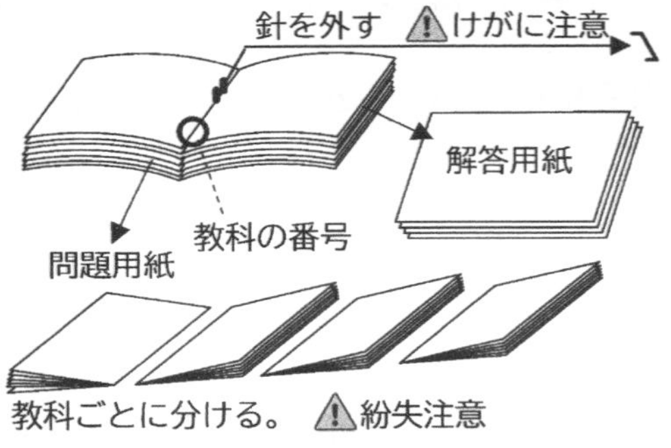

※教科数が上図と異なる場合があります。
解答用紙がない場合や，問題と一体になっている場合があります。
教科の番号は，教科ごとに分けるときの参考にしてください。

■ 最新年度 実物データ

実物をなるべくそのままに編集していますが，収録の都合上，実際の試験問題とは異なる場合があります。実物のサイズ，様式は右表で確認してください。

問題用紙	Ａ４冊子(二つ折り)
解答用紙	国・算：Ａ３片面プリント 理・社：Ａ４片面プリント

リアル過去問の活用

～リアル過去問なら入試本番で力を発揮することができる～

本番を体験しよう！

問題用紙の形式（縦向き / 横向き），問題の配置や余白など，実物に近い紙面構成なので本番の臨場感が味わえます。まずはパラパラとめくって眺めてみてください。「これが志望校の入試問題なんだ！」と思えば入試に向けて気持ちが高まることでしょう。

入試を知ろう！

同じ教科の過去数年分の問題紙面を並べて，見比べてみましょう。

①　問題の量

毎年同じ大問数か，年によって違うのか，また全体の問題量はどのくらいか知っておきましょう。どのくらいのスピードで解けば時間内に終わるのか，大問ひとつにかけられる時間を計算してみましょう。

②　出題分野

よく出題されている分野とそうでない分野を見つけましょう。同じような問題が過去にも出題されていることに気がつくはずです。

③　出題順序

得意な分野が毎年同じ大問番号で出題されていると分かれば，本番で取りこぼさないように先回りして解答することができるでしょう。

④　解答方法

記述式か選択式か（マークシートか），見ておきましょう。記述式なら，単位まで書く必要があるかどうか，文字数はどのくらいかなど，細かいところまでチェックしておきましょう。計算過程を書く必要があるかどうかも重要です。

⑤　問題の難易度

必ず正解したい基本問題，条件や指示の読み間違いといったケアレスミスに気をつけたい問題，後回しにしたほうがいい問題などをチェックしておきましょう。

問題を解こう！

志望校の入試傾向をつかんだら，問題を何度も解いていきましょう。ほかにも問題文の独特な言いまわしや，その学校独自の答え方を発見できることもあるでしょう。オリンピックや環境問題など，話題になった出来事を毎年出題する学校だと分かれば，日頃のニュースの見かたも変わってきます。

こうして志望校の入試傾向を知り対策を立てることこそが，過去問を解く最大の理由なのです。

実力を知ろう！

過去問を解くにあたって，得点はそれほど重要ではありません。大切なのは，志望校の過去問演習を通して，苦手な教科，苦手な分野を知ることです。苦手な教科，分野が分かったら，教科書や参考書に戻って重点的に学習する時間をつくりましょう。今の自分の実力を知れば，入試本番までの勉強の道すじが見えてきます。

試験に慣れよう！

入試では時間配分も重要です。本番で時間が足りなくなってあわてないように，リアル過去問で実戦演習をして，時間配分や出題パターンに慣れておきましょう。教科ごとに気持ちを切り替える練習もしておきましょう。

心を整えよう！

入試は誰でも緊張するものです。入試前日になったら，演習をやり尽くしたリアル過去問の表紙を眺めてみましょう。問題の内容を見る必要はもうありません。どんな形式だったかな？受験番号や氏名はどこに書くのかな？…ほんの少し見ておくだけでも，志望校の入試に向けて心の準備が整うことでしょう。

そして入試本番では，見慣れた問題紙面が緊張した心を落ち着かせてくれるはずです。

※まれに入試形式を変更する学校もありますが，条件はほかの受験生も同じです。心を整えてあせらずに問題に取りかかりましょう。

2024 解答例 令和６年度　盈進中学校

《国　語》

一　①さち　②しじゅう　③しょうしつ　④あた　⑤ゆだ　⑥げねつ　⑦ぼぜん　⑧そんぼう
⑨よそお　⑩ひもの　⑪持続　⑫金貨　⑬保管　⑭態　⑮修　⑯本領　⑰歴然
⑱輸入　⑲幼　⑳補

二　問一．ａ．イ　ｂ．エ　ｃ．オ　ｄ．ウ　問二．Ⅰ．本来の意味どおりに伝えない　Ⅱ．意味のないやりとり
問三．窓を開けて風を入れてほしい／クーラーをつけてもらえませんかね　などから１つ
問四．主語…エ　述語…ク　問五．相手との関　問六．エ　問七．Ａ．イ　Ｂ．オ　問八．ウ
問九．１．〈作文のポイント〉
・最初に自分の主張、立場を明確に決め、その内容に沿って書いていく。
・わかりやすい表現を心がける。自信のない表現や漢字は使わない。
さらにくわしい作文の書き方・作文例はこちら！→
https://kyoei-syuppan.net/mobile/files/sakupo.html
２．伝えようという気持ち

三　問一．ⅰ．オ　ⅱ．ア　ⅲ．ウ　ⅳ．イ　問二．今日も朝練　問三．ａ．首　ｂ．耳　ｃ．背　問四．ア
問五．晴美の涙　問六．ウ，オ　問七．ウ　問八．バスケの練　問九．友達と歌声を重ねることで、失った自信を取り戻したのではないかな。

四　① basha　② kajitsu　③ shokki　④ chokin　⑤ furudokei

《算　数》

1　(1)8　(2)$\frac{1}{2}$　(3)$\frac{1}{4}$　(4)47　(5)38　(6)２　(7)１

2　(1)750　(2)520　(3)180　(4)20　(5)840　(6)12　(7)22

3　(1)600　(2)750　１：３　(3)ア　(4)$291\frac{2}{3}$

4　(1)①28　②84　(2)①35　②105

5　(1)①６　②１，２，３，４，５，６　③８　(2)10，９，８，７，６，５，４，３，２，１　(3)44

《理　科》

1 問1．ウ　問2．ウ　問3．エ　問4．花粉　問5．イ　問6．エ　問7．エ　問8．ウ
問9．イ　問10．ウ

2 問1．ア　問2．ウ　問3．ウ　問4．イ→ウ→ア　問5．ア．250　イ．7.2　問6．ア　問7．イ
問8．オ　問9．イ

3 問1．ア　問2．ウ　問3．エ　問4．ウ　問5．ア　問6．エ　問7．ア　問8．イ，ウ，オ
問9．イ　問10．ア，ウ，エ，オ

4 問1．エ　問2．ア　問3．イ　問4．ウ　問5．ア　問6．エ　問7．1.8　問8．イ
問9．エ　問10．ウ

5 問1．(1)大豆　(2)パン　(3)毒を作らない　問2．イ　問3．(1)ア　(2)ウ　問4．プラスチック／65.8
問5．(1)エ　(2)二酸化炭素　(3)10

《社　会》

1 問1．エ　問2．(1)ウ　(2)イ　問3．アイヌ　問4．イ　問5．ア　問6．エ　問7．ウ
問8．ア　問9．イ　問10．ア　問11．エ

2 問1．エ　問2．ア　問3．イ　問4．ウ　問5．ア　問6．ウ　問7．エ　問8．イ

3 問1．竪穴　問2．イ　問3．ウ　問4．前方後円墳　問5．大和朝廷　問6．十七条憲法
問7．ア　問8．エ　問9．ア　問10．足利尊氏　問11．一国一城令で反乱を防いだ。／武家諸法度で大名を取りしまった。／参勤交代でお金を使わせた。などから1つ　問12．エ　問13．ウ　問14．エ
問15．イ

4 問1．ウ　問2．ア　問3．ウ　問4．イ　問5．オ

5 問1．ア　問2．ウ　問3．エ　問4．ア　問5．イ

6 問1．カ　問2．ク　問3．ウ　問4．NGO　問5．イ

2024 算数解説 ＞ 盈進中学校

令和６年度

1 (1) 与式$=61-53=$ **8**

(2) 与式$=\frac{1}{18}\times 9=$ $\mathbf{\frac{1}{2}}$

(3) 与式$=\frac{27}{8}-\frac{5}{12}\times\frac{15}{2}=\frac{27}{8}-\frac{25}{8}=\frac{2}{8}=$ $\mathbf{\frac{1}{4}}$

(4) 与式$=27+5\times 4=27+20=$ **47**

(5) 与式$=9.7\times(0.38\times 10)-34\times 0.38+0.37\times(0.38\times 100)=97\times 0.38-34\times 0.38+37\times 0.38=$

$(97-34+37)\times 0.38=100\times 0.38=$ **38**

(6) 与式より，$39\times(1+□)=20+97$　　$1+□=117\div 39$　　$□=3-1=$ **2**

(7) 与式$=20\div\{(\frac{19}{8}+\frac{3}{4})\div\frac{3}{8}\}-\frac{7}{5}=20\div\{(\frac{19}{8}+\frac{6}{8})\times\frac{8}{3}\}-\frac{7}{5}=20\div(\frac{25}{8}\times\frac{8}{3})-\frac{7}{5}=20\div\frac{25}{3}-\frac{7}{5}=20\times\frac{3}{25}-\frac{7}{5}=$
$\frac{12}{5}-\frac{7}{5}=\frac{5}{5}=$ **1**

2 (1) 本の値段はおこづかいの$\frac{1}{4}$だから，$3000\times\frac{1}{4}=$**750**(円)である。

(2) 定価は原価の$1+0.3=1.3$倍だから，$400\times 1.3=$**520**(円)である。

(3) **【解き方】速さが等しいとき，進む道のりは歩く時間に比例する。**

きよしくんは480m歩くのに８分かかるから，３分間で歩く道のりは$480\times\frac{3}{8}=$**180**(m)である。

(4) 10％の食塩水400ｇにふくまれる食塩は$400\times 0.1=40$(ｇ)だから，50ｇの食塩を加えたときの濃度《のうど》は，
$\frac{40+50}{400+50}\times 100=$**20**(％)になる。

(5) **【解き方】兄のおこづかいを⑤，弟のおこづかいを②として考える。**

兄と弟のおこづかいの差が360円だから，⑤－②＝360　　③＝360となる。よって，２人の持っているおこづかいの合計金額は，$360\times\frac{⑤+②}{③}=$**840**(円)である。

(6) **【解き方】仕事量の合計を21と28の最小公倍数の84とする。**

しんいちくんが１分で行う仕事量は$84\div 21=4$，まゆこさんが１分で行う仕事量は$84\div 28=3$だから，２人が１分で行う仕事量は$4+3=7$である。よって，この仕事を２人ですると$84\div 7=$**12**(分)かかる。

(7) **【解き方】ひろしくんがたけしくんに初めて追いつくのは，ひろしくんの進んだ道のりがたけしくんの進んだ道のりより，ランニングコース１周分の長さだけ長くなるときである。**

ひろしくんとたけしくんの進んだ道のりは，１分間に$140-100=40$(m)ずつ差が広がっていく。よって，２人の進んだ道のりの差が880mとなったとき，ひろしくんがたけしくんに初めて追いつくから，出発してから$880\div 40=$**22**(分後)である。

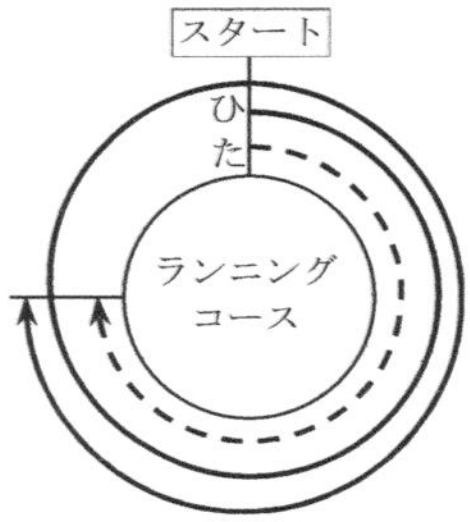

※ひろしくんを「ひ」，たけしくんを「た」と表している。

3 (1) 立方体の６つの面はすべて面積が等しく$10\times 10=100$(㎠)だから，表面積は$100\times 6=$**600**(㎠)である。

(2) **【解き方】立体②を底面が台形ＭＥＦＢの四角柱とみて，体積を求める。**

ＭはＡＢの真ん中の点だから，$ＭＢ=10\div 2=5$(㎝)である。

よって，立体②の体積は$\{(5+10)\times 10\div 2\}\times 10=$**750**(㎤)

立方体ＡＢＣＤ－ＥＦＧＨの体積は$10\times 10\times 10=1000$(㎤)だから，

立体①と立体②の体積の比は，$(1000-750):750=$ **1 : 3** である。

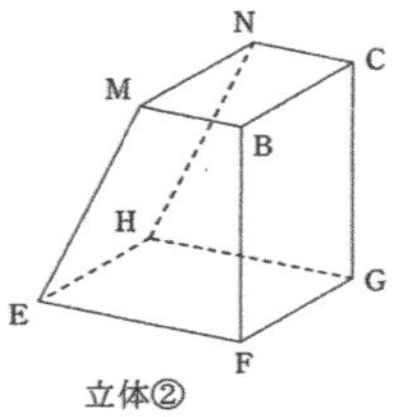

立体②

⑶　**【解き方】３点Ａ，Ｃ，Ｆを通る平面で切断すると，切り口の図形は右図の太線部のようになる。**

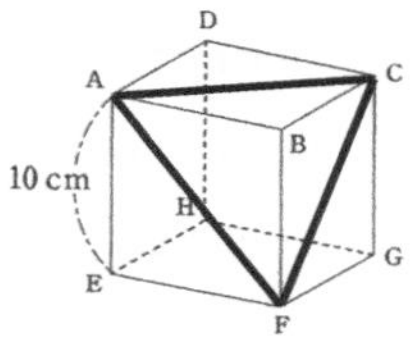

ＡＦ，ＦＣ，ＡＣはすべて１辺の長さが 10 cmの正方形の対角線だから，長さが等しい。よって，切り口はアの正三角形である。

⑷　**【解き方】右図において，三角すいＯ－ＥＦＧの体積と三角すいＯ－ＰＢＱの体積比から，点Ｂをふくむ立体の体積を求める。**

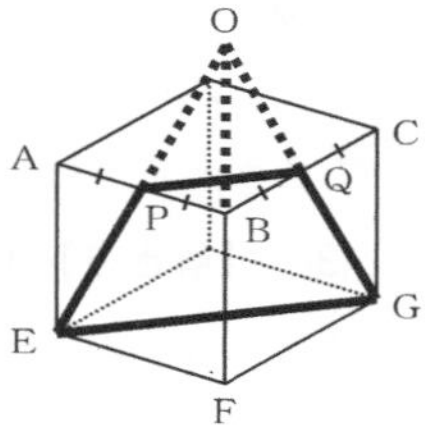

三角すいＯ－ＥＦＧと三角すいＯ－ＰＢＱは形が同じで大きさが異なる立体であり，辺の長さの比はＥＦ：ＰＢ＝10：５＝２：１である。

よって，ＯＦ：ＯＢ＝２：１より，ＯＦ：ＢＦ＝２：(２－１)＝２：１だから，

ＯＦ$=10\times\frac{2}{1}=20$(cm)となる。

形が同じで大きさが異なる立体の体積比は，辺の長さの比を３回かけた比であり，

(三角すいＯ－ＥＦＧの体積)：(三角すいＯ－ＰＢＱの体積)＝(２×２×２)：(１×１×１)＝８：１となるので，

求める体積は三角すいＯ－ＥＦＧの体積の$\frac{8-1}{8}=\frac{7}{8}$倍である。

したがって，$(10\times10\div2\times20\div3)\times\frac{7}{8}=\frac{875}{3}=\mathbf{291\frac{2}{3}}$(cm³)

4　⑴①　赤いタイルについて，長方形の横には 48÷12＝４(枚)ずつ，縦には 49÷７＝７(枚)ずつ並んでいる。よって，必要な赤いタイルは４×７＝**28**(枚)である。

②　**【解き方】正方形の１辺の長さは 12 cmと７cmの公倍数になる。**

最も小さい正方形の１辺の長さは 12 cmと７cmの最小公倍数となるから，**84** cmである。

⑵①　求める縦の長さは，赤いタイルと青いタイルの縦の長さ７cmと５cmの最小公倍数だから，**35** cmである。

②　**【解き方】⑵①より，正方形の１辺の長さは 35 cmの倍数になる。１辺の長さが 35 cm，70 cm，105 cm，…となるそれぞれの場合について，横に並べる赤いタイルの枚数と，正方形の残りの横の長さを表にまとめて考える。**

赤いタイルの横の長さの合計は 12 cmの倍数，青いタイルの横の長さの合計は９cmの倍数になる。よって，正方形の１辺の長さから，赤いタイルの横の長さの合計を引いた値《あたい》が９の倍数になるような，最小の正方形を考える。

例えば，正方形の１辺の長さが 35 cmのとき，赤いタイルを横に１枚並べると，正方形の残りの横の長さは 35－12＝23(cm)で９の倍数にならないから，正方形をつくることはできない。同様に，正方形の１辺の長さに分けて，赤いタイルを１枚，２枚，…と横に並べていき，正方形の残りの横の長さを調べていくと，右表のようになる。したがって，正方形の１辺の長さが **105** cmのとき，赤いタイルを横に２枚，青いタイルを横に 81÷９＝９(枚)並べれば，タイルの横の長さの合計が 105 cmとなり，正方形をつくれる。

正方形の１辺の長さが 35 cmのとき

赤いタイル(枚)	1	2
残りの長さ(cm)	23	11

正方形の１辺の長さが 70 cmのとき

赤いタイル(枚)	1	2	3	4	5
残りの長さ(cm)	58	46	34	22	10

正方形の１辺の長さが 105 cmのとき

赤いタイル(枚)	1	2	…
残りの長さ(cm)	93	81	…

5　⑴①　カードの枚数が変わっても，１周目の最後の数字は最も大きい数字になるから，**6**である。

②　すべての並べかえが終わると，カードは１番目から６番目まで小さい順に[1][2][3][4][5][6]と並ぶ。

③　１周目では，[2][4][6][3][5][1]→[2][4][3][6][5][1]→[2][4][3][5][6][1]→[2][4][3][5][1][6]の順に３回入れかえをおこなう。２周目では[2][4][3][5][1][6]→[2][3][4][5][1][6]→[2][3][4][1][5][6]の順に２回入れかえを行う。この時点で[1]以外は小さい順に並んでいるから，３周目，４周目，５周目ではそれぞれ[4][1]，[3][1]，[2][1]の入れかえのみ，１回ずつ行われる。したがって，カードを入れかえた回数は全部で３＋２＋１＋１＋１＝**8**(回)である。

⑵　**【解き方】⑴③より，カードが小さい順に並ぶような部分があると，入れかえの回数が少なくなるから，カ**

ードが大きい順に並んでいるとき，入れかえの回数が最も多くなると考えられる。

例えば4枚のカードが$\boxed{4}\boxed{3}\boxed{2}\boxed{1}$の順に並んでいる場合を考える。このとき，1周目では$\boxed{4}\boxed{3}\boxed{2}\boxed{1}\to\boxed{3}\boxed{4}\boxed{2}\boxed{1}\to\boxed{3}\boxed{2}\boxed{4}\boxed{1}\to\boxed{3}\boxed{2}\boxed{1}\boxed{4}$となり，3回入れかえて4番目の$\boxed{4}$以外は大きい順に並ぶ。2周目では$\boxed{3}\boxed{2}\boxed{1}\boxed{4}\to\boxed{2}\boxed{3}\boxed{1}\boxed{4}\to\boxed{2}\boxed{1}\boxed{3}\boxed{4}$となり，2回入れかえて3番目と4番目の$\boxed{3}\boxed{4}$以外は大きい順に並ぶ。3周目では$\boxed{2}\boxed{1}\boxed{3}\boxed{4}\to\boxed{1}\boxed{2}\boxed{3}\boxed{4}$となり，1回入れかえて並べかえが終わる。このように，カードが大きい順に並んでいるとき，入れかえる回数は，1から{(カードの枚数)－1}まで連続する整数の和となり，最も多くなる。

したがって，はじめのカードの並びは$\boxed{10}\boxed{9}\boxed{8}\boxed{7}\boxed{6}\boxed{5}\boxed{4}\boxed{3}\boxed{2}\boxed{1}$である。

⑶　【解き方】小さい順に並ぶカードをもとにして，入れかえが2回で終わるのはどのような場合か考える。

例えば4枚のカードが$\boxed{1}\boxed{2}\boxed{3}\boxed{4}$の順に並んでいる場合を考える。$\boxed{2}\boxed{1}\boxed{3}\boxed{4}$のように，1枚のカードを1つだけ前に移動すると，入れかえの回数は1回増える。よって，入れかえの回数を2回増やすためには，$\boxed{2}\boxed{1}\boxed{4}\boxed{3}$のように㋐2枚のカードを1つずつ前に移動させるか，$\boxed{3}\boxed{1}\boxed{2}\boxed{4}$のように㋑1枚のカードを2つだけ前に移動させればよく，これはカードの枚数が増えても同様である。

㋐は1を除く9枚のカードから2枚のカードを決める方法である。順番を決めて2枚並べる方法は9×8＝72(通り)だが，この方法では$\boxed{1}\boxed{2}$と$\boxed{2}\boxed{1}$のように，1つの組み合わせに対して2通りと数えているので，9枚から2枚を決める方法は72÷2＝36(通り)ある。

㋑は1，2を除く8枚のカードから1枚決める方法だから，8通りある。

以上より，はじめのカードの並びは36＋8＝**44**(通り)ある。

盈進中学校

《国　語》

一　①こ　②きんもつ　③じゅもく　④びょうしん　⑤こくそう　⑥しせい　⑦ぶあつ　⑧どくは　⑨しゃそう　⑩ひつう　⑪等　⑫印刷　⑬遺産　⑭山脈　⑮生意気　⑯預　⑰文面　⑱孝行　⑲率　⑳達成

二　問一．一つ目…食／食　二つ目…室／室　問二．伝統文化の力で経済的・文化的自立を果たそうとしていて洋服を着ないから。　問三．主語…ウ　述語…キ　問四．Ⅰ．外国からの情報　Ⅱ．変革と流行　問五．首の前で襟を合わせる　問六．A．ウ　B．エ　問七．輸入　問八．イ　問九．エ

三　問一．行動に移すのはなかなか難しいことだ〔別解〕自分にできることは、限られている　問二．エ　問三．ア　問四．サステナブル　問五．ウ　問六．自分の意見を持ち、言いたい内容を英語できちんと相手に伝えられる　問七．(例文)私の個性は、困っている人がいたら、声をかけずにはいられないというところです。どんな年代の人にも声をかけることができます。だれかの役に立つことができたと実感できることは、私の気持ちを明るくし、何事にも前向きに取り組めるようになります。　問八．①海の悲鳴　②プラスティック(のごみ)　③海は七つに分かれているものではなくて、ひとつにつながっているものだからです。もしどこか一か所の海が汚染されたら、地球上の海すべてに影響がおよんでしまうことになります。

四　① denwa　② kaban　③ zasshi　④ jisho　⑤ yorimichi

《算　数》

1　(1)10　(2)5，5　(3)2　(4)100　(5)$\frac{7}{8}$

2　(1)3150　(2)220　(3)96　(4)10800　(5)35　(6)6.25

3　(1)18　(2)①24　②432　③16　④4　(3)①30，10　②3　③5，75　④6

4　(1)ア．水　イ．木　(2)10　(3)エ．日　オ．75　カ．101　キ．日　ク．木　ケ．土（ク，ケは順不同）

5　(1)ア．B→D　イ．C→D　ウ．C　エ．B→C（ア～エは順不同）　(2)オ．13　カ．89　(3)15　(4)65

《理　科》

1 問1．オ　問2．ウ　問3．ウ　問4．ア　問5．ア　問6．ア　問7．イ　問8．ア　問9．ウ　問10．ウ

2 問1．ア　問2．イ　問3．ウ　問4．イ　問5．ビーカー…B，7　問6．イ　問7．カ　問8．ア　問9．ア

3 問1．ウ　問2．ウ　問3．ア　問4．ア　問5．イ　問6．月食　問7．ウ　問8．ウ　問9．ア　問10．ウ，オ

4 問1．イ　問2．ウ，エ　問3．ア　問4．エ　問5．2.7　問6．イ　問7．ウ，エ　問8．イ，エ　問9．ウ　問10．イ

5 問1．イ　問2．ウ　問3．イ　問4．ア　問5．イ

6 問1．ア　問2．カ　問3．オ　問4．ア　問5．イ

《社　会》

1 問1．ウ　問2．AI　問3．エ　問4．イ　問5．ウ　問6．ア　問7．ア　問8．イ　問9．オ　問10．ウ　問11．エ

2 問1．(1)エ　(2)イ　問2．オ　問3．(1)ア　(2)ウ　(3)ア　問4．ア　問5．イ　問6．エ

3 問1．ア　問2．弥生　問3．エ　問4．エ　問5．イ　問6．ウ　問7．イ　問8．ア　問9．出島　問10．ア　問11．朝鮮通信使　問12．条約改正のため　問13．ウ　問14．北朝鮮／韓国

4 問1．ア　問2．エ　問3．イ　問4．イ　問5．カ

5 問1．イ　問2．エ　問3．ア　問4．イ　問5．ウ

6 問1．カ　問2．オ　問3．ア　問4．(a)参議院　(b)6　問5．エ

1 ⑴　与式より，□－２＝48÷６　　□＝８＋２＝**10**

⑵　右図の色をつけた部分の面積について考えればよいから，

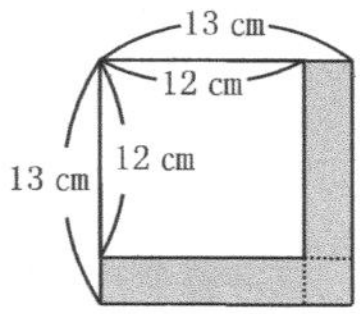

与式＝１×12×２＋１×１＝25＝**５×５**

⑶　与式＝$\frac{3}{4}+\frac{1}{4}+\frac{1}{8}+\frac{7}{8}$＝１＋１＝**２**

⑷　与式＝25×31＋25×２－25×29＝25×(31＋２－29)＝25×４＝**100**

⑸　与式＝$\frac{1}{2}+\frac{1}{2\times3}+\frac{2}{3\times5}+\frac{3}{5\times8}=\frac{1}{2}+\frac{1}{2}-\frac{1}{3}+\frac{1}{3}-\frac{1}{5}+\frac{1}{5}-\frac{1}{8}=1-\frac{1}{8}=\mathbf{\frac{7}{8}}$

2 ⑴　はじめに持っていたおこづかいの$\frac{2}{7}$倍が900円だから，はじめに持っていたお金は，900÷$\frac{2}{7}$＝**3150**(円)

⑵　**【解き方】プリン１個の値段を①，シュークリーム１個の値段を□1とする。**

①＋□2＝520より，(①＋□2)×２＝520×２　　②＋□4＝1040　　また，③＋□4＝1260だから，③と②の差が1260と1040の差となるので，③－②＝1260－1040　　①＝**220**(円)

⑶　**【解き方】仕事量の合計を240と160の最小公倍数の480とする。**

Ａ管１本が１分で行う仕事量は480÷240＝２，Ｂ管１本が１分で行う仕事量は480÷160＝３だから，Ａ管とＢ管が１分で行う合計の仕事量は，２＋３＝５である。よって，480÷５＝**96**(分)かかる。

⑷　**【解き方】本を買った残りの金額は，おこづかいの$1-\frac{1}{6}=\frac{5}{6}$であり，プレゼントを買った残りの金額は，本を買った残りの金額の$1-\frac{1}{3}=\frac{2}{3}$である。**

本とプレゼントを買った残りの金額は，おこづかいの$\frac{5}{6}\times\frac{2}{3}=\frac{5}{9}$であり，これが6000円にあたる。よって，おこづかいは6000÷$\frac{5}{9}$＝**10800**(円)

⑸　**【解き方】２人の枚数の差は変わらないので，５：３の比の数の差(５－３＝２)と，２：１の比の数の差(２－１＝１)をそろえて考える。**

２：１＝４：２とすると，あげる前の比５：３とあげた後の比４：２の比の数の１はどちらも同じ枚数を表すことになる。この比の数の５－４＝１が７枚にあたるので，けいとくんがはじめに持っていた枚数は７×５＝**35**(枚)

⑹　**【解き方】９％の食塩水100ｇには100×0.09＝９(ｇ)，16％の食塩水100ｇには100×0.16＝16(ｇ)の食塩が溶けている。**

求める食塩水の濃度は，$\frac{9+16}{100+100+200}\times100=\frac{25}{400}\times100$＝**6.25**(％)

3 ⑴　**【解き方】右図において，ａ＋ｂ＋ｃ＋ｄ＋ｅ＋ｆ＋ｇ＋ｈ＝12(cm)となることを利用する。**

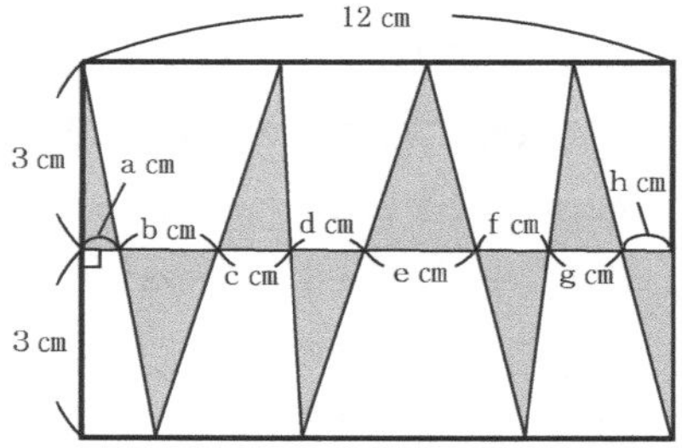

求める面積は図の色つき部分の面積だから，

ａ×３÷２＋ｂ×３÷２＋ｃ×３÷２＋ｄ×３÷２＋ｅ×３÷２＋ｆ×３÷２＋ｇ×３÷２＋ｈ×３÷２＝

(ａ＋ｂ＋ｃ＋ｄ＋ｅ＋ｆ＋ｇ＋ｈ)×３÷２＝12×３÷２＝**18**(㎠)

⑵①　高さ27 cmの容器の$\frac{8}{9}$まで水が入っているのだから，水の高さは27×$\frac{8}{9}$＝**24**(cm)

②　図１の容器の底面積は６×６÷２＝18(㎠)だから，体積は18×24＝**432**(㎤)

③　**【解き方】図２で水が入っている部分は，底面が太線の四角形，高さが27 cmの四角柱と考える。**

⑵より，水の体積は432 ㎤だから，求める面積は432÷27＝**16**(㎠)

④　**【解き方】太線で囲まれた四角形がある面は右図のようになる。水の高さは図のＥＣだから，ＡＥの長さを考える。**

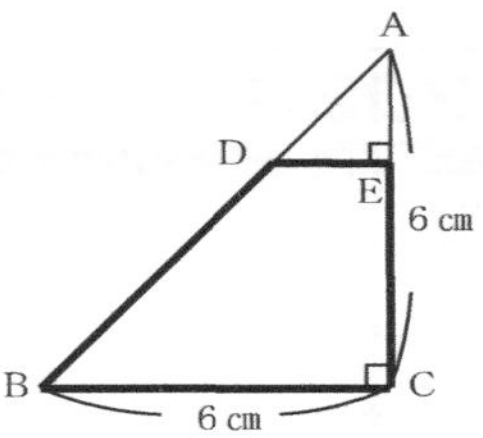

ＢＣとＤＥは平行だから角ＡＢＣ＝角ＡＤＥ，角ＢＣＡ＝角ＤＥＡ＝90°より，
三角形ＡＢＣと三角形ＡＤＥは形が同じで大きさが異なる三角形である。よって，
三角形ＡＤＥは直角二等辺三角形である。また，(三角形ＡＤＥの面積)＝
(三角形ＡＢＣの面積)－(四角形ＤＢＣＥの面積)＝18－16＝２(㎠)
三角形ＡＤＥは直角二等辺三角形だから，ＡＥ＝ＤＥより，ＡＥ×ＡＥ÷２＝２　　ＡＥ×ＡＥ＝４
ＡＥ＝２(㎝)　　したがって，求める高さは，６－２＝**４**(㎝)

(3)①　求める面積は，グラフの０秒の面積だから**30**㎠である。また，６×ＡＥ÷２＝30より，ＡＥ＝**10**(㎝)

②　点Ｐは７秒間でＢＣ＋ＣＤ＝15＋６＝21(㎝)動くので，21÷７＝３より，求める速さは秒速**３**㎝である。

③　**【解き方】［図２］より，ＰがＢＣ上を移動しているときはＡ，Ｂ，Ｐ，Ｅを結んだ図形の面積が増えていき，ＣＤ上を移動しているときは面積が減っていく。**

図ｉ

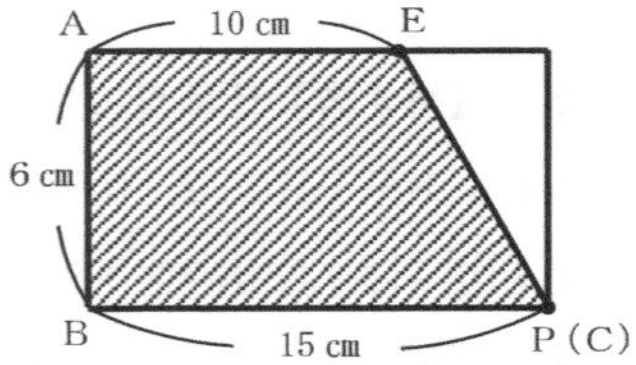

図形の面積が最大となるのは，ＰがＣと重なるときだから，15÷３＝
５(秒後)である。また，求める面積は図ｉの斜線《しゃせん》部分の面積だから，
(10＋15)×６÷２＝**75**(㎠)

④　**【解き方】［図２］より，図形の面積が60㎠となるのは，０秒後から５秒後までと５秒後から７秒後までに１回ずつある。問題文から０秒後から５秒後までの１回は$\frac{3}{10}$秒後だから，５秒後から７秒後のときを考える。**

［図２］より，５秒後から７秒後までは等しい割合で面積が減っている。５秒後の面積が③より75㎠，７秒後の面積が45㎠だから，１秒あたりに減る面積は，(75－45)÷(７－５)＝15(㎠)である。よって，求める時間は５秒後のさらに，(75－60)÷15＝１(秒後)だから，５＋１＝**６**(秒後)

4　(1)　**【解き方】11月は30日，12月は31日ある。また，2023年は365日ある。**

11月30日は１月１日の１＋31＝32(日)前，つまり32÷７＝４余り４より４週間と４日前である。2023年１月１日は日曜日だから，2022年11月30日は日曜日の４日前なので，**水**曜日である。

次に，2022年11月30日から2023年11月30日までは365÷７＝52余り１より，52週と１日ある。2022年11月30日は水曜日だから，2023年11月30日は水曜日の１日後なので，**木**曜日である。

(2)　**【解き方】左上の数字を□としたとき，他の３つの数字がどのように表せるかを考える。**

左上の数字を□としたとき，右上は□＋１，左下は□＋７，右下は□＋８と表される。よって，４つの数の和は，□＋□＋１＋□＋７＋□＋８＝□×４＋16となる。これが56と等しいので，□×４＝56－16　　□＝40÷４＝10
よって，左上の数字は**10**

(3)①　和が最小となるのは，Ａ～Ｅ列の左端《ひだりはし》の数をすべて足すときだから，すべて**日**曜日であり，その和は
１＋８＋15＋22＋29＝**75**となる。また，和が最大となるのは，Ａ～Ｅ列の右端の数をすべて足すときだから，
７＋14＋21＋28＋31＝**101**となる。

選んだ５つの数の和が77となるときについては，和が75になるとき，つまりすべて日曜日を選んだときからの変化を考える。和を77－75＝２だけ大きくしたいので，２つの列の曜日を１つずつ右にずらすか，１つの列の曜日を２つ右にずらすしかない。いずれにしろ日曜日は残ることになるので，**日**曜日が必ずふくまれる。

② **【解き方】５つの数字の和が最小になるようにＡ～Ｅ列ですべて違う曜日の数字を選ぶときについて，和が 75 になるとき，つまりすべて日曜日を選んだときからの変化を考える。すべて日曜日を選んだ状態から，１つの列の曜日を１つ右に，１つの列の曜日を２つ右に，１つの列の曜日を３つ右に，１つの列の曜日を４つ右にずらせばよい(右図が１つの例)。**

	日	月	火	水	木	金	土
A	1	2	3	4	**5**	6	7
B	8	9	10	**11**	12	13	14
C	15	16	**17**	18	19	20	21
D	22	**23**	24	25	26	27	28
E	**29**	30	31				

すべて違う曜日の数字を選ぶときの５つの数字の和の最小は，75＋１＋２＋３＋４＝85 である。

したがって，あと 86－85＝１だけ和を大きくしたいので，１つの列の曜日を右に１つずらせばよいから，木曜日の列を金曜日にする。よって，**木**曜日と**土**曜日がふくまれない。

5 ⑴ Ａの次にＢに上った場合，Ａ→Ｂ→Ｃ→Ｄ→Ｅの上り方以外には，Ａ→**Ｂ→Ｃ**→ＥとＡ→**Ｂ→Ｄ**→Ｅの２通り。Ａの次にＣに上った場合，Ａ→**Ｃ→Ｄ**→ＥとＡ→**Ｃ**→Ｅの２通り。

⑵ **【解き方】５段の例と同様に，１つ下の段と２つ下の段への上り方の和を求めればよい。**

６段の階段の上り方は，４段と５段の階段の上り方の和だから，５＋８＝**13**(通り)

同様にして，７段から 10 段までをまとめると右表のようになる。

階段の段数	7段	8段	9段	10段
上り方の総数	21	34	55	89

よって，10 段の階段の上り方は **89** 通り。

⑶ **【解き方】⑵と同様に考えて，11 段以降も表にまとめる。**

階段の段数	11段	12段	13段	14段
上り方の総数	144	233	377	610

右表より，377＋610＝987 となるから，**15** 段の階段である。

⑷ **【解き方】地点Ｇは６段目だから，地点Ｇまでの階段の上り方は 13 通り。地点Ｇからさらに４段上がると地点Ｋに上ることができる。**

地点Ｇまでの階段の上り方 13 通りそれぞれに対し，地点Ｇから地点Ｋまでの上り方が５通りあるから，求める上り方の総数は，13×５＝**65**(通り)

2022 解答例 令和４年度　盈進中学校

《国　語》

一　①こおり　②だいず　③びんじょう　④いさぎよ　⑤くちょう　⑥みやげ　⑦たば　⑧はぶ　⑨さいく　⑩はとば　⑪幸　⑫努　⑬季節　⑭意外　⑮恩師　⑯年輪　⑰預金　⑱展示　⑲祝　⑳往復

二　問一．Ⅰ．雪どけ水　Ⅱ．乾燥　Ⅲ．経済的　Ⅳ．空気中のごみやほこり、有害物質等を雪が吸着して空気をきれいにする。　問二．ａ．ウ　ｂ．ウ　問三．Ａ．カ　Ｂ．イ　Ｃ．オ　問四．長所…地球環境を傷つけないし、資源量は無尽蔵であること。　短所…使いやすくするために、効率的な技術と量が必要であること。

問五．

〈作文のポイント〉

・最初に自分の主張、立場を明確に決め、その内容に沿って書いていく。

・わかりやすい表現を心がける。自信のない表現や漢字は使わない。

さらにくわしい作文の書き方・作文例はこちら！→

https://kyoei-syuppan.net/mobile/files/sakupo.html

三　問一．Ａ．オ　Ｂ．ア　Ｃ．ウ　問二．なまっている日本語をあみに聞かれること。　問三．イ　問四．主語(主部)…エ　述語(述部)…キ　問五．エ　問六．ｉ．(ただの)大人しい子／(ただの)暗い子　ⅱ．おしゃべりとカラオケが大好きで、歌のうまい女の子。　問七．ｉ．実況　ⅱ．１．×　２．×　３．○　４．○

四　①batta　②hechima　③shakai　④fushigi　⑤zabuton

《算　数》

1　(1)8　(2)0　(3)15　(4)1904　(5)2022

2　(1)28　(2)7000　(3)42　(4)30　(5)10：15：12　(6)7

3　(1)540　(2)160　(3)17　(4)①30　②２，40　③１，36　④4200

4　(1)ア．健くん　イ．桜さん　ウ．１　エ．２　(2)9

5　(1)ア．Ｃ　イ．Ｆ　ウとエ…Ｉ，Ｊ　(2)オ．Ｎ　カ．Ｏ　キ．なし　(3)ク．４　ケ．２　コ．13　サ．10

《理　科》

1 問1．カエル　問2．イ　問3．えら　問4．エ　問5．さなぎ　問6．イ　問7．ウ　問8．ウ
問9．ア　問10．イ，ウ，エ

2 問1．イ　問2．クレーター　問3．オ　問4．エ　問5．ウ　問6．ウ　問7．エ　問8．地層
問9．エ　問10．イ，ウ，エ

3 問1．ア　問2．35mA　問3．B　問4．イ，ウ　問5．イ　問6．イ　問7．128　問8．208
問9．イ　問10．ア

4 問1．ウ　問2．イ，ウ　問3．イ　問4．イ，オ　問5．イ　問6．温度　問7．ア，ウ
問8．ア　問9．ア　問10．エ

5 問1．イ　問2．エ　問3．ウ　問4．エ　問5．イ

6 問1．イ　問2．エ　問3．①　問4．エ　問5．ウ

《社　会》

1 問1．(1)ウ　(2)ア　(3)ウ　(4)イ　問2．(1)ウ　(2)エ　問3．イ　問4．ア　問5．エ　問6．ア
問7．(a)オ　(b)イ

2 問1．(1)イ　(2)エ　(3)ウ　問2．ア　問3．(1)ウ　(2)ア　問4．エ　問5．イ

3 問1．ウ　問2．貝塚　問3．イ　問4．はにわ　問5．日本の広い地域にわたって，支配していた。
問6．エ　問7．エ　問8．ア　問9．ウ　問10．(1)エ　(2)ウ　(3)イ　問11．西南　問12．国会
問13．ア

4 問1．イ　問2．ウ　問3．エ　問4．ア　問5．カ

5 問1．ウ　問2．ア　問3．エ　問4．イ　問5．ア

6 問1．ウ　問2．エ　問3．閣議　問4．(a)東日本　(b)福島

2022 算数解説 令和４年度 ▶盈進中学校

←解答例は前のページにありますので，そちらをご覧ください。

1 (1) 与式＝12×４－40＝48－40＝８

(2) 与式＝$12\times(\frac{2}{3}-\frac{1}{4})-5=12\times\frac{2}{3}-12\times\frac{1}{4}-5=8-3-5=0$

(3) 与式より，□－４＝77÷７　　□＝11＋４＝15

(4) 与式＝2021－121＋４＝1900＋４＝1904

(5) 与式＝$(\frac{2}{3}+\frac{1}{2}-\frac{1}{6})\times2022=(\frac{4}{6}+\frac{3}{6}-\frac{1}{6})\times2022=1\times2022=2022$

2 (1) 求める人数は，$84\times\frac{1}{3}=28$(人)

(2) ３割５分＝3.5割＝0.35だから，求める金額は，2450÷0.35＝7000(円)

(3) **【解き方】(合計)＝(平均)×(日数)で求められる。**

３日間で読んだページの合計は40×３＝120(ページ)だから，２日目に読んだページ数は，120－37－41＝42(ページ)

(4) **【解き方】全体の仕事の量を12と20の最小公倍数である60とすると，２人の１日の仕事の量の合計は，60÷12＝５，りんかさん１人の１日の仕事の量は60÷20＝３となる。**

ゆきさん１人の１日の仕事の量は５－３＝２だから，この仕事をゆきさんだけですると，60÷２＝30(日)かかる。

(5) Ａ：Ｂ＝(２×５)：(３×５)＝10：15，Ａ：Ｃ＝$(\frac{2}{3}\times15):(\frac{4}{5}\times15)$＝10：12より，Ａ：Ｂ：Ｃ＝10：15：12

(6) **【解き方】食塩水の問題は，うでの長さを濃度《のうど》，おもりを食塩水の重さとしたてんびん図で考えて，うでの長さの比とおもりの重さの比がたがいに逆比になることを利用する。**

右のようなてんびん図がかける。５％と８％の食塩水の量の比は

100：200＝１：２だから，ａ：ｂ＝２：１

よって，求める濃度は，$5+(8-5)\times\frac{2}{2+1}=7$(％)

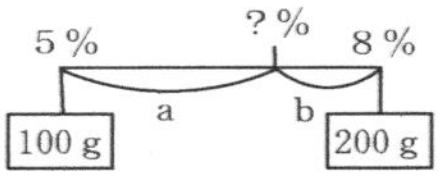

3 (1) 右図のように３つの三角形にわけられるから，五角形の５つの角の大きさの和は，

180°×３＝540°

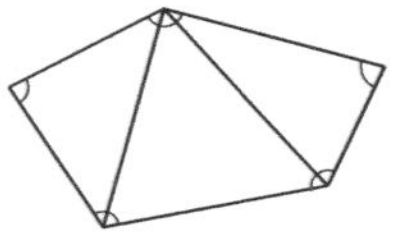

(2) この立体は，底面が上底６㎝，下底10㎝，高さ４㎝の台形で，高さが５㎝の四角柱だから，求める体積は，{(６＋10)×４÷２}×５＝160(㎤)

(3) **【解き方】右図のように，合同な直角三角形をもう１つくっつけ，台形をつくる。**

求める面積は，台形の面積から，合同な２つの直角三角形の面積の和をひけばよいので，

(５＋３)×(３＋５)÷２－(３×５÷２)×２＝32－15＝17(㎠)

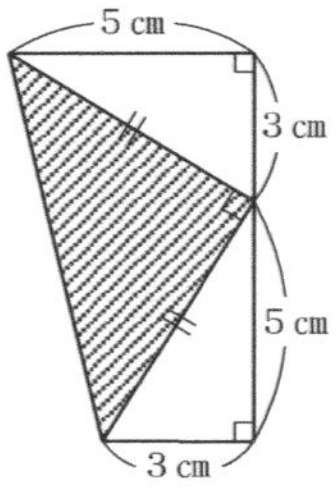

(4)① ＳからＡまでは60ｍあるから，求める時間は，60÷２＝30(秒後)

② １周は(180＋60)×２＝480(ｍ)あるから，求める時間は，480÷３＝160(秒後)，つまり，２分40秒後である。

③ **【解き方】２人がはじめてすれ違うのは，２人が合わせて１周分の480m走ったときである。**

２人は１秒間で合わせて３＋２＝５(ｍ)進むから，求める時間は，480÷５＝96(秒後)，つまり，１分36秒後である。

④ **【解き方】スタートから70秒後，はづきさんは３×70＝210(ｍ)，ななさんは２×70＝140(ｍ)進んでいるので，Ｐ，Ｑの位置は右図のようになる。**

(三角形ＳＰＱの面積)＝(四角形ＡＢＣＳの面積)－(三角形ＳＣＰの面積)－(三角形ＳＡＱの面積)－(三角形ＰＱＢの面積)で求める。

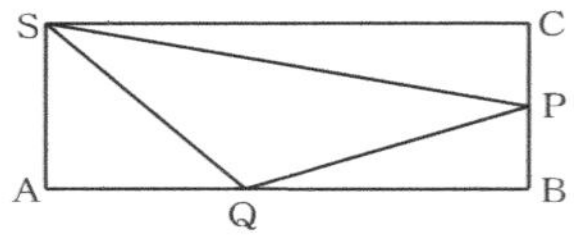

ＣＰ＝210－180＝30(m)，ＡＱ＝140－60＝80(m)だから，ＰＢ＝60－30＝30(m)，ＱＢ＝180－80＝100(m)
求める面積は，60×180－180×30÷２－60×80÷２－30×100÷２＝10800－2700－2400－1500＝4200(m²)

4 (1) ②の「健くんがお父さんにプレゼントを渡す場合」，桜さんはお父さんにプレゼントを渡すことができないから，ア健くんにプレゼントを渡し，お父さんはイ桜さんにプレゼントを渡すことになる。その他の交換のしかたはないので，プレゼントの交換のしかたはウ１通りである。
①，②より，３人の場合のプレゼントの交換のしかたは全部で，１＋１＝エ２(通り)ある。
(2) 健くん，桜さん，お父さん，お母さんをそれぞれＡ，Ｂ，Ｃ，Ｄとし，それぞれが用意したプレゼントをａ，ｂ，ｃ，ｄとして，もらうプレゼントを表にまとめると，右のように９通りある。

A	B	C	D
b	a	d	c
b	c	d	a
b	d	a	c
c	a	d	b
c	d	a	b
c	d	b	a
d	a	b	c
d	c	a	b
d	c	b	a

5 (1) Ａ，Ｂ，Ｃのある５マスを組み合わせた図形は，【ルール】③よりＡとＢはぬることができないから，あとアＣをぬることができる。
Ｄ，Ｅ，Ｆのある５マスを組み合わせた図形について考える。Ｄをぬると【ルール】②を満たさないので，ぬれない。Ｅをぬると【ルール】③を満たさないので，ぬれない。Ｆはすべての【ルール】を満たしているから，ぬることができるのはイＦである。
６マスを組み合わせた図形は，【ルール】③よりＧとＨはぬれないから，あとウＩとエＪをぬることができる。
(2) さつきさんがぬった図では，Ｍはぬると【ルール】②を満たさないから，ぬれない。Ｌをぬると【ルール】③よりＫ，Ｏがぬれなくなるので，あとオＮがぬれる。Ｋをぬると【ルール】③よりＬ，Ｎがぬれなくなるので，あとカＯがぬれる。
めいさんがぬった図が，【ルール】③よりＰ，Ｑ，Ｒ，Ｓすべてぬれない。
(3) 横の６マスを組み合わせた図形について，黒くぬることができるマスの数は，もっとも多くてキ４マス(図Ⅰ参照)，もっとも少なくてク２マス(図Ⅱ参照)である。

図Ⅰ
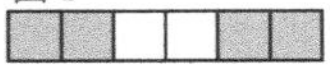

図Ⅱ

次に，たてと横に５マスずつ組み合わせた図形について考える。黒いマスをもっとも多くするために，なるべく黒いマスを均等に広げるようにすると図Ⅲのように，なるべく黒いマスのかたまりを多く作ろうとすると図Ⅳのようになり，黒いマスはコ13マスになる。

図Ⅲ
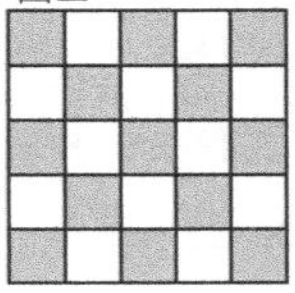

図Ⅳ
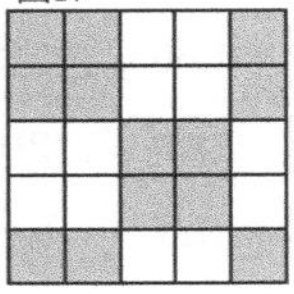

もっとも少なくするために，図Ⅴのようにぬるとその列はそれ以上ぬれなくなるから，図Ⅵのように中央を残して周りを黒くぬることで，×のマスがぬれなくなる。×をなるべく増やすことを考えて，図Ⅶの斜線《しゃせん》のマスをぬると，太線を引いた列がすべてそれ以上ぬれなくなる。

図Ⅴ
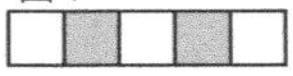

図Ⅵ
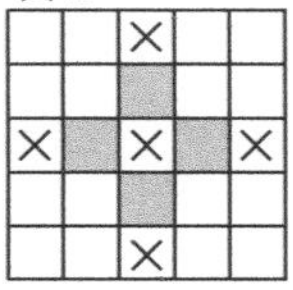

図Ⅶ
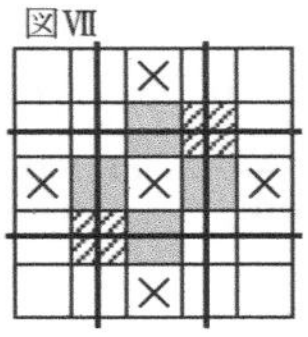

図Ⅷ
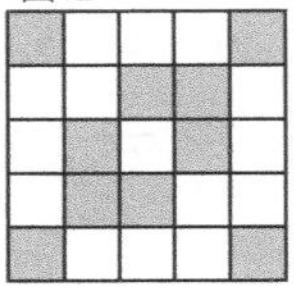

あとは４すみをぬると図Ⅷのようになり，黒いマスはサ10マスになる。
もしくは，図Ⅳの右２列をぬりかえて図Ⅸとしても，黒いマスは10マスとなる。
ぬり方は以上の他にもいろいろと考えられる。

図Ⅸ
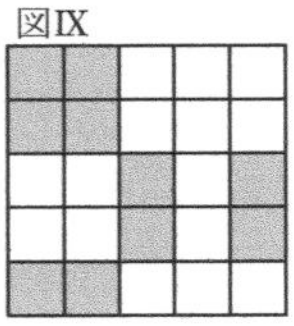

2021 解答例 令和３年度　盈進中学校

《国　語》

一　①こうじょう　②めんか　③おうらい　④たいがん　⑤ぼうえき　⑥かいが　⑦じょうぎ　⑧きよ　⑨おそ　⑩おさ　⑪売買　⑫世紀　⑬複数　⑭興味　⑮似顔絵　⑯快適　⑰点検　⑱鉄橋　⑲貸　⑳拾

二　問一．Ⅲ　問二．機械の便利さにたよってばかりいると技術の進歩が止まってしまうという　問三．イ　問四．⑴イ，オ　⑵ア　問五．人　問六．主語…イ　述語…コ　問七．⑴自分がふだん読まないジャンルの本にも関心を持つことができる

⑵(例文)

私がしたい仕事は、看護の仕事です。社会の中で看護の仕事が持つ意味は、患者さんに寄りそい、力ぞえをしたり、心のケアをしたりして、だれもが健康で幸福な生活をおくれるように支えることだと思います。

三　問一．ウ　問二．白　問三．エ　問四．ｂ．ア　ｃ．ウ　問五．ｉ．焦らなければならない　ⅱ．落ち着いた態度　問六．Ｃ　問七．イ　問八．偏差値よりも将棋部があるかどうかで高校を選び、自分なりの将棋の楽しみ方を見つけてもよいという話。　問九．エ

問十．(例文)

私が好きなことはサッカーです。なかなか上達しなくていやになることもありましたが、毎日自主練をして、リフティングやドリブルに手ごたえを感じられるようになりました。

四　① kimono　② chizu　③ tsumiki　④ gakki　⑤ daruma

《算　数》

1　⑴60　⑵6　⑶1　⑷$\frac{5}{12}$　⑸107　⑹5　⑺78

2　⑴40　⑵6　⑶2，8　⑷100　⑸ア．36　イ．64

3　⑴72　⑵①10，22　②10，27　③240　④10，36　⑤7，30

4　⑴ア．2　イ．2　ウ．2　エ．6　⑵(あ)オ．B→A→C→E→D　カ．C→B→A→C→D
(い)キ．2　ク．6　(う)ケ．6　コ．16

5　ア．$\frac{3}{7}$　イ．$\frac{3}{4}$　ウ．2　⑴10　⑵オ．3　カ．12　⑶24　⑷①11，12　②$\frac{29}{12}$　③12，5

《理　科》

1　問1．ウ　問2．エ　問3．ア　問4．イ　問5．0　問6．ウ　問7．ウ　問8．砂糖
問9．ア　問10．イ

2　問1．ウ　問2．イ　問3．③　問4．エ　問5．③②①④
問6．晴れ　問7．②　問8．イ　問9．運搬　問10．ア

3　問1．A．火力　B．原子力　C．水力　問2．D．イ　E．エ
問3．オ　問4．ウ　問5．ア　問6．エ　問7．太陽光発電

4　問1．ウ　問2．えんぴつ　問3．⑴エ　⑵ア，ウ　⑶3
問4．⑴ウ，カ　⑵イ，エ　問5．⑴B，D　⑵C，D
問6．2.4

5　問1．右図　問2．右図　問3．エ　問4．ア　問5．花粉
問6．空気　問7．ウ　問8．右図　問9．ア　問10．ウ

5問1の図

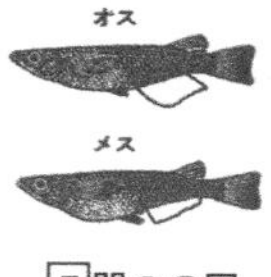

5問8の図

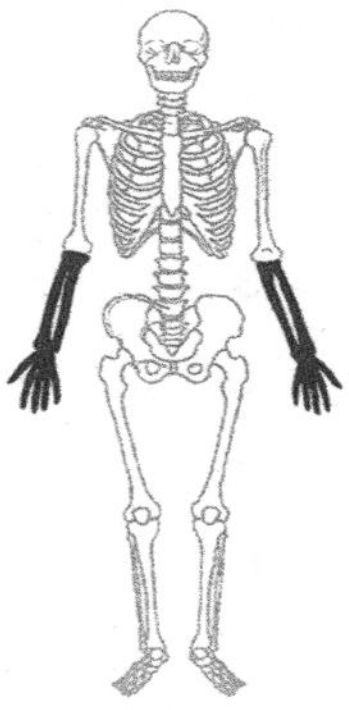

5問2の図

《社　会》

1　問1．ア　問2．⑴イ　⑵エ　問3．イ　問4．エ　問5．ウ　問6．ウ　問7．イ

2　問1．ウ　問2．⑴(Ⅰ)オ　(Ⅱ)ア　⑵季節風〔別解〕モンスーン　問3．ア　問4．ア　問5．ウ
問6．エ　問7．カ　問8．イ　問9．ア　問10．エ

3　問1．ア　問2．渡来人　問3．エ　問4．聖徳太子　問5．イ　問6．大化／改新　問7．イ
問8．エ　問9．ア　問10．ドイツ　問11．エ　問12．エ　問13．ウ　問14．ウ　問15．カ

4　問1．ウ　問2．ア　問3．イ　問4．イ　問5．ア

5　問1．ウ　問2．イ　問3．ア　問4．エ　問5．イ

6　問1．ウ　問2．エ　問3．裁判員　問4．カ　問5．オ

←解答例は前のページにありますので，そちらをご覧ください。

1 (1) 与式$=48+12=60$

(2) 与式$=\{(2018+2024)+(2019+2023)+(2020+2022)\}\div 2021=(4042+4042+4042)\div 2021=4042\times 3\times\frac{1}{2021}=6$

(3) 与式$=\frac{15}{16}+\frac{1}{8}\times\frac{1}{2}=\frac{15}{16}+\frac{1}{16}=1$

(4) 与式$=1\frac{3}{12}+\frac{20}{12}-2\frac{6}{12}=1\frac{23}{12}-2\frac{6}{12}=2\frac{11}{12}-2\frac{6}{12}=\frac{5}{12}$

(5) 与式$=1.07\times 35+1.07\times 10\times 6.5=1.07\times(35+65)=1.07\times 100=107$

(6) 与式$=(\frac{45}{90}+\frac{9}{90}-\frac{4}{90})\times 9=\frac{50}{90}\times 9=5$

(7) 与式より，$(93-\square)\times\frac{2}{3}=100-90$　　$93-\square=10\div\frac{2}{3}$　　$\square=93-15=78$

2 (1) $\frac{14}{35}\times 100=40$(％)

(2) **【解き方】作業全体の量を 10 と 15 の最小公倍数の㉚とする。**

１分あたりに作業する量は，あかりさんが㉚÷10＝③，としやくんが㉚÷15＝②だから，２人いっしょだと③＋②＝⑤になる。よって，２人ですると，㉚÷⑤＝６(分)かかる。

(3) **【解き方】列車の先頭がトンネルの入り口にさしかかったときから，列車の最後尾《さいこうび》がトンネルの出口を出たときまで(右図参照)に，列車は 1800＋120＝1920(m)進んだ。**

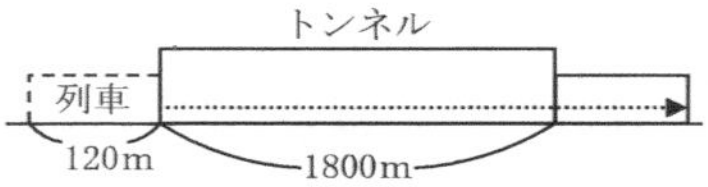

トンネルを通過するのにかかる時間は，1920÷15＝128(秒)であり，128÷60＝２余り８だから，２分８秒である。

(4) **【解き方１】ふくまれる食塩の量を変えずに濃度《のうど》を$\frac{3}{4}$倍にするのだから，食塩水の重さをこの逆数の$\frac{4}{3}$倍にすればよい。**

食塩水の重さを $300\times\frac{4}{3}=400$(g)にすればよいのだから，入れる水の量は，$400-300=100$(g)

【解き方２】食塩水の問題は，うでの長さを濃度，おもりを食塩水の重さとしたてんびん図で考えて，うでの長さの比とおもりの重さの比がたがいに逆比になることを利用する。水は濃度が０％の食塩水と考える。

右のてんびん図において，a：b＝３：(４－３)＝３：１だから，加える水と食塩水の重さの比は１：３になる。よって，求める重さは，$300\times\frac{1}{3}=100$(g)

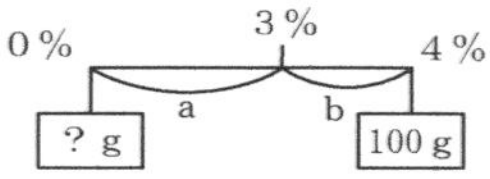

(5) **【解き方】まず，(クラスの合計点)－(女子の合計点)で男子の合計点を求める。**

クラスには 21＋15＝ア 36(人)いるから，クラスの合計点は，66.5×36＝2394(点)

女子の合計点は 70×15＝1050(点)だから，男子の合計点は，2394－1050＝1344(点)

よって，男子の平均点は，1344÷21＝イ 64(点)

3 (1) **【解き方１】ＤＦ：ＦＣがわかればよい。右のように直線ＢＥを延長して，それに対して垂直な直線ＤＧ，ＡＨ，ＣＩを引くと，同じ形の直角三角形ができる。三角形ＤＧＦと三角形ＣＩＦが同じ形だから，ＤＦ：ＣＦ＝ＤＧ：ＣＩである。**

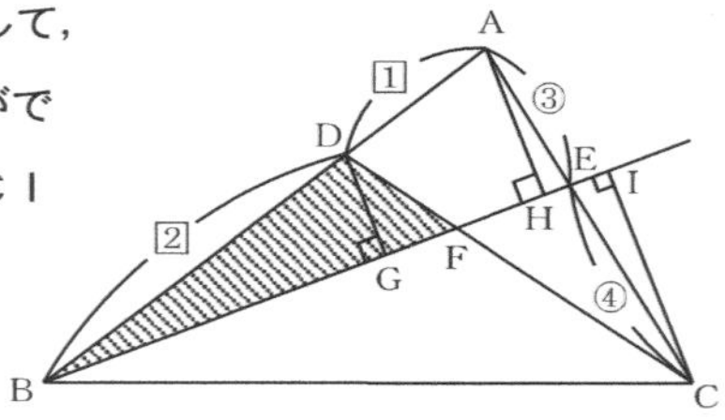

三角形ＡＨＥと三角形ＣＩＥは同じ形だから，

ＡＨ：ＣＩ＝ＡＥ：ＣＥ＝３：４

三角形ＢＤＧと三角形ＢＡＨは同じ形だから，ＤＧ：ＡＨ＝ＢＤ：ＢＡ＝２：(２＋１)＝２：３

以上より，ＤＧ＝ＡＨ×$\frac{2}{3}$，ＣＩ＝ＡＨ×$\frac{4}{3}$だから，ＤＧ：ＣＩ＝ＡＨ×$\frac{2}{3}$：ＡＨ×$\frac{4}{3}$＝１：２なので，

ＤＦ：ＣＦ＝１：２　　高さが同じ三角形の面積比は底辺の長さの比と等しいので，

(三角形ＤＢＣの面積)＝(三角形ＢＤＦの面積)×$\frac{DC}{DF}$＝16×$\frac{1+2}{1}$＝48(cm²)

(三角形ＡＢＣの面積)＝(三角形ＤＢＣの面積)×$\frac{AB}{DB}$＝48×$\frac{1+2}{2}$＝72(cm²)

【解き方２】解き方１でＤＦ：ＦＣを求めるところは，右のメネラウスの定理を使えばすぐに求められる。

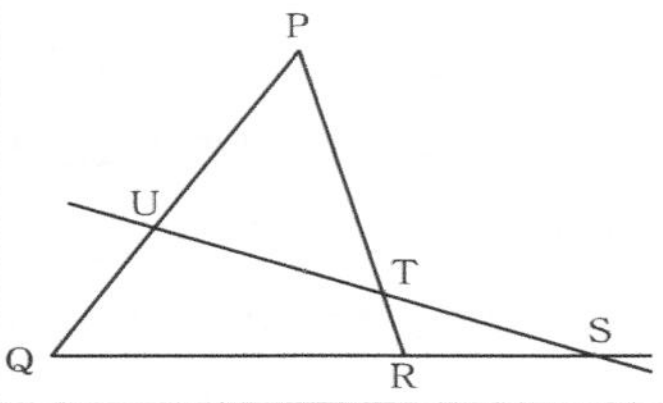

メネラウスの定理

左の三角形ＰＱＲにおいて，

$\frac{PU}{UQ}\times\frac{QS}{SR}\times\frac{RT}{TP}=1$

一筆書きのようになるのがポイント。

１回だけ逆に進む辺がある。

三角形ＡＤＣにおいて，

$\frac{AB}{BD}\times\frac{DF}{FC}\times\frac{CE}{EA}=1$だから，

$\frac{3}{2}\times\frac{DF}{FC}\times\frac{4}{3}=1$　　$\frac{DF}{FC}\times2=1$

$\frac{DF}{FC}=\frac{1}{2}$　　よって，ＤＦ：ＦＣ＝１：２

(2)①　アはたくやくんが公園に着いた時刻だから，10 時 10 分＋12 分＝10 時 22 分

②　イはたくやくんが公園を出発した時刻だから，10 時 22 分＋５分＝10 時 27 分

③　たくやくんは公園までの 2880m を自転車で 12 分で進んだから，分速$\frac{2880}{12}$m＝分速 240m

④　たくやくんとゆうたくんは，公園から図書館までの 3600－2880＝720(m)を分速 80m で進み，720÷80＝９(分)かかった。よって，図書館に着いたのは，10 時 27 分＋９分＝10 時 36 分

⑤　家から 3600÷２＝1800(m)の地点を通過したのが何分後かを求める。その地点まで進むのに 1800÷240＝7.5(分)，つまり７分(0.5×60)秒＝７分 30 秒かかったから，求める時間は７分 30 秒後である。

4　(1)　まず点Ｂに進んだ場合，Ａ→Ｂ→Ｃ→Ａ→Ｄ→Ｃ，Ａ→Ｂ→Ｃ→Ｄ→Ａ→Ｃのア2通りある。

まず点Ｄに進んだ場合，Ａ→Ｄ→Ｃ→Ａ→Ｂ→Ｃ，Ａ→Ｄ→Ｃ→Ｂ→Ａ→Ｃのイ2通りある。

まず点Ｃに進んだ場合，Ａ→Ｃ→Ｂ→Ａ→Ｄ→Ｃ，Ａ→Ｃ→Ｄ→Ａ→Ｂ→Ｃのウ2通りある。

よって，全部で，２＋２＋２＝エ6(通り)ある。

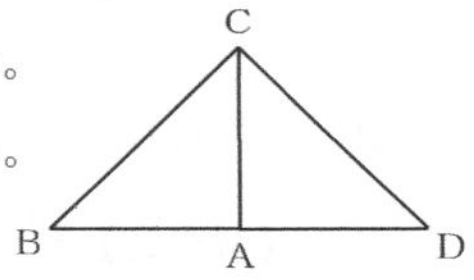

(2)　(あ)まず点Ｄに，次に点Ｃに進んだ場合，『Ａ→Ｄ→Ｃ→Ａ→Ｂ→Ｃ→Ｅ→Ｄ』と

『Ａ→Ｄ→Ｃ→オＢ→Ａ→Ｃ→Ｅ→Ｄ』の２通りがある。

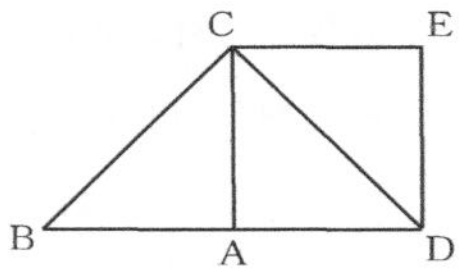

まず点Ｄに，次に点Ｅに進んだ場合，『Ａ→Ｄ→Ｅ→Ｃ→Ａ→Ｂ→Ｃ→Ｄ』と

『Ａ→Ｄ→Ｅ→カＣ→Ｂ→Ａ→Ｃ→Ｄ』の２通りがある。

よって，まず点Ｄに進んだ場合は，２＋２＝４(通り)ある。

(い)点Ｃのあと点Ｂに進んだ場合，『Ａ→Ｃ→Ｂ→Ａ→Ｄ→Ｃ→Ｅ→Ｄ』と『Ａ→Ｃ→Ｂ→Ａ→Ｄ→Ｅ→Ｃ→Ｄ』のキ2通りがある。

点Ｃのあと点Ｄに進んだ場合，『Ａ→Ｃ→Ｄ→Ａ→Ｂ→Ｃ→Ｅ→Ｄ』と『Ａ→Ｃ→Ｄ→Ｅ→Ｃ→Ｂ→Ａ→Ｄ』のキ2通りがある。

点Ｃのあと点Ｅに進んだ場合，『Ａ→Ｃ→Ｅ→Ｄ→Ａ→Ｂ→Ｃ→Ｄ』と『Ａ→Ｃ→Ｅ→Ｄ→Ｃ→Ｂ→Ａ→Ｄ』のキ2通りがある。

よって，まず点Ｃに進んだ場合は，２＋２＋２＝ク6(通り)ある。

(う)まず点Ｂに進んだ場合，『Ａ→Ｂ→Ｃ→Ａ→Ｄ→Ｃ→Ｅ→Ｄ』『Ａ→Ｂ→Ｃ→Ａ→Ｄ→Ｅ→Ｃ→Ｄ』

『Ａ→Ｂ→Ｃ→Ｄ→Ａ→Ｃ→Ｅ→Ｄ』『Ａ→Ｂ→Ｃ→Ｄ→Ｅ→Ｃ→Ａ→Ｄ』『Ａ→Ｂ→Ｃ→Ｅ→Ｄ→Ａ→Ｃ→Ｄ』

『Ａ→Ｂ→Ｃ→Ｅ→Ｄ→Ｃ→Ａ→Ｄ』のケ6通りある。

(あ)～(う)より，全部で，４＋６＋６＝コ16(通り)ある。

5 3月7日なら ア$\underline{\frac{3}{7}}$，6月8日なら$\frac{6}{8}$＝ イ$\underline{\frac{3}{4}}$，10月5日なら$\frac{10}{5}$＝ ウ$\underline{2}$となる。

月の数	約数	約数の個数
1	1	1個
2	1，2	2個
3	1，3	2個
4	1，2，4	3個
5	1，5	2個
6	1，2，3，6	4個
7	1，7	2個
8	1，2，4，8	4個
9	1，3，9	3個
10	1，2，5，10	4個
11	1，11	2個
12	1，2，3，4，6，12	6個

(1) **【解き方】$\frac{1}{3}$となる日は，日の数が月の数の3倍である。**

日の数は最大で31だから，31÷3＝10余り1より，月の数として考えられるのは1から10までの10個の数である。月の数が1から10のいずれでもそれを3倍した日の数は存在するから，$\frac{1}{3}$となる日は10日ある。

(2) **【解き方】整数となる日は，日の数が月の数の約数の日である。**

4の約数は3個あるから，4月の中で整数となる日は オ$\underline{3}$日ある。

1から12までの整数のうち約数の個数が最も多いのは，右表より12である。

よって，整数となる日が最も多い月は カ$\underline{12}$月である。

(3) **【解き方】$\frac{1}{2}$以上$\frac{5}{3}$以下となるのは，日の数が月の数の，2倍以下で，$\frac{3}{5}$倍以上の日である。5月，6月，7月それぞれについて，この条件に合う日数を調べる。**

5月は日の数が5×2＝10以下で5×$\frac{3}{5}$＝3以上ならばよいから，5月3日から5月10日までの10－3＋1＝8(日)ある。このうち整数となるのは5月5日の1日だけである。

6月は日の数が6×2＝12以下で6×$\frac{3}{5}$＝3.6以上ならばよいから，6月4日から6月12日までの12－4＋1＝9(日)ある。このうち整数となるのは6月6日の1日だけである。

7月は日の数が7×2＝14以下で7×$\frac{3}{5}$＝4.2以上ならばよいから，7月5日から7月14日までの14－5＋1＝10(日)ある。このうち整数となるのは7月7日の1日だけである。

よって，求める日数は，8＋9＋10－1－1－1＝24(日)

(4)① $\frac{1}{3}+\frac{7}{12}=\frac{4}{12}+\frac{7}{12}=\frac{11}{12}$だから，2年後は11月12日に会う。

② 3年後は，$\frac{7}{12}+\frac{11}{12}=\frac{3}{2}$，4年後は，$\frac{11}{12}+\frac{3}{2}=\frac{29}{12}$

③ **【解き方】$\frac{29}{12}$＝2.41…である。分子は12以下だから，まず分子が12で$\frac{29}{12}$＝2.41…に近い分数を探す。その分数から月の数にあたる分子を小さくして$\frac{29}{12}$＝2.41…に近い分数を探していくが，分母も小さくなっていくので，日の数(分母)の候補がだいぶしぼられる。**

$\frac{29}{12}$の分子と分母に$\frac{12}{29}$をかけると，分子は12になり，分母は12×$\frac{12}{29}$＝4.96…になる。4.96…に最も近い整数は5だから，$\frac{29}{12}$＝2.41…に近い分数として$\frac{12}{5}$＝2.4が見つかる。

$\frac{12}{5}$の月の数を小さくしていくと日の数も小さくなるので，日の数は5以下である。

分母が4で$\frac{29}{12}$＝2.41…に最も近い分数は，分子が2.41×4＝9.64に最も近い整数の10である，$\frac{10}{4}$＝2.5である。

分母が3で$\frac{29}{12}$＝2.41…に最も近い分数は，分子が2.41×3＝7.23に最も近い整数の7である，$\frac{7}{3}$＝2.33…である。

分母が2で$\frac{29}{12}$＝2.41…に最も近い分数は，分子が2.41×2＝4.82に最も近い整数の5である，$\frac{5}{2}$＝2.5である。

分母が1で$\frac{29}{12}$＝2.41…に最も近い分数は，分子が2.41×1＝2.41に最も近い整数の2である，$\frac{2}{1}$＝2である。

よって，$\frac{12}{5}$が最も$\frac{29}{12}$に近いから，求める日付は12月5日である。

■ ご使用にあたってのお願い・ご注意

（1）問題文等の非掲載

著作権上の都合により，問題文や図表などの一部を掲載できない場合があります。

誠に申し訳ございませんが，ご了承くださいますようお願いいたします。

（2）過去問における時事性

過去問題集は，学習指導要領の改訂や社会状況の変化，新たな発見などにより，現在とは異なる表記や解説になっている場合があります。過去問の特性上，出題当時のままで出版していますので，あらかじめご了承ください。

（3）配点

学校等から配点が公表されている場合は，記載しています。公表されていない場合は，記載していません。

独自の予想配点は，出題者の意図と異なる場合があり，お客様が学習するうえで誤った判断をしてしまう恐れがあるため記載していません。

（4）無断複製等の禁止

購入された個人のお客様が，ご家庭でご自身またはご家族の学習のためにコピーをすることは可能ですが，それ以外の目的でコピー，スキャン，転載（ブログ，ＳＮＳなどでの公開を含みます）などをすることは法律により禁止されています。学校や学習塾などで，児童生徒のためにコピーをして使用することも法律により禁止されています。

ご不明な点や，違法な疑いのある行為を確認された場合は，弊社までご連絡ください。

（5）けがに注意

この問題集は針を外して使用します。針を外すときは，けがをしないように注意してください。また，表紙カバーや問題用紙の端で手指を傷つけないように十分注意してください。

（6）正誤

制作には万全を期しておりますが，万が一誤りなどがございましたら，弊社までご連絡ください。

なお，誤りが判明した場合は，弊社ウェブサイトの「ご購入者様のページ」に掲載しておりますので，そちらもご確認ください。

■ お問い合わせ

解答例，解説，印刷，製本など，問題集発行におけるすべての責任は弊社にあります。

ご不明な点がございましたら，弊社ウェブサイトの「お問い合わせ」フォームよりご連絡ください。迅速に対応いたしますが，営業日の都合で回答に数日を要する場合があります。

ご入力いただいたメールアドレス宛に自動返信メールをお送りしています。自動返信メールが届かない場合は，「よくある質問」の「メールの問い合わせに対し返信がありません。」の項目をご確認ください。

また弊社営業日（平日）は，午前９時から午後５時まで，電話でのお問い合わせも受け付けています。

2025 春

株式会社教英出版

〒422-8054　静岡県静岡市駿河区南安倍３丁目 12-28

TEL　054-288-2131　　FAX　054-288-2133

URL　https://kyoei-syuppan.net/

MAIL siteform@kyoei-syuppan.net

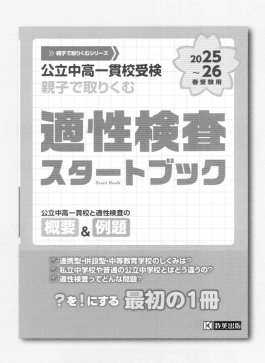

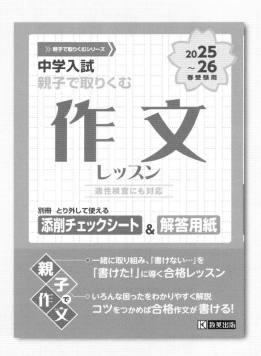

教英出版　2025年春受験用　中学入試問題集

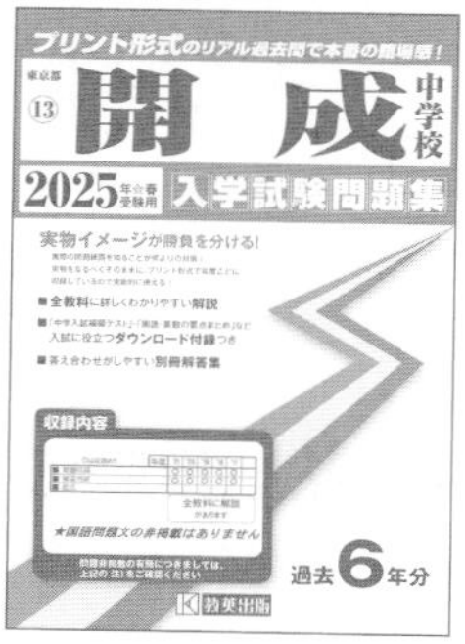

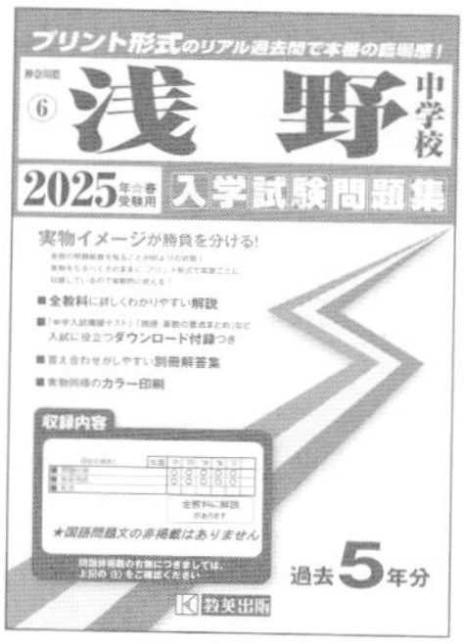

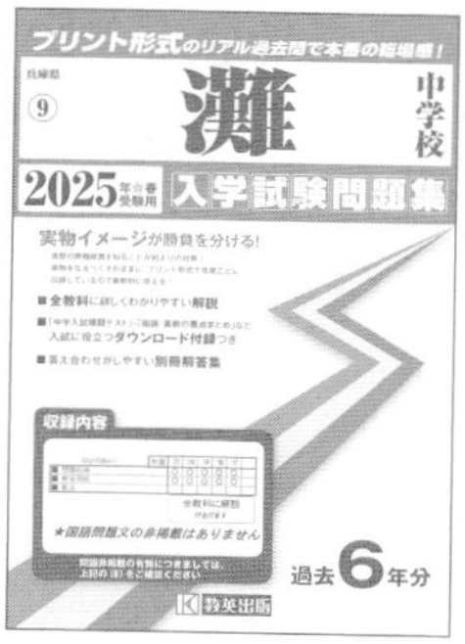

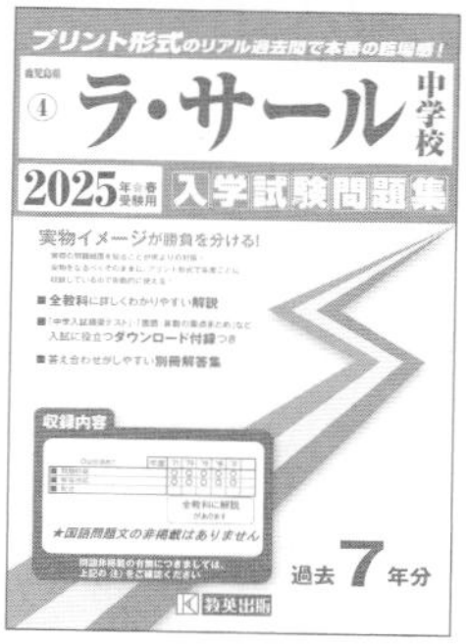

学校別問題集

✿はカラー問題対応

北海道

①[市立]札幌開成中等教育学校
②藤女子中学校
③北嶺中学校
④北星学園女子中学校
⑤札幌大谷中学校
⑥札幌光星中学校
⑦立命館慶祥中学校
⑧函館ラ・サール中学校

青森県

①[県立]三本木高等学校附属中学校

岩手県

①[県立]一関第一高等学校附属中学校

宮城県

①[県立]宮城県古川黎明中学校
②[県立]宮城県仙台二華中学校
③[市立]仙台青陵中等教育学校
④東北学院中学校
⑤仙台白百合学園中学校
⑥聖ウルスラ学院英智中学校
⑦宮城学院中学校
⑧秀光中学校
⑨古川学園中学校

秋田県

①[県立]
- 大館国際情報学院中学校
- 秋田南高等学校中等部
- 横手清陵学院中学校

山形県

①[県立]
- 東桜学館中学校
- 致道館中学校

福島県

①[県立]
- 会津学鳳中学校
- ふたば未来学園中学校

茨城県

①[県立]
- 日立第一高等学校附属中学校
- 太田第一高等学校附属中学校
- 水戸第一高等学校附属中学校
- 鉾田第一高等学校附属中学校
- 鹿島高等学校附属中学校
- 土浦第一高等学校附属中学校
- 竜ヶ崎第一高等学校附属中学校
- 下館第一高等学校附属中学校
- 下妻第一高等学校附属中学校
- 水海道第一高等学校附属中学校
- 勝田中等教育学校
- 並木中等教育学校
- 古河中等教育学校

栃木県

①[県立]
- 宇都宮東高等学校附属中学校
- 佐野高等学校附属中学校
- 矢板東高等学校附属中学校

群馬県

①
- [県立]中央中等教育学校
- [市立]四ツ葉学園中等教育学校
- [市立]太田中学校

埼玉県

①[県立]伊奈学園中学校
②[市立]浦和中学校
③[市立]大宮国際中等教育学校
④[市立]川口市立高等学校附属中学校

千葉県

①[県立]
- 千葉中学校
- 東葛飾中学校

②[市立]稲毛国際中等教育学校

東京都

①[国立]筑波大学附属駒場中学校
②[都立]白鷗高等学校附属中学校
③[都立]桜修館中等教育学校
④[都立]小石川中等教育学校
⑤[都立]両国高等学校附属中学校
⑥[都立]立川国際中等教育学校
⑦[都立]武蔵高等学校附属中学校
⑧[都立]大泉高等学校附属中学校
⑨[都立]富士高等学校附属中学校
⑩[都立]三鷹中等教育学校
⑪[都立]南多摩中等教育学校
⑫[区立]九段中等教育学校
⑬開成中学校
⑭麻布中学校
⑮桜蔭中学校
⑯女子学院中学校
✿⑰豊島岡女子学園中学校
⑱東京都市大学等々力中学校
⑲世田谷学園中学校
✿⑳広尾学園中学校（第2回）
✿㉑広尾学園中学校（医進・サイエンス回）
㉒渋谷教育学園渋谷中学校（第1回）
㉓渋谷教育学園渋谷中学校（第2回）
㉔東京農業大学第一高等学校中等部（2月1日 午後）
㉕東京農業大学第一高等学校中等部（2月2日 午後）

神奈川県

①[県立]相模原中等教育学校
平塚中等教育学校

②[市立]南高等学校附属中学校

③[市立]横浜サイエンスフロンティア高等学校附属中学校

④[市立]川崎高等学校附属中学校

✿⑤聖光学院中学校

✿⑥浅野中学校

⑦洗足学園中学校

⑧法政大学第二中学校

⑨逗子開成中学校(1次)

⑩逗子開成中学校(2·3次)

⑪神奈川大学附属中学校(第1回)

⑫神奈川大学附属中学校(第2·3回)

⑬栄光学園中学校

⑭フェリス女学院中学校

新潟県

①[県立]村上中等教育学校
柏崎翔洋中等教育学校
燕中等教育学校
津南中等教育学校
直江津中等教育学校
佐渡中等教育学校

②[市立]高志中等教育学校

③新潟第一中学校

④新潟明訓中学校

石川県

①[県立]金沢錦丘中学校

②星稜中学校

福井県

①[県立]高志中学校

山梨県

①山梨英和中学校

②山梨学院中学校

③駿台甲府中学校

長野県

①[県立]屋代高等学校附属中学校
諏訪清陵高等学校附属中学校

②[市立]長野中学校

岐阜県

①岐阜東中学校

②鶯谷中学校

③岐阜聖徳学園大学附属中学校

静岡県

①[国立]静岡大学教育学部附属中学校
(静岡·島田·浜松)

②[県立]清水南高等学校中等部
[県立]浜松西高等学校中等部
[市立]沼津高等学校中等部

③不二聖心女子学院中学校

④日本大学三島中学校

⑤加藤学園暁秀中学校

⑥星陵中学校

⑦東海大学付属静岡翔洋高等学校中等部

⑧静岡サレジオ中学校

⑨静岡英和女学院中学校

⑩静岡雙葉中学校

⑪静岡聖光学院中学校

⑫静岡学園中学校

⑬静岡大成中学校

⑭城南静岡中学校

⑮静岡北中学校

⑯常葉大学附属常葉中学校
常葉大学附属橘中学校
常葉大学附属菊川中学校

⑰藤枝明誠中学校

⑱浜松開誠館中学校

⑲静岡県西遠女子学園中学校

⑳浜松日体中学校

㉑浜松学芸中学校

愛知県

①[国立]愛知教育大学附属名古屋中学校

②愛知淑徳中学校

③名古屋経済大学市邨中学校
名古屋経済大学高蔵中学校

④金城学院中学校

⑤椙山女学園中学校

⑥東海中学校

⑦南山中学校男子部

⑧南山中学校女子部

⑨聖霊中学校

⑩滝中学校

⑪名古屋中学校

⑫大成中学校

⑬愛知中学校

⑭星城中学校

⑮名古屋葵大学中学校
(名古屋女子大学中学校)

⑯愛知工業大学名電中学校

⑰海陽中等教育学校(特別給費生)

⑱海陽中等教育学校(I·II)

⑲中部大学春日丘中学校

新刊⑳名古屋国際中学校

三重県

①[国立]三重大学教育学部附属中学校

②暁中学校

③海星中学校

④四日市メリノール学院中学校

⑤高田中学校

⑥セントヨゼフ女子学園中学校

⑦三重中学校

⑧皇學館中学校

⑨鈴鹿中等教育学校

⑩津田学園中学校

滋賀県

①[国立]滋賀大学教育学部附属中学校

②[県立]河瀬中学校
守山中学校
水口東中学校

京都府

①[国立]京都教育大学附属桃山中学校

②[府立]洛北高等学校附属中学校

③[府立]園部高等学校附属中学校

④[府立]福知山高等学校附属中学校

⑤[府立]南陽高等学校附属中学校

⑥[市立]西京高等学校附属中学校

⑦同志社中学校

⑧洛星中学校

⑨洛南高等学校附属中学校

⑩立命館中学校

⑪同志社国際中学校

⑫同志社女子中学校(前期日程)

⑬同志社女子中学校(後期日程)

大阪府

①[国立]大阪教育大学附属天王寺中学校

②[国立]大阪教育大学附属平野中学校

③[国立]大阪教育大学附属池田中学校

④[府立]富田林中学校
⑤[府立]咲くやこの花中学校
⑥[府立]水都国際中学校
⑦清風中学校
⑧高槻中学校（A日程）
⑨高槻中学校（B日程）
⑩明星中学校
⑪大阪女学院中学校
⑫大谷中学校
⑬四天王寺中学校
⑭帝塚山学院中学校
⑮大阪国際中学校
⑯大阪桐蔭中学校
⑰開明中学校
⑱関西大学第一中学校
⑲近畿大学附属中学校
⑳金蘭千里中学校
㉑金光八尾中学校
㉒清風南海中学校
㉓帝塚山学院泉ヶ丘中学校
㉔同志社香里中学校
㉕初芝立命館中学校
㉖関西大学中等部
㉗大阪星光学院中学校

兵庫県

①[国立]神戸大学附属中等教育学校
②[県立]兵庫県立大学附属中学校
③雲雀丘学園中学校
④関西学院中学部
⑤神戸女学院中学部
⑥甲陽学院中学校
⑦甲南中学校
⑧甲南女子中学校
⑨灘中学校
⑩親和中学校
⑪神戸海星女子学院中学校
⑫滝川中学校
⑬啓明学院中学校
⑭三田学園中学校
⑮淳心学院中学校
⑯仁川学院中学校
⑰六甲学院中学校
⑱須磨学園中学校(第1回入試)
⑲須磨学園中学校(第2回入試)
⑳須磨学園中学校(第3回入試)
㉑白陵中学校
㉒夙川中学校

奈良県

①[国立]奈良女子大学附属中等教育学校
②[国立]奈良教育大学附属中学校
③[県立]国際中学校
　　　青翔中学校
④[市立]一条高等学校附属中学校
⑤帝塚山中学校
⑥東大寺学園中学校
⑦奈良学園中学校
⑧西大和学園中学校

和歌山県

①[県立]古佐田丘中学校
　　　向陽中学校
　　　桐蔭中学校
　　　日高高等学校附属中学校
　　　田辺中学校
②智辯学園和歌山中学校
③近畿大学附属和歌山中学校
④開智中学校

岡山県

①[県立]岡山操山中学校
②[県立]倉敷天城中学校
③[県立]岡山大安寺中等教育学校
④[県立]津山中学校
⑤岡山中学校
⑥清心中学校
⑦岡山白陵中学校
⑧金光学園中学校
⑨就実中学校
⑩岡山理科大学附属中学校
⑪山陽学園中学校

広島県

①[国立]広島大学附属中学校
②[国立]広島大学附属福山中学校
③[県立]広島中学校
④[県立]三次中学校
⑤[県立]広島叡智学園中学校
⑥[市立]広島中等教育学校
⑦[市立]福山中学校
⑧広島学院中学校
⑨広島女学院中学校
⑩修道中学校
⑪崇徳中学校
⑫比治山女子中学校
⑬福山暁の星女子中学校
⑭安田女子中学校
⑮広島なぎさ中学校
⑯広島城北中学校
⑰近畿大学附属広島中学校福山校
⑱盈進中学校
⑲如水館中学校
⑳ノートルダム清心中学校
㉑銀河学院中学校
㉒近畿大学附属広島中学校東広島校
㉓AICJ中学校
㉔広島国際学院中学校
㉕広島修道大学ひろしま協創中学校

山口県

①[県立]下関中等教育学校
　　　高森みどり中学校
②野田学園中学校

徳島県

①[県立]富岡東中学校
　　　川島中学校
　　　城ノ内中等教育学校
②徳島文理中学校

香川県

①大手前丸亀中学校
②香川誠陵中学校

愛媛県

①[県立]今治東中等教育学校
　　　松山西中等教育学校
②愛光中学校
③済美平成中等教育学校
④新田青雲中等教育学校

高知県

①[県立]安芸中学校
　　　高知国際中学校
　　　中村中学校

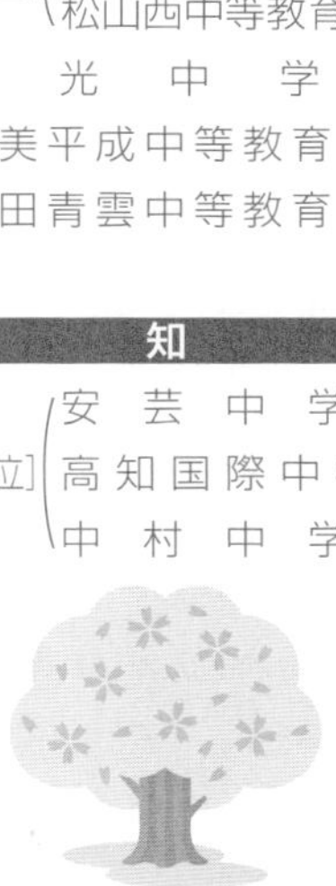

福岡県

①［国立］福岡教育大学附属中学校（福岡・小倉・久留米）

②［県立］
- 育徳館中学校
- 門司学園中学校
- 宗像中学校
- 嘉穂高等学校附属中学校
- 輝翔館中等教育学校

③西南学院中学校
④上智福岡中学校
⑤福岡女学院中学校
⑥福岡雙葉中学校
⑦照曜館中学校
⑧筑紫女学園中学校
⑨敬愛中学校
⑩久留米大学附設中学校
⑪飯塚日新館中学校
⑫明治学園中学校
⑬小倉日新館中学校
⑭久留米信愛中学校
⑮中村学園女子中学校
⑯福岡大学附属大濠中学校
⑰筑陽学園中学校
⑱九州国際大学付属中学校
⑲博多女子中学校
⑳東福岡自彊館中学校
㉑八女学院中学校

佐賀県

①［県立］
- 香楠中学校
- 致遠館中学校
- 唐津東中学校
- 武雄青陵中学校

②弘学館中学校
③東明館中学校
④佐賀清和中学校
⑤成穎中学校
⑥早稲田佐賀中学校

長崎県

①［県立］
- 長崎東中学校
- 佐世保北中学校
- 諫早高等学校附属中学校

②青雲中学校
③長崎南山中学校
④長崎日本大学中学校
⑤海星中学校

熊本県

①［県立］
- 玉名高等学校附属中学校
- 宇土中学校
- 八代中学校

②真和中学校
③九州学院中学校
④ルーテル学院中学校
⑤熊本信愛女学院中学校
⑥熊本マリスト学園中学校
⑦熊本学園大学付属中学校

大分県

①［県立］大分豊府中学校
②岩田中学校

宮崎県

①［県立］五ヶ瀬中等教育学校

②［県立］
- 宮崎西高等学校附属中学校
- 都城泉ヶ丘高等学校附属中学校

③宮崎日本大学中学校
④日向学院中学校
⑤宮崎第一中学校

鹿児島県

①［県立］楠隼中学校
②［市立］鹿児島玉龍中学校
③鹿児島修学館中学校
④ラ・サール中学校
⑤志學館中等部

沖縄県

①［県立］
- 与勝緑が丘中学校
- 開邦中学校
- 球陽中学校
- 名護高等学校附属桜中学校

もっと過去問シリーズ

北海道

北嶺中学校
7年分（算数・理科・社会）

静岡県

静岡大学教育学部附属中学校
（静岡・島田・浜松）
10年分（算数）

愛知県

愛知淑徳中学校
7年分（算数・理科・社会）
東海中学校
7年分（算数・理科・社会）
南山中学校男子部
7年分（算数・理科・社会）
南山中学校女子部
7年分（算数・理科・社会）
滝中学校
7年分（算数・理科・社会）
名古屋中学校
7年分（算数・理科・社会）

岡山県

岡山白陵中学校
7年分（算数・理科）

広島県

広島大学附属中学校
7年分（算数・理科・社会）
広島大学附属福山中学校
7年分（算数・理科・社会）
広島学院中学校
7年分（算数・理科・社会）
広島女学院中学校
7年分（算数・理科・社会）
修道中学校
7年分（算数・理科・社会）
ノートルダム清心中学校
7年分（算数・理科・社会）

愛媛県

愛光中学校
7年分（算数・理科・社会）

福岡県

福岡教育大学附属中学校
（福岡・小倉・久留米）
7年分（算数・理科・社会）
西南学院中学校
7年分（算数・理科・社会）
久留米大学附設中学校
7年分（算数・理科・社会）
福岡大学附属大濠中学校
7年分（算数・理科・社会）

佐賀県

早稲田佐賀中学校
7年分（算数・理科・社会）

長崎県

青雲中学校
7年分（算数・理科・社会）

鹿児島県

ラ・サール中学校
7年分（算数・理科・社会）

※もっと過去問シリーズは
国語の収録はありません。

教英出版
〒422-8054
静岡県静岡市駿河区南安倍3丁目12－28
TEL 054-288-2131
FAX 054-288-2133
詳しくは教英出版で検索
教英出版　検索
URL https://kyoei-syuppan.net/

2024(令和 6)年度入学試験問題

国　語

(注意) 解答はすべて解答用紙に記入しなさい。

(50分)

盈 進 中 学 校

2024(R6) 盈進中
K 教英出版

一　次の――線部の漢字をひらがなに、カタカナを漢字に直しなさい。

① 海の幸を使った料理。
② 一部始終を説明する。
③ その建物は焼失した。
④ 辺り一面の花畑。
⑤ この役割を君に委ねる。
⑥ 看病のおかげで解熱した。
⑦ 墓前に花を供える。
⑧ 会社の存亡にかかわる。
⑨ 常に無関心を装う。
⑩ 旅先で干物を買う。
⑪ ジゾク可能な取り組み。
⑫ このキンカは本物だ。
⑬ 書類を大切にホカンする。
⑭ クマの置き物。
⑮ 学問をオサめる。
⑯ ホンリョウを発揮する。
⑰ レキゼンとした差がある。
⑱ フランスからワインをユニュウする。

⑲ オサナいころの思い出。

⑳ 足りない部分をオギナう。

二　次の文章を読んで、あとの問いに答えなさい。

マンションのエレベーターに乗ったら別の人が乗ってきた。名前は知らないが、ときどき顔を合わせることはある。まったく知らないわけではないから、黙《だま》っているのも不自然だが、何を話したらいいかわからない。結局、エレベーターの中で気まずい雰囲気《ふんいき》のまま一言も口をきかずに降りてしまった。こんな経験は誰《だれ》しもがあるはずです。

こんなとき、相手と話をするいちばん無難な手段は、挨拶《あいさつ》です。「　a　」「あっ、どうも」みたいなやりとりがあって、「　b　」「そうですね」などと言っているうちに自分の降りる階がきて、「　c　」と相手と別れてホッとする。

相手が赤ちゃんを抱《だ》いた女性だったり、ペットの犬を連れていたりしたら、「　d　」と声をかけるという手もあります。このように会話というのは、相手と話し手、時と場合などのさまざまな条件によって成立するものなのです。

では、①ぼくらは日常生活でどんな会話をしているのか。

実は、ぼくたちが会話で使っている言葉には、その言葉本来の意味とは違《ちが》う使い方をしているものがとても多いのです。

大学の授業中、一人の学生が講義そっちのけで携帯電話《けいたいでんわ》をいじっている。それを見つけたぼくが、つかつかと学生の前に行って「それは、何だ?」ときく。言葉どおりに解釈《かいしゃく》すれば、ぼくの問いに対する学生の答えは「はい、これは携帯電話です」となるはずです。

でも、学生が「はい、これは携帯電話です」と答えたら、ぼくは「そんなことはわかっている!」と怒ります。なぜなら、ぼくの言う「それは、何だ?」は「講義の最中に勝手に携帯なんかいじるんじゃないよ」という意味なので、学生は「あっ、すみませんでした」と謝《あやま》らなくてはいけないからです。

部屋に入ってきたお客さんが汗《あせ》を拭《ふ》きながら、「いや、暑いですな」と言ったとします。これに対して「本当に暑いですね」と応対するだけだったら、その人は内心ムッとするでしょう。彼《かれ》は「暑いですな」という言葉で、「　②　」という気持ちを伝えているからです。

言葉を本来の意味どおりに伝えないというのは、何も日本語だけに限ったことではありません。たとえば、英語には「Do you have a watch ?」という言い方があります。でも、これは「時計を持っていますか？」ときいているわけではない。「今、何時ですか」という意味なんです。だから、そうきかれたら「今は○時○分です」と言わなくてはいけません。

もうひとつ、会話には大きな特徴《とくちょう》があります。それは、会話には意味のないやりとりが非常に多いということです。先に触《ふ》れた挨拶の言葉はその典型です。「やあやあ」「どうもどうも」「こんばんは」「はい、こんばんは」という会話には何の意味もない。これを百万回繰《く》り返しても、お互《たが》い、何の情報も得られるわけではありません。

みなさんの大好きなメールのやりとりも似たようなものです。電車に乗りこんできた女の子が、すぐに携帯を取り出して熱心にメールをはじめました。どうやら、さっき駅で別れた友だちへのメールのようです。でも、その内容は――、

「今、電車乗った」

「混《こ》んでる？」

「めっちゃ混んでる」

「座れた？」

「うん、ラッキー」

といった〝どうでもいい〟とりとめのないやりとりが延々と続くのです。

ムダなやりとりの典型的な例が恋人《こいびと》たちの会話でしょう。③夜、公園のベンチに座った恋人たちが、うっとりとした表情で夜空を見つめています。

「星がきれいだね」

「ほんとね」

「寒くない？」

「ううん、平気。それより、昼、私の作ったオムレツ、おいしかった？」
「おいしかったよ」
「よかった。また、今度作ってあげる」
いやはや、この二人、④本当にムダなことばかりしゃべっていると思いませんか？
星がきれいかどうかは見ればわかることだし、寒いんだったら、自分からカーディガンを羽織ればいいし、オムレツがおいしかったかどうかは、食べているときの彼の反応を見れば ⑤ です。
要するに彼らの会話はほとんど意味がない。お互い何も伝えていません。でも、それで構わないんです。なぜなら「星がきれいだね」「オムレツ、おいしかった？」という会話は、「ぼくは君が好き」「私もあなたが好き」と言っているのと同じことだからです。さっき説明した、本来の意味とは違う言葉を恋人たちはしゃべっている。 A 、何をしゃべっても「好きだ」「好きよ」になってしまうんです。
しかし、言葉というのは本来、コミュニケーションの道具であり、情報交換《こうかん》の手段であるはずです。ムダ話というのは、いくら話したところで自分の知識が増えるわけでも、利口になるわけでもありません。なのに、こんな意味のない会話ばかり交わしていていいのでしょうか？
B 、こうした役に立たない会話というのが、実は、人間にとって非常に大切なんですね。なぜなら、そうした会話を交わすことで人と人はつながることができるからです。みなさんがメールで、恋人たちが公園で、一見どうでもいいような話をしているのは相手との関係を確かめ合い、もっと関係を強めていきたいからなんです。情報のやりとりをするよりも、会話するという行為《こうい》自体が人間にとっては、より重要なんですね。
こうした人と人をつなぐ言葉の働きを、ぼくたち言葉の専門家はファティック（交話）と呼んでいます。
人類がどうして言葉を持つようになったのかは、今も謎《なぞ》のままですが、実はこのファティックが言葉の起源ではないか、という説があるんです。今から五万年前に明確な言語を手に入れたといわれるホモ・サピエンス（ヒト）は、集団で行動するようになりましたが、彼らがもっとも大切にしていたのは「お互いに一緒《いっしょ》に生きていこう」という認識だったというんですね。

これは、とても魅力的《みりょくてき》な仮説です。この説が正しければ、言葉は本来、人と人とが仲良くするための「⑥平和の道具」として生まれたことになるからです。つまり、人間にとっていちばん大切なのは「やあやあ」や「こんばんは」といったおしゃべり言葉ということになってくる。

ひょっとしたら、ぼくたちの祖先からの「人間たち、仲良くしろよ」という贈《おく》り物が「言葉」というものなのかもしれません。

（金田一秀穂『15歳の日本語上達法』より）

問一 空らん［ a ］～［ d ］に入ることばを次からそれぞれ一つ選び、記号で答えなさい。（同じ記号は一度しか使えません）

ア　ありがとう　イ　こんにちは　ウ　かわいいですね　エ　今日は暑いですね　オ　じゃ、失礼します

問二 ――線部①「ぼくらは日常生活でどんな会話をしているのか」とありますが、筆者はこのあとの文章で日常生活における会話の特徴を二つあげています。次の空らん［ Ⅰ ］・［ Ⅱ ］に入る語句を指定された字数で本文中から抜き出しなさい。

・ぼくらは会話の中で言葉を［ Ⅰ　十三字 ］ことが多い。

・ぼくらの会話には［ Ⅱ　九字 ］が多い。

問三 空らん［ ② ］に入ることばを「暑いですな」にこめられた「気持ち」を考えて書きなさい。

問四 ＿＿＿線部③の「主語（主部）」と「述語（述部）」にあたる部分を、次からそれぞれ一つ選び、記号で答えなさい。

「ア夜、｜イ公園のベンチに｜ウ座った｜エ恋人たちが、｜オうっとりとした｜カ表情で｜キ夜空を｜ク見つめています。｜」

問五 ＿＿＿線部④「本当にムダなことばかりしゃべっている」とありますが、メールの会話や恋人の会話において「ムダなことばかり」しゃべる理由はなぜだといえますか。筆者の考えを「～から。」につながるように本文中から二十六字で抜き出し、最初の五字を書きなさい。

・［　二十六字　］から。

問六 空らん［⑤］に入る四字熟語を次から一つ選び、記号で答えなさい。

ア　一刀両断《いっとうりょうだん》　イ　一石二鳥《いっせきにちょう》　ウ　一触即発《いっしょくそくはつ》　エ　一目瞭然《いちもくりょうぜん》　オ　一網打尽《いちもうだじん》

問七 空らん［A］、［B］に入る適切なことばを次からそれぞれ一つ選び、記号で答えなさい。（同じ記号は一度しか使えません）

ア　また　イ　だから　ウ　たとえば　エ　つまり　オ　ところが　カ　なぜなら

問八　本文の内容に合うものを次から一つ選び、記号で答えなさい。

ア　外国では、英語で時計を持っているかどうか聞かれることがたくさんあるけれど、それは時計の有無ではなく、コミュニケーションのためにたずねているので、時計を持っていなくても構わない。

イ　会話における意味のないやりとりは、それを続けることによって相手の本当の思いに気づくことができるため、どうでもいい会話であっても、きちんとやりとりを続けた方がいい。

ウ　駅で別れた友達とのメールのやりとりは、電車に乗ったことに対する確認ではなく、恋人たちの意味のない会話と同じはたらきをする、とりとめのない会話である。

エ　長い歴史の中で、ホモ・サピエンス（ヒト）が言葉を持つようになった理由は明確であり、「やあやあ」や「こんばんは」といったおしゃべり言葉が何よりも重要だとされた。

2024(R6) 盈進中
K 教英出版

月　　日　　曜日

問九　——線部⑥「平和の道具」とありますが、あなたはこの文章を読んだあと、「平和の道具」について考えを深め、自主学習ノートにまとめました。

「平和の道具」の意味を考える

私は、この文章の最後にある「平和の道具」という表現に注目しました。筆者は、「言葉」が「平和の道具」として生まれたのではないかと述べているのです。

私もこの文章を読んで、「言葉」にはとても大きな力があると思いました。そして私たちが学校で英語という「言葉」を学んでいることにも意味があると考えました。それは

X

また昨日、新聞を読んで下の投書の記事を見つけました。

この記事を読むと「言葉」以上に大切なものがあることに気づかされます。それは **Y** です。

お詫び
著作権上の都合により、文章は掲載しておりません。
ご不便をおかけし、誠に申し訳ございません。
教英出版

2023年9月2日　中国新聞ヤングスポット

(1) 空らん X に入る「英語という言葉を学ぶ意味」について、あなたのことばで分かりやすく説明しなさい。

書くときの条件

① X に入る文章を、「それは」に続けて八十字以上百字以内で書きなさい。

② 文章は二文以上で段落を変えずに書くこととします。

③ 文字は濃く、大きく、ていねいに書きなさい。

(2) 空らん Y に入る語句を新聞記事から十字で抜き出して答えなさい。

三　次の文章を読んで、あとの問いに答えなさい。

主人公の岳《がく》はライバルの涼万《りょうま》とともにバスケットボール部で活動している。岳が通う中学校ではもうすぐ合唱大会がある。岳は幼なじみの金田晴美（岳は晴美をキンタと呼んでいる）にオンチであることを指摘《してき》し、泣かせてしまう。

週明け、岳は部活の朝練に向かった。まだ痛みが残っていたので、普通の練習は見学するつもりだったが、ひとりでシュートを打つくらいなら出来るかと思った。

本当は安静にした方がよいのかも知れない。でも、部活を休んでいるあいだに、涼万に抜かされるわけにはいかない。絶対に嫌《いや》だ。

今日も朝練の開始時間のずいぶん前に、体育館に入った。誰《だれ》もいない体育館は[i]として、バスケットシューズが立てる、キュッキュッという足音さえ、天井《てんじょう》に立ち上っていく。

ゴールの前に身構える。ゴールを見据《みす》えて打とうとした瞬間《しゅんかん》、白いバックボードに晴美の顔が現われた。急に力が抜けて、中途半端《ちゅうとはんぱ》になってしまったシュートは、ゴールまで届かずにバウンドしていった。ボールがバウンドしていく音が、胸に[ii]と響《ひび》いた。

あれからずっとこうだった。

あの晴美の涙《なみだ》が、何度も何度も※フラッシュバックしてきて、どんなに払《はら》おうとしても、気づくと晴美のことを考えていた。朝露《あさつゆ》に濡《ぬ》れたうぶ毛の生えた葉っぱに、一粒《ひとつぶ》の大きなしずくがきらりと光っているようだった。

くそっ。切り替《か》えろ。

今はバスケの練習をしているんだぞ。

自分で自分を※鼓舞《こぶ》する。

そのあと、十発打ったが、一発もシュートを決められなかった。こんなことは初めてだった。

サポーターをした右膝《みぎひざ》をのぞき込《こ》んだ。こないだ隼人《はやと》と公園でシュートしたときは、なんの違和感《いわかん》もなかったのに、今日は少しおか

(3)　3点A、C、Fを通る平面でこの立体を切りました。切り口は□となります。

□に入る言葉を**ア**～**キ**から選び、記号で答えなさい。

ア　正三角形　　**イ**　直角三角形　　**ウ**　正方形　　**エ**　長方形

オ　平行四辺形　　**カ**　五角形　　**キ**　六角形

(4)　辺ABと辺BCの真ん中、E、Gの4点を通る平面でこの立体を切りました。

点Bを含む立体の体積は□cm^3です。

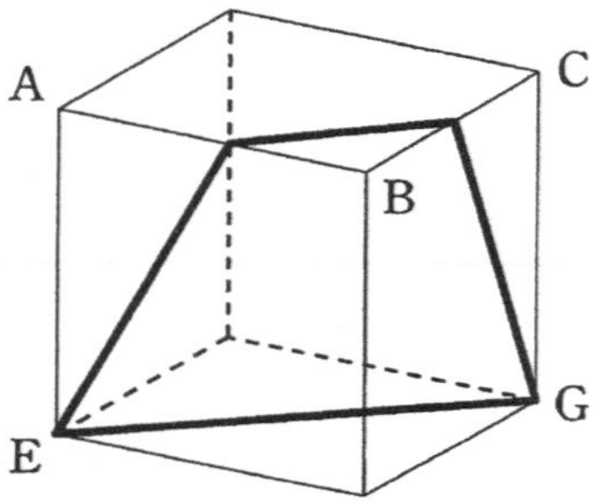

参考

右のような立体を三角すいといい、

体積は

（底面積）×（高さ）÷ 3

で求めることができます。

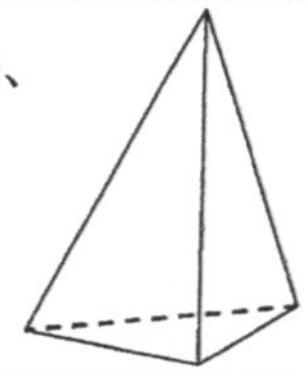

4 次の□にあてはまる数を答えなさい。

色のついたタイルを並べて正方形または長方形を作ります。色のついたタイルは、向きを変えずにすき間なくならべることとし、たくさんあるものとします。

(1) 横の長さが 12 cm で縦の長さが 7 cm である赤いタイル 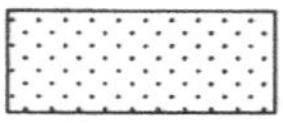 を、【図1】のようにならべて四角形を作ります。

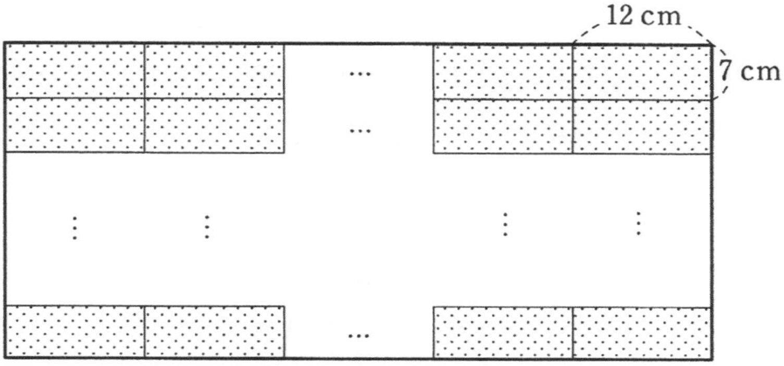

【図1】

① 横の長さが 48 cm で縦の長さが 49 cm である長方形を作ります。

このとき、赤いタイルが□枚必要です。

② 【図2】のように 赤いタイルをならべて、正方形を作ります。

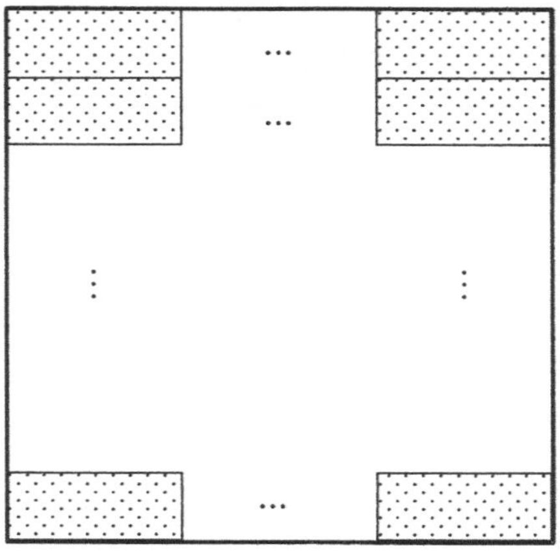

【図2】

このとき、作ることのできる最も小さい正方形は、1辺の長さが□cmです。

(2)　(1) で用いた赤いタイルを１枚以上ならべて長方形を作ります。
その右側に横の長さが 9 cm で縦の長さが 5 cm である青いタイル  を
１枚以上ならべ、【図３】のような四角形を作ります。

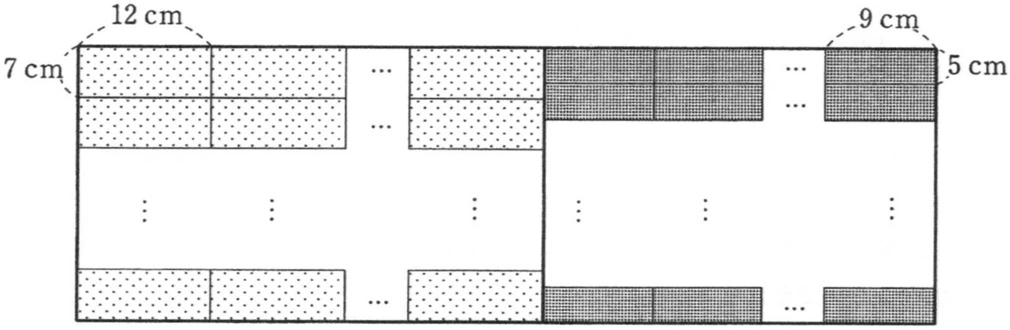

【図３】

このとき、赤いタイルをならべてできる長方形の縦の長さと、青いタイルをならべてできる長方形の縦の長さは等しいものとします。

①　【図３】のような長方形になるようにタイルをならべます。
このとき、縦の長さが最も短い長方形は、縦の長さが □ cm の長方形です。

②　【図３】のようにして作る四角形のうち、正方形になるものを考えます。

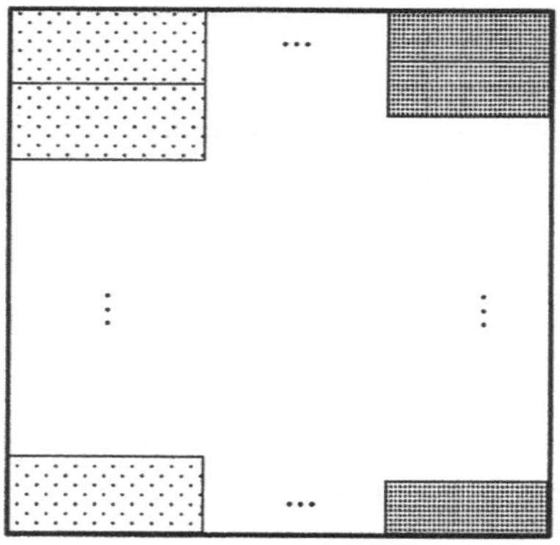

【図４】

このとき、作ることのできる最も小さい正方形の１辺の長さは □ cm です。

5 次の ＿＿ にあてはまる数を答えなさい。

１～４の数字が１つずつ書かれたカードが【図１】のようにならんでいます。

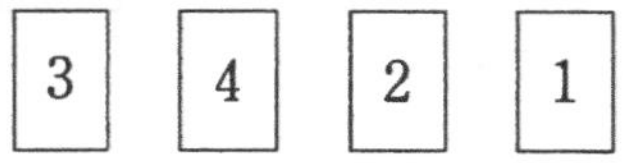

1番目　2番目　3番目　4番目

【図１】

となり合った２枚のカードの数字を比べ、左のカードに書かれた数字が右のカードに書かれた数字より大きい場合は、順番を入れかえます。これを１番目と２番目、２番目と３番目、３番目と４番目 …、とくり返すことで、１列にならべたカードをならべかえることができます。

A：左から順番にカードをならべかえていきます。

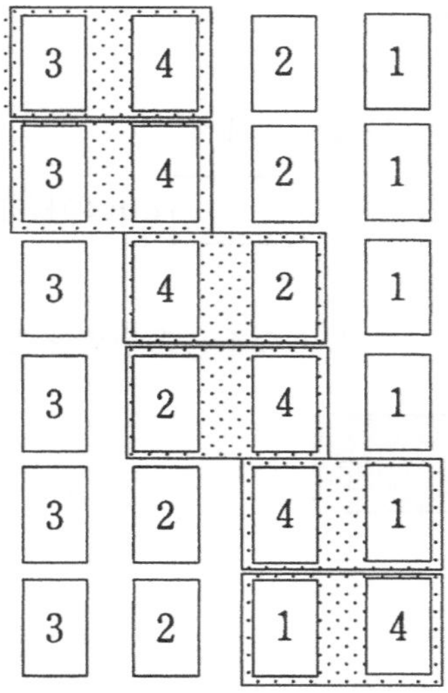

１番目と２番目を比べます。

２番目の方が大きいのでそのままです。

２番目と３番目を比べます。

３番目の方が小さいので入れかえます。

３番目と４番目を比べます。

４番目の方が小さいので入れかえます。

Aのならべかえが終わったとき、ならんでいるカードの中で一番大きい数字が書かれたカードが一番右側に移動しました。

ここまでのならべかえを１周目とします。

B：2周目のならべかえを行います。

1番目と2番目を比べます。

2番目の方が小さい場合、入れかえます。

2番目と3番目を比べます。

3番目の方が小さい場合、入れかえます。

Bのならべかえが終わったとき、ならんでいるカードの中で二番目に大きい数字が書かれたカードは、3番目に移動しました。

C：3周目のならべかえを行います。

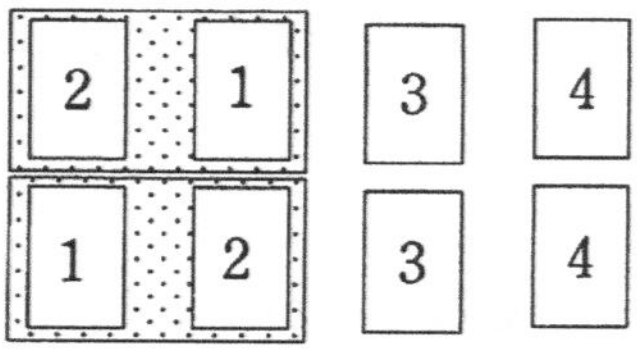

1番目と2番目を比べます。

2番目の方が小さい場合、入れかえます。

4枚のカードのならべかえは3周で終わります。
この4枚のカードのならべかえが終わるまでに、カードの入れかえは全部で5回行われています。

カードの枚数によって、ならべかえの回数が変わります。

5 の問題は次ページに続きます。

(1)　1～6の数字が1つずつ書かれた6枚のカードが【図2】のようにならんでいます。

2	4	6	3	5	1
1番目	2番目	3番目	4番目	5番目	6番目

【図2】

①　1周目のならべかえが終わったとき、

最後(6番目)のカードに書かれた数字は□です。

②　すべてのならべかえが終わったときのカードのならびは

□ □ □ □ □ □ です。

③　カードのならびが 2 4 6 3 5 1 から、すべてのならべかえが終わったとき、カードを入れかえた回数は 全部で□回です。

(2)　1～10の数字が1つずつ書かれた10枚のカードをならべかえます。

最も入れかえ回数が多くなるはじめのカードのならびは

□ □ □ □ □ □ □ □ □ □ です。

(3)　1～10の数字が1つずつ書かれた10枚のカードのならべかえがすべて終わったとき、入れかえがちょうど2回行われました。

はじめのカードのならびは□通りあります。

問９　自然環境《かんきょう》を保護し、持続可能な社会をつくるための取り組みを述べた文として正しいものはどれですか。次の**ア～エ**から一つ選び、記号で答えなさい。

ア　山の木がないところに、どんな種類でもよいので、たくさんの木を植える。

イ　燃料電池で動く自動車の実用化を進め、バスなどに利用する。

ウ　電気をたくさんつくるために、火力発電所を増やす。

エ　埋め立てごみの量を減らすために、プラスチックごみを燃やせる施設をつくる。

問 10　私たちの住む日本は、地震《じしん》が多く発生する国として知られています。大きな地震が発生すると、建物や道路がこわれたり、津波が発生するなど、大きな被害《ひがい》をもたらします。私たちは地震に備えるため、日々、防災・減災を意識した生活をする必要があります。日ごろから意識するべきことを述べた文として正しいものはどれですか。次の**ア～カ**から**<u>すべて</u>**選び、記号で答えなさい。

ア　地震が発生した時に、家具などがたおれないように壁などに固定しておく。

イ　地震が発生した時に、ひ難場所へ素早くとう着できるように車で移動する。

ウ　津波が発生した時は、できるだけ高い場所にひ難する。

エ　ひ難生活が長期にわたることを考え、非常食・飲み水などを用意しておく。

オ　ひ難場所やひ難経路は、あらかじめ家族と確認し、集合場所を決めておく。

カ　ひ難場所から帰宅後すぐに電化製品が使えるように、ブレーカーや電源は入れたままでよい。

4 次の問いに答えなさい。

問１ いろいろなものの音がでているときのようすについて述べた文として、正しいものはどれですか。次の**ア**～**エ**から一つ選び、記号で答えなさい。

ア 糸電話の糸は、ピンとはっても、たるませていても、音の聞こえ方は変わらない。

イ 紙ふぶきを乗せた太鼓《たいこ》をたたいたとき、音はするが、紙ふぶきのようすに変化はない。

ウ 音が鳴っているトライアングルを指でつまんでも、音は鳴り続ける。

エ ギターは中が空どうになっているため、弦《げん》をはじいたとき、大きな音がでる。

問２ 右の図のように、磁石《じしゃく》のＮ極についた鉄くぎを磁石から静かに引きはなし、引きはなした鉄くぎの先を方位磁針《じしん》に近づけました。方位磁針の針の向きはどうなりますか。次の**ア**～**エ**から一つ選び、記号で答えなさい。ただし、方位磁針の黒い部分をＮ極とします。

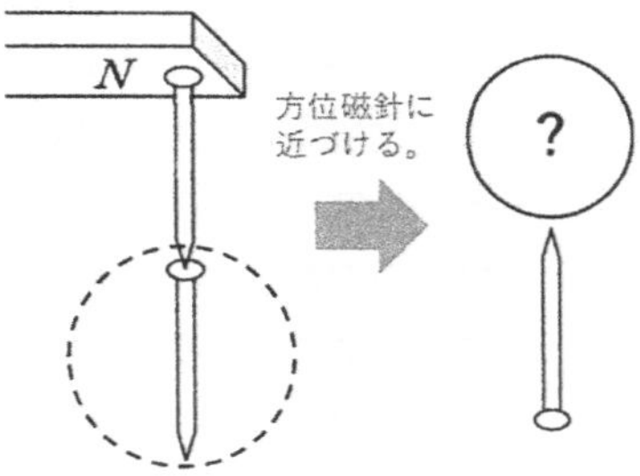

ア　　**イ**　　**ウ**　　**エ**

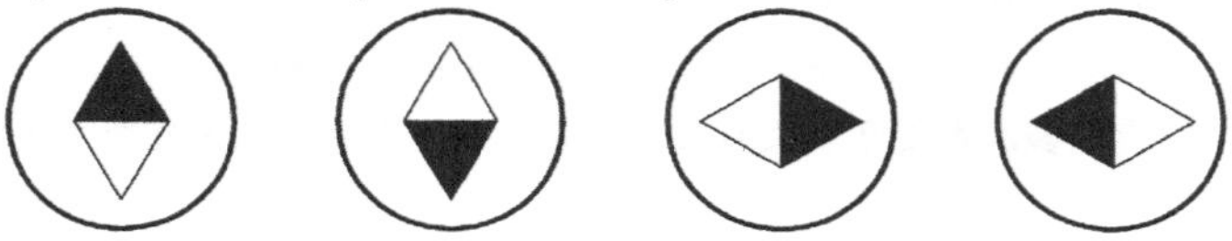

問３ 注射器に空気と水を半分ずつ入れ、ピストンをおしこんだ時のようすとして正しいものはどれですか。次の**ア**～**ウ**から一つ選び、記号で答えなさい。

もとのようす　　**ア**　　**イ**　　**ウ**

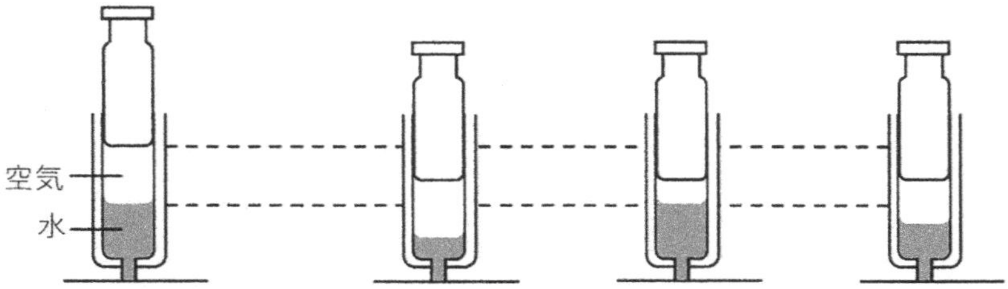

問４ ３個の豆電球Ａ、Ｂ、Ｃとかん電池と導線を使って、右の図のような回路を作り、豆電球を光らせました。しばらくすると、豆電球Ｂが切れて光らなくなりました。豆電球ＡとＣのようすはどうなりますか。次の**ア**～**エ**から一つ選び、記号で答えなさい。

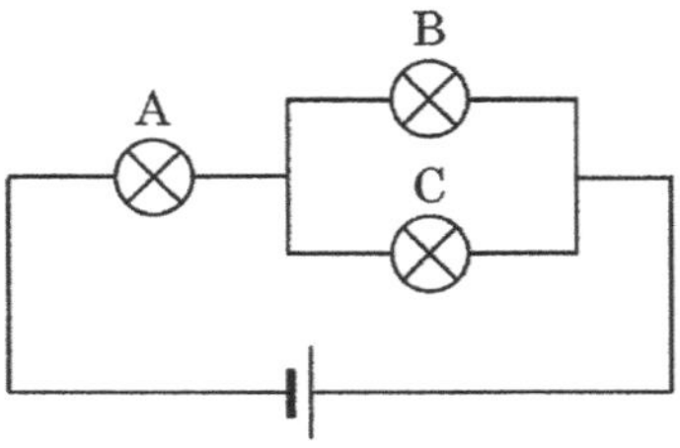

ア 豆電球Ａは光ったままだが、豆電球Ｃは消える。

イ 豆電球Ｃは光ったままだが、豆電球Ａは消える。

ウ 豆電球Ａ、Ｃともに光ったまま。

エ 豆電球Ａ、Ｃどちらも消える。

問５　てこを利用した道具の中で力点よりも作用点が大きく動く道具はどれですか。次の**ア**～**エ**から一つ選び、記号で答えなさい。

ア　パンばさみ

イ　せんぬき

ウ　くぎ抜き

エ　空き缶つぶし

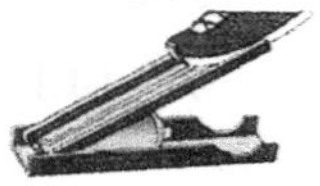

問６　ふりこの性質を利用することで、ふりこ時計は正確に時間をはかることができます。もし、ふりこ時計の進みが早い場合、どのように調整すればいいですか。次の**ア**～**エ**から一つ選び、記号で答えなさい。

ア　ふりこのおもりを軽くする。

イ　ふりこのおもりを重くする。

ウ　ふりこの長さを短くする。

エ　ふりこの長さを長くする。

問７　ふりこが 10 往復する時間を５回はかると、右のような結果となりました。このふりこが１往復する時間は何秒ですか。小数第２位を四捨五入して求めなさい。

回数	１回目	２回目	３回目	４回目	５回目
時間	17.８秒	17.５秒	17.７秒	17.４秒	17.６秒

問８　右の図のように、実験用てこの左の位置②に２個、位置④に１個、それぞれおもりをつり下げました。このてこを水平にするための条件として正しいものはどれですか。次の**ア**～**エ**から一つ選び、記号で答えなさい。ただし、つり下げるおもりはすべて同じ重さとします。

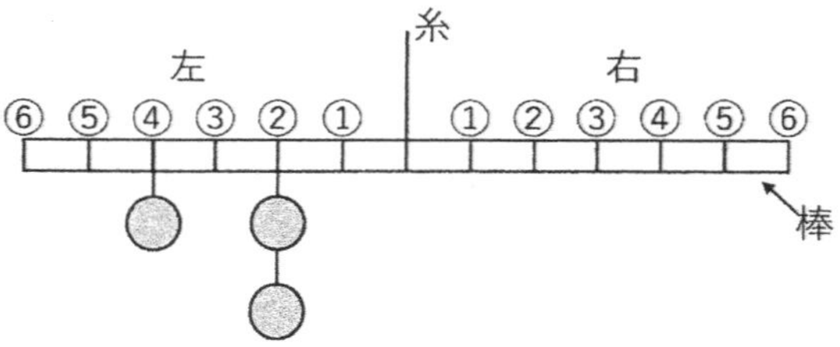

ア　右の位置①に１個、位置⑤に１個、それぞれおもりをつり下げる。

イ　右の位置②に１個、位置⑥に１個、それぞれおもりをつり下げる。

ウ　右の位置③に１個、位置④に１個、それぞれおもりをつり下げる。

エ　右の位置④に１個、位置⑥に１個、それぞれおもりをつり下げる。

問９　発光ダイオードを利用した電球（LED 電球）が、通常の電球よりも電気代が安い理由を述べた文として正しいものはどれですか。次の**ア**～**エ**から一つ選び、記号で答えなさい。ただし、両方の電球は、同じ明るさとします。

ア　LED 電球の方が、熱や衝撃《しょうげき》に強く、設置する場所を選ばない。

イ　LED 電球の方が、構造が簡単で、作るのに必要な部品が少ない。

ウ　LED 電球の方が、長寿命で、長い期間交換しなくてもよい。

エ　LED 電球の方が、低電力で、使用するのに必要な電気が少ない。

問10　LED 電球の方が通常の電球よりも値段が高くなります。しかし LED 電球の方が、電気代が安いため、長期間使用すると、総費用が安くなります。右の表の条件の場合、LED 電球の総費用が、通常の電球の総費用よりも安くなるのは LED 電球を何時間以上使用したときですか。次の**ア**～**エ**から一つ選び、記号で答えなさい。ただし、２つの電球は途中で切れないものとします。

	１個の値段	電気代（１時間）
LED 電球	3900 円	0.1 円
通常の電球	100 円	２円

ア　1000 時間　　**イ**　1500 時間　　**ウ**　2000 時間　　**エ**　2500 時間

5 次の問いに答えなさい。

問１ 我々の周りには、多くの微《び》生物が存在しています。我々はそれらの微生物を利用し、豊かな社会を築いています。次の問いに答えなさい。

(1) 料理には様々な調味料が使われ、中には、微生物の力を利用してつくるものもあります。そのような調味料は発酵《はっこう》調味料と言われています。日本を代表する発酵調味料には味噌《みそ》と醤油《しょうゆ》があります。これらの材料は「畑のタンパク質」と呼ばれることもある作物を利用して作られます。その作物の名前を**漢字２文字**で答えなさい。

(2) 味噌は麹菌《こうじきん》や酵母菌《こうぼきん》のような微生物がもつ力を利用してつくられます。酵母菌は、ブドウ糖を分解し、アルコールと気体を作る微生物ですが、我々がとてもよく食べている小麦を利用した食品を作るのにも利用されています。その食品の名前を**カタカナ２文字**で答えなさい。

(3) 麹菌は、麹をつくるための糸状菌《しじょうきん》の総称です。カビの一種で、日本をはじめ湿度の高い東アジアや東南アジアにしか生息していません。なかでも日本の麹菌は「コウジカビ」と言って、日本の「国菌」にも認定されています。カビの仲間に分類されていますが、味噌に利用される麹菌は、カビの仲間の中でも世界的にも珍しい性質を持っています。どんな性質であるか答えなさい。

問２ 地震の揺れは、震源から波として中心から周辺に伝わっていくことが知られています。次の図は、震源から伝わる波のようすを上空から見たものです。震源は地表付近だと仮定し、方眼の１目盛りを４ｋｍとします。震源から１秒間に３ｋｍの波が伝わったとき、４秒後に波の先端はどこまで届きますか。正しく作図したものを、次の**ア**～**エ**から一つ選び、記号で答えなさい。

ア

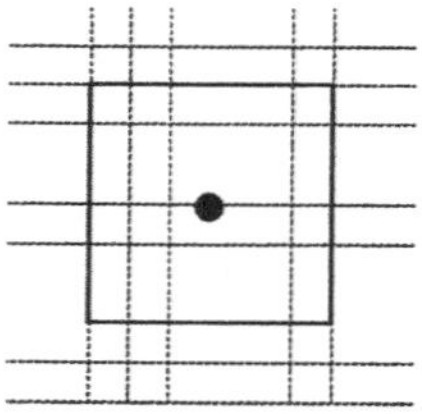

イ

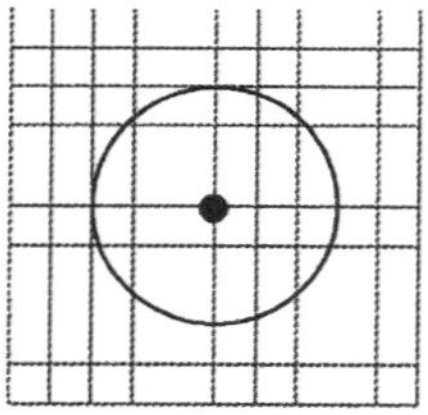

ウ

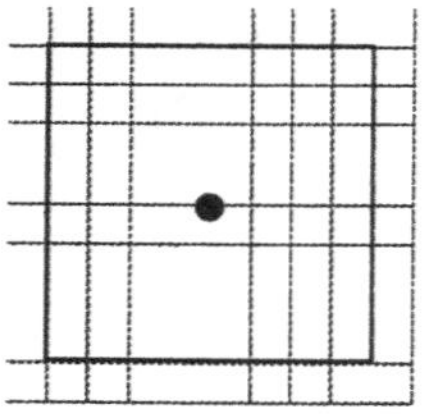

エ

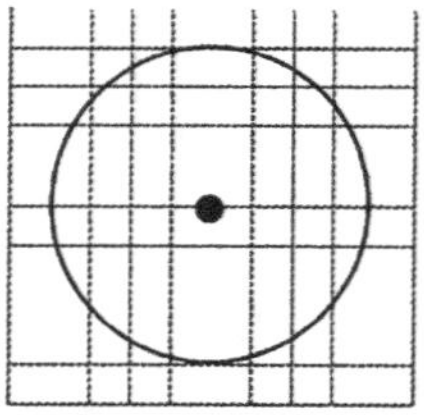

問３　地球から見た星の明るさは、一般的に「等級」という単位で表されます。これは、天文学者ヒッパルコスが肉眼で見える最も明るい星を１等星、ようやく見えるぐらいの星を６等星と決めたのが始まりです。１等星と６等星の明るさのちがいは約 100 倍です。また、１等星と２等星、２等星と３等星というように１つの数値のちがいによる明るさのちがいは約 2.5 倍となっています。次の問いに答えなさい。

(1)　３等星と５等星、１等星と４等星の明るさのちがいを説明した文として、正しいものはどれですか。次の**ア**～**エ**から一つ選び、記号で答えなさい。

ア　３等星と５等星の明るさのちがいは、約 6.3 倍であり、１等星と４等星の明るさのちがいは、約 16 倍である。

イ　３等星と５等星の明るさのちがいは、約 6.3 倍であり、１等星と４等星の明るさのちがいは、約 40 倍である。

ウ　３等星と５等星の明るさのちがいは、約 16 倍であり、１等星と４等星の明るさのちがいは、約 24 倍である。

エ　３等星と５等星の明るさのちがいは、約 16 倍であり、１等星と４等星の明るさのちがいは、約 40 倍である。

(2)　１等星から６等星までの明るさをグラフにするとどのような形となりますか。次の**ア**～**エ**から一つ選び、記号で答えなさい。ただし、グラフは６等星の明るさを１としています。

ア

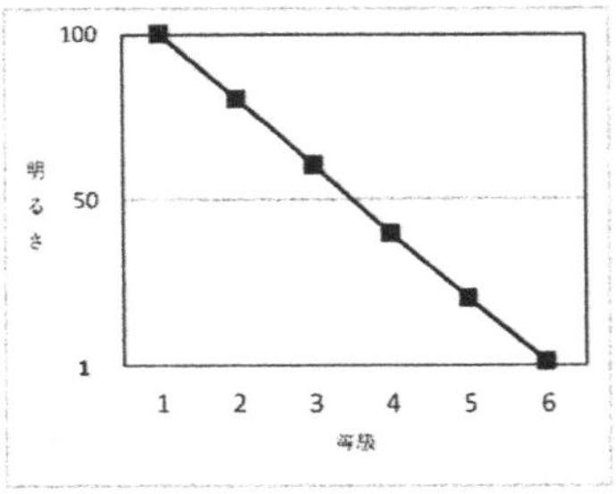

イ

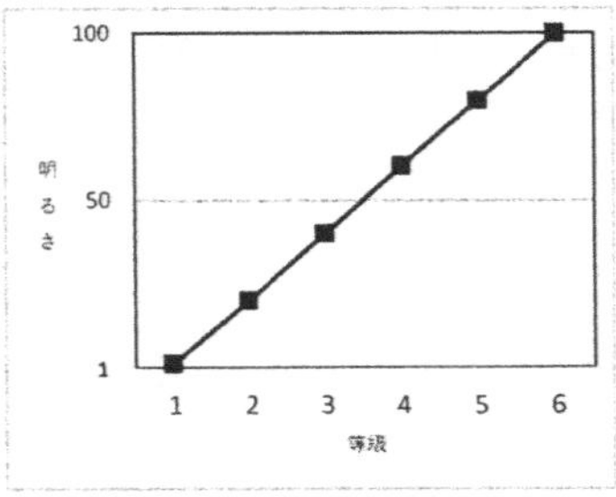

ウ

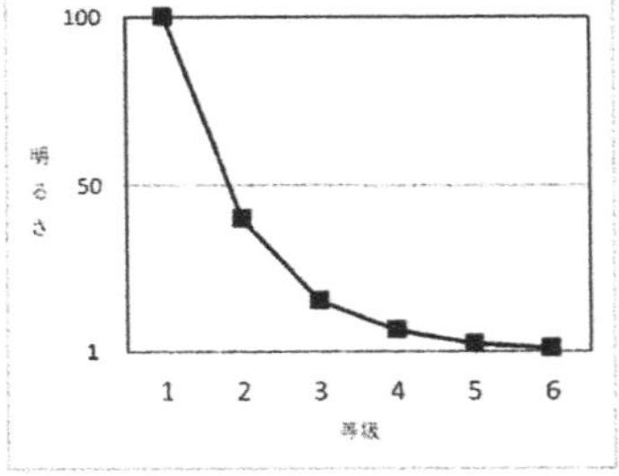

エ

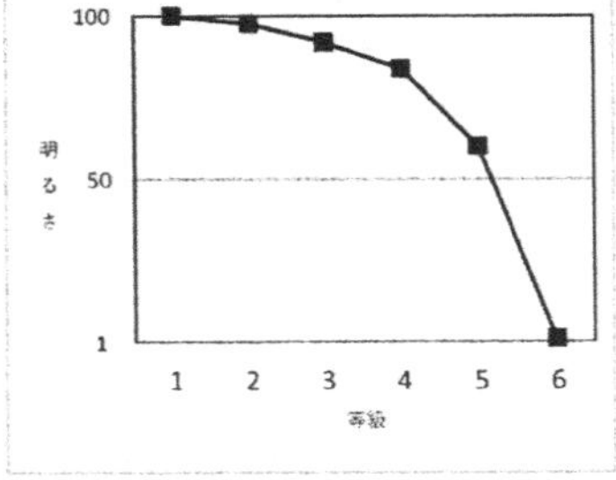

問４　夏休みに、裕太君は、家族と海水浴に行きました。海水浴場で遊んでいると、砂浜に多くのゴミが落ちていることに気づきました。そこで、夏休みの自由研究のテーマにすることにしました。まず、資料や情報を得るためにインターネットで色々と検索してみました。すると、海洋の環境汚染《おせん》について詳しく解説しているホームページを見つけました。そこには、次のようなグラフとともに、「2050 年には、魚よりもＡのゴミ量が多くなる」と言われるほど問題が深刻化していることも説明されていました。グラフで最も大きな部分を占める原因物質Ａは何ですか。**カタカナ**で答えなさい。また、それは、グラフ全体の何％ですか。数字で答えなさい。

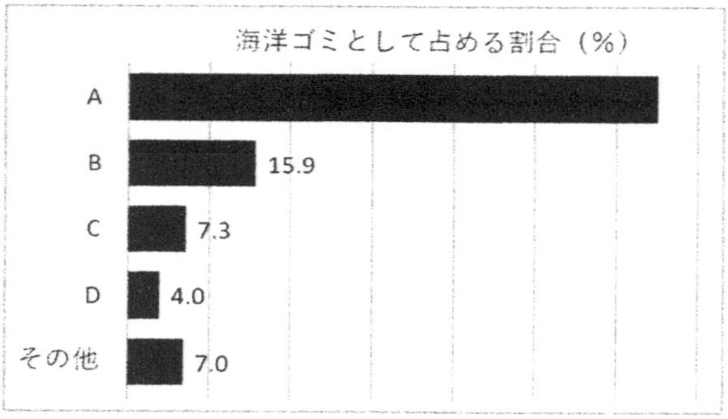

問５　次の文章を読んで、次の問いに答えなさい。

コーラやビールなど、あわの出る飲みものはたくさんあります。これらのあわの正体は「　あ　」です。これらの飲料は、高い圧力をかけて「　あ　」を水の中にとけこませています。飲料水の中の「　あ　」は、水に囲まれてバラバラになっています。しかし、何か刺《し》激があると「　あ　」同士でくっつきます。そして、水の中にとけていられなくなり、小さなあわとなって外に出ていきます。

(1)　「　あ　」の気体の性質をあらわした文として、正しいものはどれですか。次の**ア**～**エ**から一つ選び、記号で答えなさい。

ア　最も軽い気体であり、飛行船はこの気体を使用してういている。
イ　最も重い気体であり、色もにおいもなく、燃える性質がある。
ウ　空気中に含まれ、呼吸に利用される。
エ　空気中に含まれており、日光が当たると葉から植物にとりこまれる。

(2)　「　あ　」の気体は何ですか。**漢字**で答えなさい。

(3)　「　あ　」のみが気体として含まれているペットボトル飲料があると仮定します。そのペットボトルをフタが開いていない状態で重さをはかったところ、ペットボトルの重さをふくめて 560ｇでした。その後、フタを開け、気体として「　あ　」を外に出し、再びフタをしめ、激しく振って、静かにあふれないようにフタをあけ、「　あ　」を再度外に出しました。これを何度かくり返した後、ペットボトルの重さをはかると 540ｇでした。　ペットボトルの外に出た「　あ　」は何Ｌですか。ただし、「　あ　」は、どの状態でもその重さは 500mL あたり、１ｇとします。

問 13 明治政府は、不平等条約を改定し、外国と対等な立場になれるよう交渉《こうしょう》を続けました。1894 年に領事裁判権《りょうじさいばんけん》をなくすことに成功した人物は誰ですか。次の**ア**～**エ**のうちから一つ選び、記号で答えなさい。

ア 岩倉具視《いわくらともみ》　　**イ** 西郷隆盛《さいごうたかもり》　　**ウ** 陸奥宗光《むつむねみつ》　　**エ** 小村寿太郎《こむらじゅたろう》

問 14 明治以降、工業が発達する一方で公害も発生しました。足尾銅山鉱毒《あしおどうざんこうどく》事件に関わった人物は誰ですか。次の**ア**～**エ**のうちから一つ選び、記号で答えなさい。

ア 伊藤博文《いとうひろぶみ》　　**イ** 大久保利通《おおくぼとしみち》　　**ウ** 福沢諭吉《ふくざわゆきち》　　**エ** 田中正造《たなかしょうぞう》

問 15 1951 年、米軍が日本国内に留《とど》まることを認めた条約は何ですか。次の**ア**～**エ**のうちから一つ選び、記号で答えなさい。

ア 日米和親条約　　**イ** 日米安全保障《ほしょう》条約
ウ ポーツマス条約　　**エ** ヴェルサイユ条約

4 次の各問いに答えなさい。

問1　平清盛《たいらのきよもり》について説明した①・②の正誤の組み合わせとして、正しいものはどれですか。下の**ア**～**エ**のうちから一つ選び、記号で答えなさい。

①　中大兄皇子《なかのおおえのおうじ》とともに蘇我《そが》氏を倒した。
②　武士として初めて太政大臣《だいじょうだいじん》の地位についた。

	ア	イ	ウ	エ
①	正	正	誤	誤
②	正	誤	正	誤

問2　織田信長《おだのぶなが》について説明した①・②の正誤の組み合わせとして、正しいものはどれですか。下の**ア**～**エ**のうちから一つ選び、記号で答えなさい。

①　鉄砲《てっぽう》を用いた長篠《ながしの》の戦いに勝利した。
②　安土《あづち》の城下町では、誰でも商売ができるようにした。

	ア	イ	ウ	エ
①	正	正	誤	誤
②	正	誤	正	誤

問3　江戸時代、各地で一揆《いっき》が起こった理由として正しいものはどれですか。次の**ア**～**エ**のうちから一つ選び、記号で答えなさい。

ア　租《そ》に加え調《ちょう》・庸《よう》といった複数の重い税を課せられたから。
イ　地租改正《ちそかいせい》を行うなどして新しい負担が増えたから。
ウ　大きな飢《き》きんが起こり農作物が収穫《しゅうかく》できず、物の値段《ねだん》が上がったから。
エ　商人たちが米を買い占めて、米の値段が上がったから。

問４　明治から昭和の初めにかけて、日本はいくつかの国と戦争をしました。その説明として正しいものはどれですか。次の**ア**～**エ**のうちから一つ選び、記号で答えなさい。

ア　清《しん》と朝鮮をめぐる対立から日清戦争がおこり、日本は勝利したが賠償金《ばいしょうきん》を得られず、国民の間には不満が残った。

イ　朝鮮にも勢力をのばしてきたロシアに対し、日本国内では戦うべきだという意見が高まり、日露戦争がはじまった。

ウ　日本が満州にもっていた権利や利益を守ろうと、日本軍が中国に攻撃《こうげき》をしかけ第二次世界大戦が始まった。

エ　東南アジアに軍隊を進める日本を危険だと見なしたアメリカが、日本を攻撃したことから太平洋戦争が始まった。

問５　次の３つの出来事を古いものから年代順に正しく並びかえたものはどれですか。下の**ア**～**カ**のうちから一つ選び、記号で答えなさい。

①　南蛮《なんばん》貿易により、ボタン、カステラなどが入ってきた。
②　まちにガス灯が設置され、馬車が走るようになった。
③　渡来人《とらいじん》により漢字や仏教が伝えられた。

ア　① → ② → ③　　**イ**　① → ③ → ②　　**ウ**　② → ① → ③
エ　② → ③ → ①　　**オ**　③ → ① → ②　　**カ**　③ → ② → ①

5 次の文章を読んで、［　1　］・［　2　］にあてはまる語句の組み合わせとして、正しいものはどれですか。下の**ア**～**エ**のうちから一つ選び、記号で答えなさい。

問１　2023 年 4 月 30 日、アフリカ外遊《がいゆう》中の［　1　］首相は、［　2　］(カイロ)の大統領府でシーシ大統領と会談しました。戦闘《せんとう》が続くアフリカ北東部の隣国《りんごく》スーダンの和平を早期に実現するため連携《れんけい》することで一致《いっち》しました。

ア　［1］岸田文雄《きしだふみお》　　［2］エジプト
イ　［1］岸田文雄　　［2］トルコ
ウ　［1］河野太郎《こうのたろう》　　［2］エジプト
エ　［1］河野太郎　　［2］トルコ

問２　2023 年 5 月 20 日、［　1　］のゼレンスキー大統領が、G7 サミット(主要国首脳会議)が開かれている［　2　］に到着《とうちゃく》しました。翌日、ゼレンスキー大統領は平和記念資料館を視察した後の記者会見で、「人類の歴史から戦争をなくさなければならない」と訴《うった》えました。

ア　［1］フィンランド　　［2］広島
イ　［1］フィンランド　　［2］長崎
ウ　［1］ウクライナ　　［2］広島
エ　［1］ウクライナ　　［2］長崎

問３　2023 年 6 月 28 日、［　1　］省と日本銀行が新紙幣《しへい》を 2024 年 7 月前半を目途《めど》に発行すると発表しました。デザイン刷新《さっしん》は 2004 年以来 20 年ぶりとなります。一万円札が「近代日本資本主義の父」と呼ばれる［　2　］、五千円札は津田梅子《つだうめこ》、千円札は北里柴三郎《きたさとしばさぶろう》で、世界初となる偽造《ぎぞう》防止技術が採用されます。

ア　［1］厚生労働　　［2］大隈重信《おおくましげのぶ》
イ　［1］厚生労働　　［2］渋沢栄一《しぶさわえいいち》
ウ　［1］財務　　［2］大隈重信
エ　［1］財務　　［2］渋沢栄一

問４　2023 年 7 月 16 日、日本などが参加する［　1　］の閣僚《かくりょう》会議が開かれ、［　2　］が協定に加入することを正式に決めました。2018 年の［　1　］発足後、新たな国が加わるのは初めてで、経済圏《けいざいけん》はヨーロッパにも広がることになります。

ア　［1］ＴＰＰ　　［2］イギリス
イ　［1］ＴＰＰ　　［2］スウェーデン
ウ　［1］ＡＰＥＣ　　［2］イギリス
エ　［1］ＡＰＥＣ　　［2］スウェーデン

問5　2023 年 8 月 24 日、東京電力は［　1　］第一原子力発電所の処理水の海洋放出を始めました。政府は、国際原子力機関（［　2　］）の協力を得て安全性を訴えてきました。そして、東京電力は輸出に被害が生じた場合、適切な賠償をするとコメントしています。

ア　［1］福島　　［2］ＵＮＥＳＣＯ
イ　［1］福島　　［2］ＩＡＥＡ
ウ　［1］東京　　［2］ＵＮＥＳＣＯ
エ　［1］東京　　［2］ＩＡＥＡ

6　ある小学校のクラスでは、社会の授業で班ごとに調べ学習を行いました。それぞれの調べ学習の内容について、次の問いに答えなさい。

問1　1班は国民主権について調べました。発表中の［A］～［C］に入る短文(①～⑥)の組み合わせとして、正しいものはどれですか。下の**ア～カ**のうちから一つ選び、記号で答えなさい。

> 政治に参加する権利は、日本国憲法の三つの原則の一つである国民主権にもとづきます。この国民主権にもとづくものには、例えば次の 3 つがあります。
> ・日本国民は、［A］ことによって、政治に参加しています。
> ・日本国民は、地方公共団体の［B］ことができます。
> ・日本国民は、［C］かどうか、判断します。

① 憲法改正の発議をする
② 国会議員を選挙で選ぶ
③ 予算を多数決で決定する
④ 首長をやめさせる請求をする
⑤ 内閣の国務大臣として適している
⑥ 最高裁判所の裁判官として適している

ア　Ａ．①　Ｂ．③　Ｃ．⑤
イ　Ａ．①　Ｂ．③　Ｃ．⑥
ウ　Ａ．①　Ｂ．④　Ｃ．⑥
エ　Ａ．②　Ｂ．③　Ｃ．⑤
オ　Ａ．②　Ｂ．④　Ｃ．⑤
カ　Ａ．②　Ｂ．④　Ｃ．⑥

問2　2班は三権分立《きんけんぶんりつ》の関係図を作っています。図中の（　X　）・（　Y　）・（　Z　）にあてはまる語句（**あ**～**う**）と、図中の□にあてはまる内容（**え**～**か**）の組み合わせとして、正しいものはどれですか。次の**ア**～**ケ**のうちから一つ選び、記号で答えなさい。

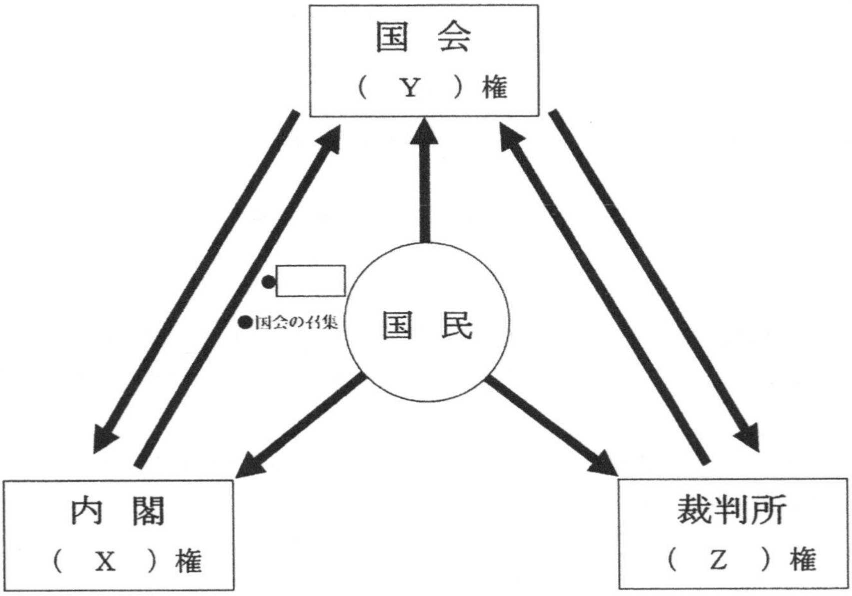

（　X　）・（　Y　）・（　Z　）にあてはまる語句

あ　司法《しほう》　　**い**　立法《りっぽう》　　**う**　行政《ぎょうせい》

図中の□にあてはまる内容

え　内閣総理大臣の指名　　**お**　衆議院の解散　　**か**　弾劾《だんがい》裁判所の設置

	ア	イ	ウ	エ	オ	カ	キ	ク	ケ
X	あ	あ	あ	い	い	い	う	う	う
Y	い	う	う	あ	あ	う	あ	い	い
Z	う	い	い	う	う	あ	い	あ	あ
□	え	お	か	お	か	え	え	お	か

問3　3班は防災と災害に関する法律について調べました。発表中の[A]・[B]にあてはまる語句の組み合わせとして、正しいものはどれですか。次の**ア**～**エ**のうちから一つ選び、記号で答えなさい。

> 2023年は、[A]大震災から100年の節目の年でした。この震災の発生日である9月1日は「防災の日」と定められ、日本における災害対策の出発点となりました。
> 現在では、[B]法によって、災害が発生した直後、都道府県や市町村、日本赤十字社などの団体や国民の協力のもと、国が被災者《ひさいしゃ》を保護し社会秩序《ちつじょ》を守るために支援してくれます。この法にもとづいて、東日本大震災への緊急《きんきゅう》対応として、宮城《みやぎ》県は[B]法を適用して、必要な物資を被災地に送りました。

ア　A．阪神《はんしん》・淡路《あわじ》　B．災害救助　　**イ**　A．阪神・淡路　B．治安維持
ウ　A．関東　B．災害救助　　**エ**　A．関東　B．治安維持

問4　4班は日本の国際協力について調べました。発表中の（□□□）にあてはまる語句をアルファベットで答えなさい。※一つの□には、アルファベット一字が入る。

> 青年海外協力隊は、政府開発援助《せいふかいはつえんじょ》の1つであり、自分の知識や技術を生かしたいという意欲をもった人たちが、発展途上《はってんとじょう》の国や地域で活やくしています。一方で、国連や各国の政府から独立して活動している民間の団体である（□□□）【非政府組織】は、難民支援《なんみんしえん》や植林活動、自然災害の復興支援など、世界各地でさまざまな国際協力の活動を行っています。

問５　５班は次の新聞記事を読んで日本の人口問題について話し合いました。その時の会話中の［　A　］に入る語句と、［　B　］にあてはまる内容の組み合せとして、正しいものはどれですか。あとの**ア**～**エ**のうちから一つ選び、記号で答えなさい。

（中国新聞の記事）

お詫び：著作権上の都合により，掲載しておりません。
ご不便をおかけし，誠に申し訳ございません。
教英出版

（2023 年 7 月 23 日　中国新聞記事）

えいと：日本人の人口が約 80 万人減で、1968 年の調査開始以降の最大を更新《こうしん》したって書いてあるね。

すすむ：減少幅が、初めて 47 都道府県全てでマイナスとなったとも書いてあるよ。

とうこ：深刻な[A]が影響しているのね。

えいと：[A]はどれくらい進んでいるのかな。

すすむ：授業で配られた「出生数の年次推移，出生順位別」の資料を見てみよう。

出生数の年次推移，出生順位別

（単位：人）

出生順位	昭和60年 (1985)	平成７年 ('95)	17 (2005)	27 ('15)	令和元年 ('19)	2 ('20)	3 ('21)	＊4 ('22)
総数	1,431,577	1,187,064	1,062,530	1,005,721	865,239	840,835	811,622	770,747
第１子	602,005	567,530	512,412	478,101	400,952	392,538	372,434	355,523
第２子	562,920	428,394	399,307	363,244	315,713	304,028	294,444	281,409
第３子以上	266,652	191,140	150,811	164,376	148,574	144,269	144,744	133,815

注：＊印は概数である。

（厚生労働省資料）

とうこ：2022 年に生まれた子どもは約 77 万人で、出生数の統計が開始されて初めて 80 万人を割ったというのを先生が言っていたのを覚えているわ。

えいと：1985 年に比べて 2022 年の[B]になっていることに気づいた生徒がいたのを覚えているかな。

すすむ：覚えているよ。そこまでは考えなかったなあ。

とうこ：そうだ。資料をタブレットでもっと調べてみよう。

ア　A．少子化　　B．出生数の総数が 30%以下

イ　A．少子化　　B．第２子と第３子以上の出生数をそれぞれ四捨五入すると約 50%

ウ　A．高齢化　　B．出生数の総数が 30%以下

エ　A．高齢化　　B．第２子と第３子以上の出生数をそれぞれ四捨五入すると約 50%

【解答用

問九 2

100

80

三

点

問一

i

ii

iii

iv

問二

問三

a

b

c

問四

問五

問六

問七

問八

問九

四

点

①馬車（ばしゃ）

②果実（かじつ）

③食器（しょっき）

④貯金（ちょきん）

⑤古時計（ふるどけい）

受験番号

2024(令和6)年度　　算数　入学試験　　盈進中学校

解答用紙

1

小計

(1)	
(2)	
(3)	
(4)	
(5)	
(6)	
(7)	

2

小計

(1)	円
(2)	円
(3)	m
(4)	%
(5)	円
(6)	分
(7)	分後

3

小計

4

小計

5

小計

受験番号	

2024(令和6)年度　理 科　入 学 試 験　盈進中学校

解 答 用 紙

1

小計

問1		問2		問3		問4	
問5		問6		問7		問8	
問9		問10					

2

小計

問1		問2		問3		問4	→　→
問5	ア　g	イ　g		問6		問7	
問8		問9					

3

小計

問1		問2		問3		問4	
問5		問6		問7		問8	

【解答用

受験番号	

2024(令和6)年度　　社 会　入 学 試 験　　盈進中学校

解 答 用 紙

小計

1

問1		問2	(1)	問2	(2)	問3			
問4		問5		問6		問7		問8		問9	
問10		問11							

小計

2

問1		問2		問3		問4		問5		問6	
問7		問8									

小計

3

問1		問2		問3		問4	

【解答用

問7		問8		問9		問10	

問11	

問12		問13		問14		問15	

小計

4

問1		問2		問3		問4		問5	

小計

5

問1		問2		問3		問4		問5	

小計

6

問1		問2		問3		問4		問5	

合計

※100点満点
（配点非公表）

4

小計

問1		問2		問3		問4	
問5		問6		問7	秒	問8	
問9		問10					

5

小計

問1	(1)	(2)	(3)

問2		問3	(1)	(2)

問4	A	%

問5	(1)	(2)	(3) L

合計

※100点満点
（配点非公表）

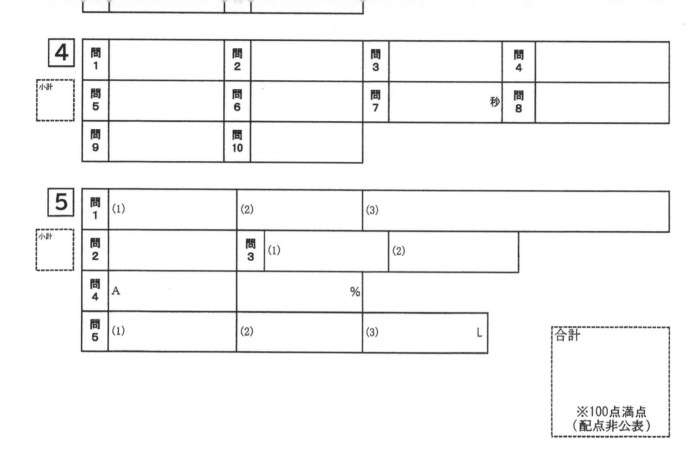

受験番号	

)	㎠

)	㎤		：
)		(4)	㎤

①	枚	②	㎝
①	㎝	②	㎝

①	

②						

③	回

	通り

合計

※100点満点
（配点非公表）

二〇二四（令和六）年度　国語　入学試験問題　盈進中学校

解答用紙

合計

※100点満点
（配点非公表）

一　点

①　②　③　④り　⑤ねる

⑥　⑦　⑧　⑨う　⑩

⑪　⑫　⑬　⑭　⑮める

⑯　⑰　⑱　⑲い　⑳う

二　点

問一　a　b　c　d

問二　Ⅰ　Ⅱ

問三　「　　」という気持ち。

問四　主語　述語

問五

問六

問七　A　B

問八

それは

1 次の各問いに答えなさい。

問1 昨年、日本でG7 サミット(主要国首脳会議)がおこなわれました。G7 の国に**含《ふく》まれないもの**はどれですか。次の**ア**～**エ**のうちから一つ選び、記号で答えなさい。

ア フランス　**イ** イタリア　**ウ** ドイツ　**エ** 中国

問2 次の地球儀《ちきゅうぎ》を見て、下の問い(1)・(2)に答えなさい。

(1) オーストラリア大陸から見て、日本はどの方位に位置していますか。次の**ア**～**エ**のうちから一つ選び、記号で答えなさい。

ア 南　**イ** 西　**ウ** 北　**エ** 東

(2) 地球儀の特色について述べた文のうち、正しいものはどれですか。次の**ア**～**エ**のうちから一つ選び、記号で答えなさい。

ア 一目で地球全体の海と陸の分布が見られる。
イ 2 地点間の距離《きょり》がわかる。
ウ 高緯度《いど》の地域は面積が大きく表される。
エ 赤道より南側の部分が表示できない。

問3 自然のめぐみに感謝しながら、すべてのものにカムイ(神)を感じて暮らしていた北海道の先住民族を答えなさい。

問４　次のグラフは、北海道の気候、日本海側の気候、太平洋側の気候、南西諸島の気候の代表的な都市の気温と降水量を示したものです。北海道の気候にあてはまるのはどれですか。下の**ア**～**エ**のうちから一つ選び、記号で答えなさい。

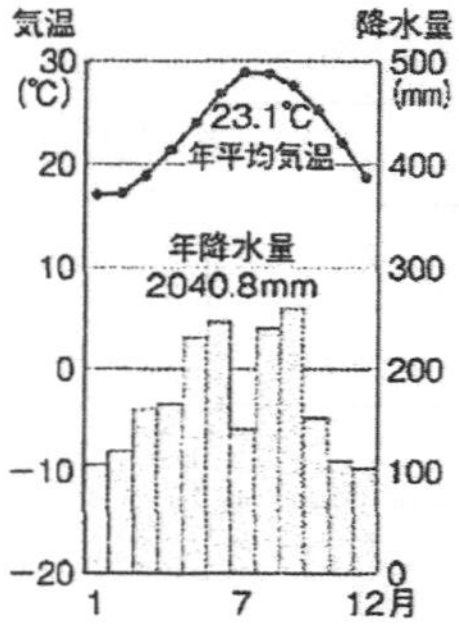

ア

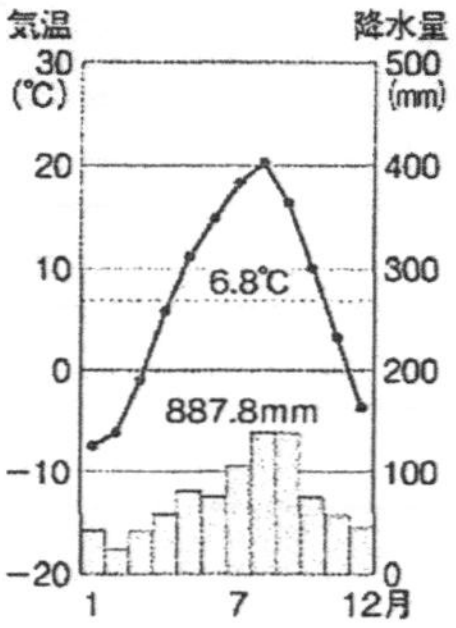

イ

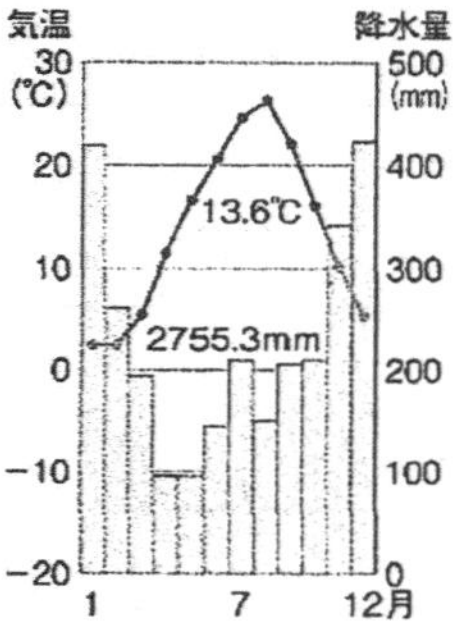

ウ

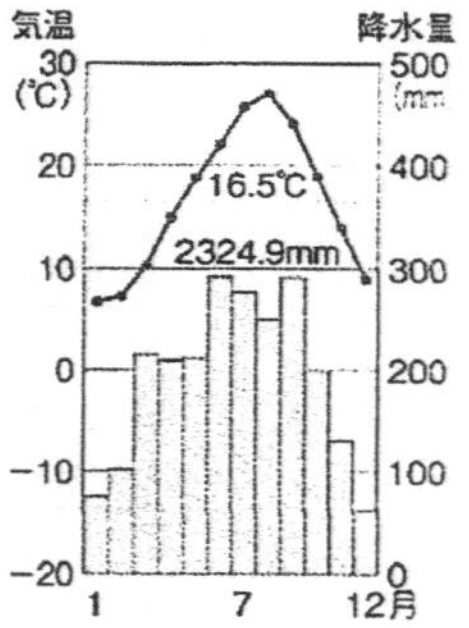

エ

問５　右の写真は、北海道の家の屋根を撮《と》ったものです。屋根が内側にかたむいている家が増えている理由として、正しいものはどれですか。次の**ア**～**エ**のうちから一つ選び、記号で答えなさい。

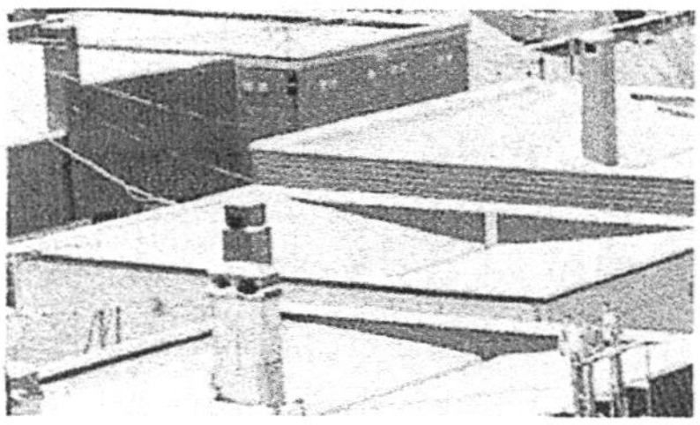

ア　雪が落ちないようにするため。

イ　強い風から家を守るため。

ウ　水不足にそなえるため。

エ　火山灰がつもらないようにするため。

問６　次のグラフは、田んぼ10aあたりの年間労働時間を示したものです。労働時間が短くなった理由として、正しいものはどれですか。下の**ア**～**エ**のうちから一つ選び、記号で答えなさい。

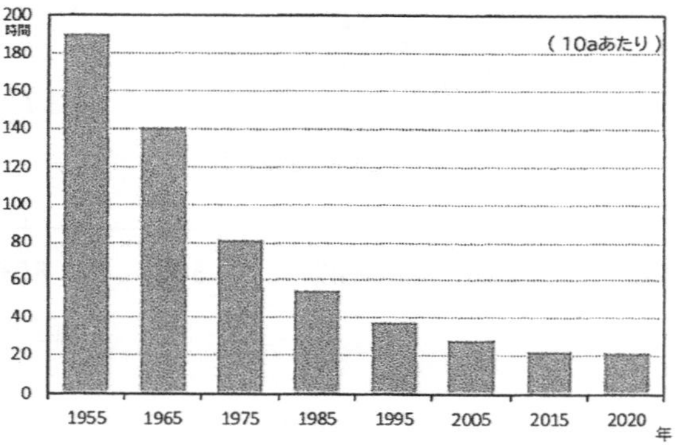

（農林水産省資料）

ア　インターネットからの注文が増えたから。

イ　高齢化《こうれいか》がすすみ後継者《こうけいしゃ》がいなくなったから。

ウ　専業農家が増えたから。

エ　田植え機やコンバインなどの機械を使うようになったから。

問７　次のグラフ中の▨は、日本における米、小麦、果物、野菜の自給率を示したものです。果物にあてはまるものはどれですか。下の**ア**～**エ**のうちから一つ選び、記号で答えなさい。

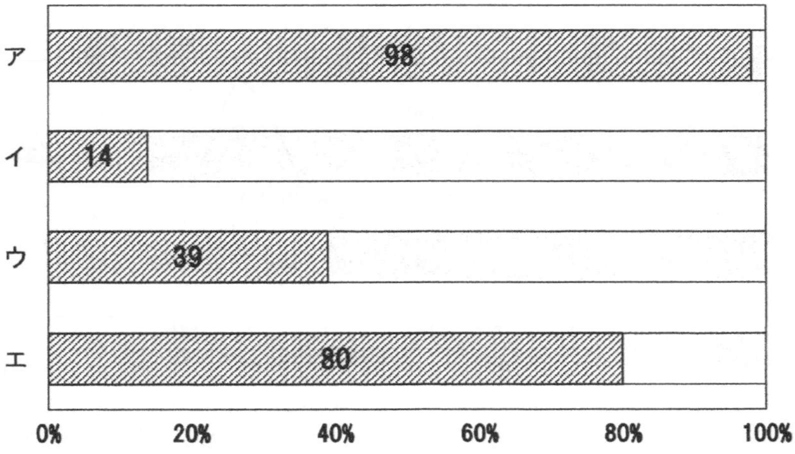

※重量から計算したもの

（農林水産省資料）

問８　次のグラフは、日本の貨物輸送の変化を示したものです。Ａ・Ｂにあてはまる語句の組み合わせとして、正しいものはどれですか。下の**ア**～**エ**のうちから一つ選び、記号で答えなさい。

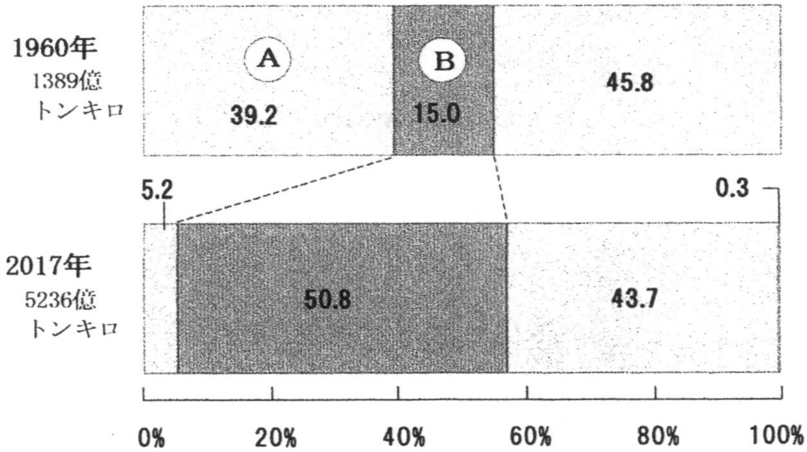

（国土交通省資料）

ア　Ａ．鉄道　　Ｂ．自動車　　**イ**　Ａ．鉄道　　Ｂ．船
ウ　Ａ．船　　Ｂ．自動車　　**エ**　Ａ．船　　Ｂ．鉄道

問９　日本の工業生産の課題を解決するための取り組みについて述べた文のうち、**誤っているもの**はどれですか。次の**ア～エ**のうちから一つ選び、記号で答えなさい。

ア　原料や燃料となる資源がとぼしく、輸入にたよっているため、使い終わった製品をリサイクルしている。
イ　自国の産業を守るため自由な貿易を制限し、自動車などの製品はすべて国内で生産している。
ウ　工場やさまざまな施設《しせつ》で人の代わりに働くロボットの開発を進めている。
エ　持続可能な社会を目指し、環境《かんきょう》に配慮《はいりょ》した製品づくりを進めている。

問 10　次の文は、ある工業について述べたものです。あてはまる工業はどれですか。下の**ア～エ**のうちから一つ選び、記号で答えなさい。

原料や製品を運ぶのに便利な海ぞいに工場が立地することが多い。高速道路を使って運べることから、海から離《はな》れた内陸でも工場が立地している。

ア　自動車　　**イ**　造船　　**ウ**　鉄鋼　　**エ**　石油化学

問 11　工業地帯・工業地域について述べた文のうち、正しいものはどれですか。次の**ア～エ**のうちから一つ選び、記号で答えなさい。

ア　京浜《けいひん》工業地帯と京葉工業地帯の間には、東海工業地域が広がっている。
イ　関東内陸工業地域は、神奈川県と山梨県に広がる工業地域である。
ウ　中京工業地帯は、福井県と長野県に広がる工業地帯である。
エ　瀬戸内工業地域は、中国・四国地方に広がる工業地域である。

2 次の各問いに答えなさい。

問１　次の資料は、福山市が 2022 年からのゴミの出し方を示したものです。変更点を説明した文のうち、**誤っているもの**はどれですか。下の**ア**～**エ**のうちから一つ選び、記号で答えなさい。
※変更点①については、沼隈《ぬまくま》町、内海《うつみ》町は除く。

資料

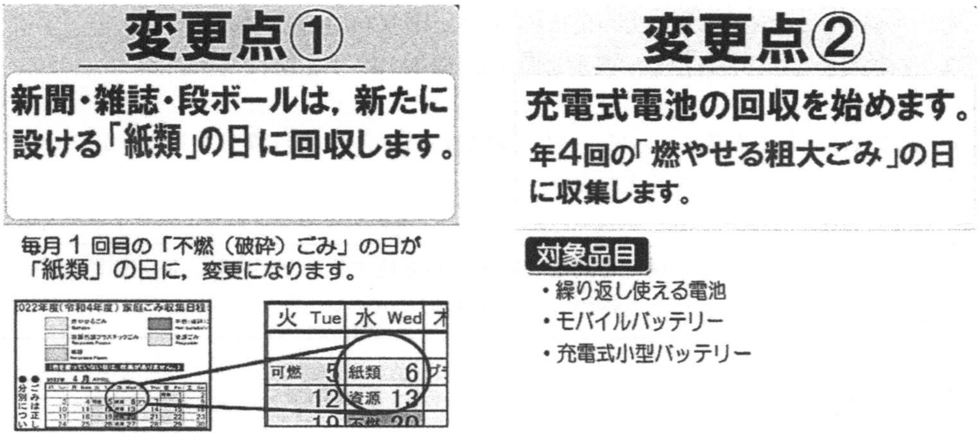

ア　充電《じゅうでん》式電池は「燃やせる粗大《そだい》ごみ」の日に回収するようになった。
イ　新聞の回収は新たな日を設けて回収するようになった。
ウ　毎月１回目の「不燃（破砕《はさい》）ごみ」の日が「紙類」の日になった。
エ　雑誌は回収しなくなった。

問２　ごみを減らすための３Ｒ《スリーアール》について述べた文のうち、リサイクルにあてはまるものはどれですか。次の**ア**～**エ**のうちから一つ選び、記号で答えなさい。

ア　飲み終えたペットボトルを資源ごみに分別して捨てる。
イ　プラスチックストローを紙ストローに変える。
ウ　着なくなった服をフリーマーケットに出したり、必要な人にあげたりする。
エ　スーパーマーケットにはマイバックを持っていく。

問３　ハザードマップは、何のために作られたものですか。次の**ア**～**エ**のうちから一つ選び、記号で答えなさい。

ア　年末年始などに車が渋滞《じゅうたい》しやすい道を調べるため。
イ　避難《ひなん》場所や避難経路を確認し、自然災害の被害を減らすため。
ウ　犯罪が起こりやすい場所を確認し、子どもの安全を守るため。
エ　災害が起きた後、ボランティアが必要とされているところを探すため。

問４　次の図中の赤い部分は、福山市が作成した津波《つなみ》、土砂災害、洪水《こうずい》の被害が出ると想定される範囲を示したものです。洪水にあてはまるものはどれですか。下の**ア**～**ウ**のうちから一つ選び、記号で答えなさい。

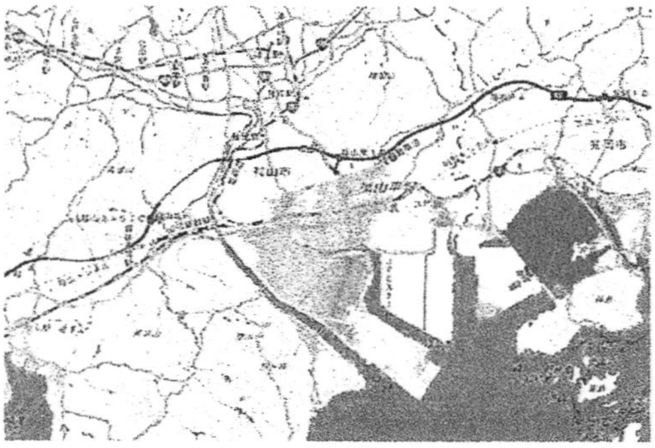

ア

イ

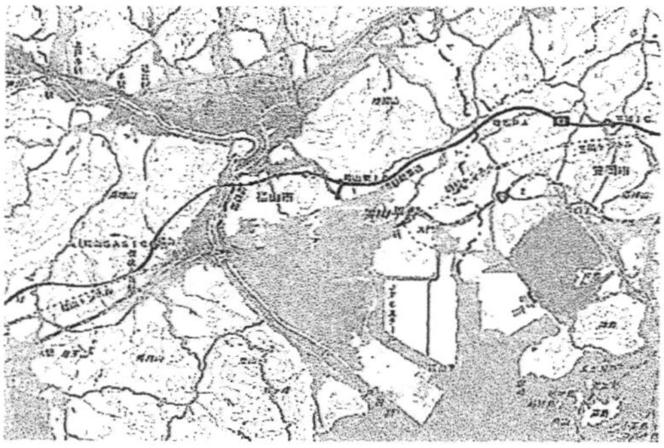

ウ

問５　南海トラフ地震《じしん》が起きると、太平洋沿岸の広い地域で10mをこえる津波が発生すると想定されています。次の①～③は、津波が発生するしくみについて述べたものです。津波が発生するまでの順を正しく並びかえたものはどれですか。下の**ア**～**カ**のうちから一つ選び、記号で答えなさい。

①　海底のプレートにひずみがたまる。
②　プレートがずれて地震がおきる。
③　海水が持ち上げられる。

ア　①→②→③　　**イ**　①→③→②　　**ウ**　②→①→③
エ　②→③→①　　**オ**　③→①→②　　**カ**　③→②→①

問６　森林の役割について述べた文のうち、**誤っているもの**はどれですか。次の**ア**～**エ**のうちから一つ選び、記号で答えなさい。

ア　二酸化炭素を吸収することで、地球温暖化を防いでいる。
イ　雨水が森の土にしみ込むことで、きれいな水を生み出している。
ウ　森林を伐採《ばっさい》することで、土砂くずれを防いでいる。
エ　降った雨水をたくわえることで、洪水などの水害を防いでいる。

問７　四大公害病の一つである四日市《よっかいち》ぜんそくの原因として、正しいものはどれですか。次の**ア**～**エ**のうちから一つ選び、記号で答えなさい。

ア　騒音《そうおん》や振動《しんどう》　**イ**　鉱山からの排水《はいすい》　**ウ**　工場からの排水　**エ**　工場からのけむり

問８　コンビニエンスストアが商品を発注するときに参考にしている情報として、**誤っているもの**はどれですか。次の**ア**～**エ**のうちから一つ選び、記号で答えなさい。

ア　運動会など近隣《きんりん》地域の行事　**イ**　交通渋滞の予想
ウ　売れている商品の種類や数　**エ**　明日の天気予報

3 次の各問いに答えなさい。

問１　縄文時代の人々は、地面を浅く掘《ほ》り、草などでふいた屋根のある（　　）住居に住んでいました。（　　）に入る語句を答えなさい。

問２　縄文時代の人々の生活について述べた文として、正しいものはどれですか。次の**ア**〜**エ**のうちから一つ選び、記号で答えなさい。

ア　鉄で作った道具を使って狩《か》りをしていた。
イ　木の実や山菜、貝などを集めていた。
ウ　人々が集まる場所で定期的に市が開かれていた。
エ　季節の変化とともに決まった時期に行う年中行事があった。

問３　弥生《やよい》時代について述べた文として、**誤っているもの**はどれですか。次の**ア**〜**エ**のうちから一つ選び、記号で答えなさい。

ア　祭りの時に飾《かざ》ったり鳴らしたりした銅鐸《どうたく》が作られていた。
イ　各地でムラができ、さらに大きなクニが成立した。
ウ　人々は力を合わせて食料を手に入れていたため、争いはまったく起こらなかった。
エ　卑弥呼《ひみこ》が30ほどのクニを従えた連合国を作っていた。

問４　4〜5世紀ころになると、右の図のような形をした巨大《きょだい》な墓《はか》が出現しました。このような形をした墓を何というか答えなさい。

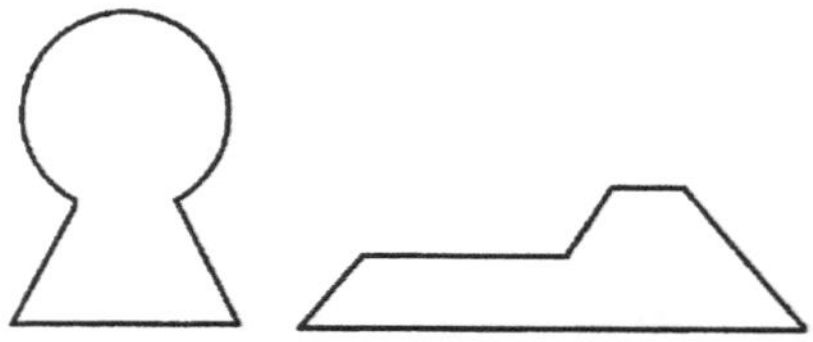

上から見た図　　横から見た図

問５　問４のような墓が、現在の奈良を中心に多く集まっていることから、ここに政府があったと考えられています。この政府を何というか答えなさい。

問６　飛鳥時代に入ると、天皇を中心とした新しい国づくりが始まり、次の資料のようなものが作られました。これを何というか答えなさい。

第一条	人の和を第一にしなければなりません。
第二条	仏教をあつく信仰《しんこう》しなさい。
第三条	天皇の命令は、必ず守りなさい。

問７　問６について述べた文として、正しいものはどれですか。次の**ア**～**エ**のうちから一つ選び、記号で答えなさい。

ア　政治を行う役人の心得が書いてある。
イ　家柄《いえがら》に関係なく能力や功績で役人を取り立てることが書いてある。
ウ　豪族《ごうぞく》は一族ごとに決められた役職につくことを定めた。
エ　中国の政治制度をとり入れ内閣制度を定めた。

問８　平安時代には藤原《ふじわら》氏一族が天皇にかわって政治を進めていた。藤原氏の政治について述べた文として、正しいものはどれですか。次の**ア**～**エ**のうちから一つ選び、記号で答えなさい。

ア　中国に遣《つか》いを送り、称号《しょうごう》をもらうことで権力を強めていった。
イ　自分の子に職をゆずり、自らは上皇として政治を行った。
ウ　貴族を親藩《しんぱん》・譜代《ふだい》・外様《とざま》に分けて全国に配置した。
エ　むすめを天皇のきさきとして、生まれた子を天皇にして支えていた。

問９　右の図は鎌倉《かまくら》時代の将軍と御家人《ごけにん》との関係を示したものである。ＸとＹにあてはまる説明の組み合わせとして、正しいものはどれですか。次の**ア**～**エ**のうちから一つ選び、記号で答えなさい。

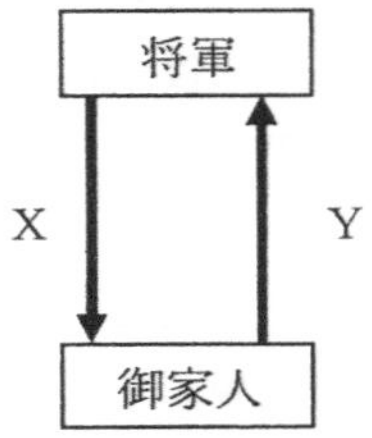

ア　Ｘ．新しく領地《りょうち》を与える　　Ｙ．戦いの時にかけつける
イ　Ｘ．戦いの時にかけつける　　Ｙ．新しく領地を与える
ウ　Ｘ．御家人として任命する　　Ｙ．領地を差し出す
エ　Ｘ．領地を差し出す　　Ｙ．将軍として認める

問10　鎌倉幕府が倒れたあと、京都に新しい幕府を開いた人物を答えなさい。

問11　江戸幕府が支配体制を整えることができた理由を説明しなさい。ただし、次の三つの用語のうちから一つを選び、その内容とともに説明すること。

・一国一城令《いっこくいちじょうれい》
・武家諸法度《ぶけしょはっと》
・参勤交代

問12　江戸幕府が倒《たお》れ、新しくできた明治政府に対し、板垣退助《いたがきたいすけ》らは国会を開き多くの人の意見を取り入れることを求めました。このような運動を何といいますか。次の**ア**～**エ**のうちから一つ選び、記号で答えなさい。

ア　大正デモクラシー　　**イ**　普通選挙《ふつうせんきょ》運動　　**ウ**　尊皇攘夷《そんのうじょうい》運動　　**エ**　自由民権運動

2024(令和 6)年度入学試験問題

社　会

（注意） 解答はすべて解答用紙に記入しなさい。

（50分）

盈 進 中 学 校

1 次の問いに答えなさい。

A　次の文章を読んで、以下の**問１〜問６**に答えなさい。

　ある小学校では、春から秋にかけて生物の観察をしています。校庭は、いろいろな生物が生息しています。小学生たちは、様々な場所で生物を観察し、(1) 記録に残しています。
　花だんでは、様々な植物を育てています。育てた植物を使って、(2) 植物のしくみを調べる観察を行っています。

問１　下線部（1）について、観察記録を作る時に、**必要としない情報**はどれですか。次の**ア〜エ**から一つ選び、記号で答えなさい。
ア　観察した日にちと時間
イ　天気と気温
ウ　次に観察したいと思った植物
エ　観察した植物や動物の名前

問２　下線部（2）について、ヘチマの花を観察しました。そのとき、同じヘチマでも、花が２種類あることに気がつきました。花のちがいを説明した文として、正しいものはどれですか。次の**ア〜エ**から一つ選び、記号で答えなさい。
ア　片方の花には花びらが５枚あるが、もう一方の花の花びらは、１枚につながっている。
イ　片方の花の色は黄色だが、もう一方の花の色は白色だった。
ウ　片方の花にはめしべのみがあるが、もう一方の花にはおしべのみがある。
エ　片方の花にはがくがあるが、もう一方の花にはがくがない。

問３　下線部（2）について、ヘチマのおしべの先に粉のようなものがあることに気がつきました。この粉をセロハンテープで取り、スライドガラスにはりつけて、けんび鏡で観察しました。その時のようすが、下の図です。けんび鏡で見えているものを中央に動かすためには、どの方向に動かせばよいですか。図の中の**ア〜エ**から一つ選び、記号で答えなさい。

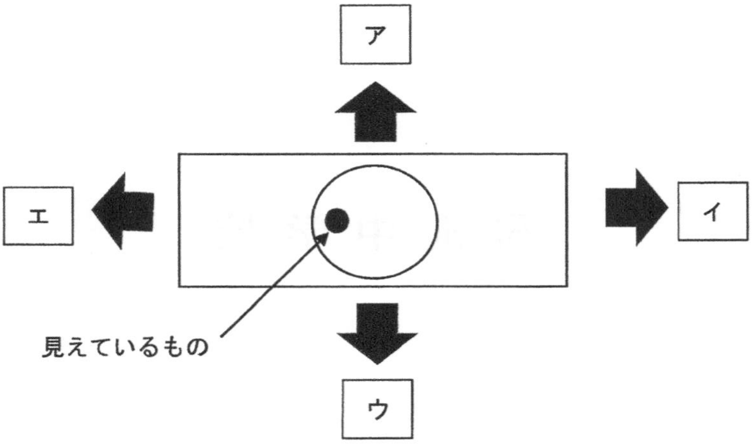

問４　問３のおしべの先についていた粉の名前を、**漢字２文字**で答えなさい。

問５　暑い夏でも、様々な植物が花をさかせています。８月に花をさかせる植物はどれですか。次の**ア～エ**から一つ選び、記号で答えなさい。

ア　サクラ　　**イ**　アサガオ　　**ウ**　コスモス　　**エ**　ツバキ

問６　次の文は、植物の春のようすを表したものです。**春のようすを表していないもの**はどれですか。次の**ア～エ**から一つ選び、記号で答えなさい。

ア　空地の地面から、いろいろな植物の緑色の芽がはえてきた。
イ　葉のはえていなかった木の枝から、緑色の芽がはえてきた。
ウ　アブラナやシロツメクサなどの花がさいた。
エ　花が枯れ、葉も落ちてしまった。

B　次の文章を読んで、以下の**問７～問 10** に答えなさい。

盈進中学校のあるたお山で、山の生物が集まって語り合う「たお山サミット」が開かれています。山の生物たちは、どんな話をしているのでしょうか。のぞいてみましょう。

（　Ａ　）：みんな、わしが司会の（　Ａ　）じゃ。最近、みんなの生活はどうかのぅ。
オニヤンマ：最近は、暑くて暑くて…。これが、地球温暖化なんですかねぇ。
オオカマキリ：日中は、暑すぎて葉っぱの裏側にかくれていますよ。
アブラゼミ：われらは短い命。暑くても大声で鳴かねばならん。
オニヤンマ：まあ、アブラゼミくんたちが鳴くと「夏が来たな～」と感じるよね。
オニグモ：（　Ａ　）は、よく夜になると樹液をなめているよね。夜だと少しはすずしいでしょう？
（　Ａ　）：いやいや、そんなことないぞ。夜でも暑いわい。木の樹液をなめるのも一苦労じゃ。オオクワガタのやつらも参っておるよ。わしのりっぱなつのも、まったく役に立たん。
オオカマキリ：雨でもふってくれれば、少しはすずしくなるのにね。
オニグモ：ほんとだよね。私たちひからびちゃうわ。
アブラゼミ：そうだな。だが、雨がふると鳴けなくなってしまうので困るのだが…。
（　Ａ　）：だが、夏こそわれらがもっとも活動できるとき。しっかり食べて、秋や冬をむかえる準備をせねばならんぞ。

問７　（　Ａ　）を除く「たお山サミット」に登場した生物の中で、**昆虫ではないもの**はどれですか。次の**ア～エ**から一つ選び、記号で答えなさい。

ア　オニヤンマ　　**イ**　オオカマキリ　　**ウ**　アブラゼミ　　**エ**　オニグモ

問８　問７で答えた生物が、昆虫ではない理由として**誤っているもの**はどれですか。次の**ア**～**エ**から一つ選び、記号で答えなさい。

ア　頭・胸・腹に分かれていない。

イ　羽が左右に２枚ずつ、合計４枚ついていない。

ウ　おしりから糸を出して巣を作る。

エ　足が６本以上ある。

問９　（　Ａ　）に最も適した生物はどれですか。次の**ア**～**エ**から一つ選び、記号で答えなさい。

ア　カナブン　　**イ**　カブトムシ　　**ウ**　ゴマダラカミキリ　　**エ**　マイマイカブリ

問 10　下線部について、「たお山サミット」に登場した（　Ａ　）と同じ、木の樹液を主な食べ物にしている生物はどれですか。次の**ア**～**エ**から一つ選び、記号で答えなさい。

ア　オニヤンマ　　**イ**　オオカマキリ　　**ウ**　アブラゼミ　　**エ**　オニグモ

2　次の問いに答えなさい。

問１　食塩水は、水に食塩を加えてかき混ぜます。何を使ってかき混ぜればよいですか。次の**ア**～**ウ**から一つ選び、記号で答えなさい。

ア　ガラス棒　　**イ**　温度計の先　　**ウ**　自分の指

問２　食塩水を作るときに、食塩を大量に入れたため、とけ残ってしまいました。ビーカーをぬるま湯につけてあたためましたが、それでも少量がとけ残りました。全部とかすためには、どうしたらよいですか。次の**ア**～**エ**から一つ選び、記号で答えなさい。

ア　ビーカーの中の水を半分すてる。

イ　ビーカーを日当たりのよい場所に置いておく。

ウ　ビーカーの水の量を２倍に増やす。

エ　ビーカーの中に塩酸を加える。

問３　次の図は、ろ過をしているときのようすです。まちがえているところはどこですか。図の中の**ア～ウ**から一つ選び、記号で答えなさい。

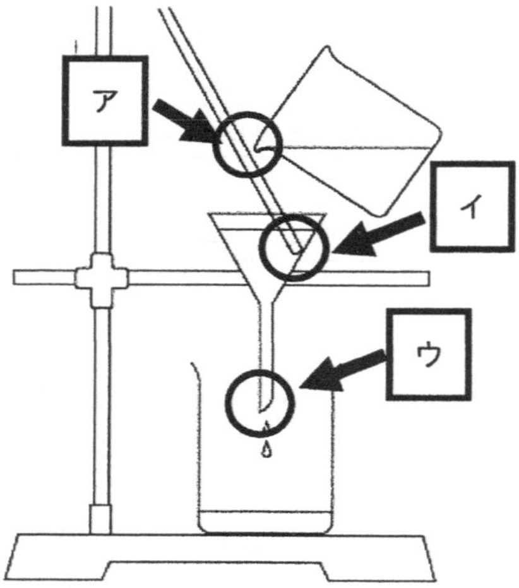

問４　次の図のような、ろうをぬった金属の皿を加熱します。×のところを加熱したとき、どの順番でとけますか。**図の中の記号ア～ウを早くとける順に、左からならべなさい。**

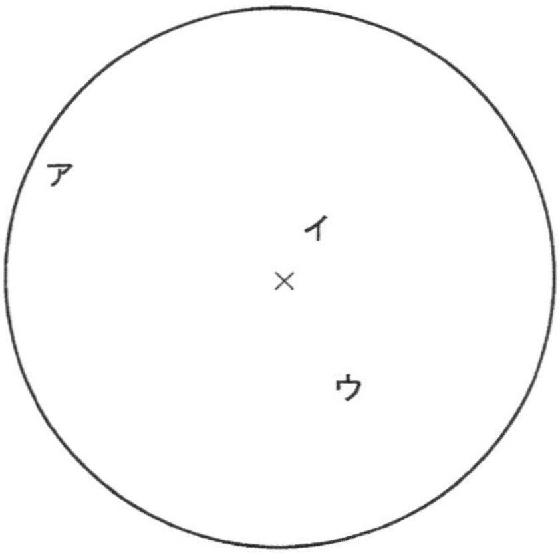

問５　次の表は、水の量を変えて、ミョウバンが何ｇまでとけるかを記録した表です。空らん**ア**、**イ**にあてはまる量を**数字**で答えなさい。ただし、温度は同じ温度とします。

水の量	50ｇ	100ｇ	150ｇ	**ア**　ｇ
ミョウバン	2.4ｇ	4.8ｇ	**イ**　ｇ	12ｇ

問６　空気の中にもっともたくさんふくまれている気体は何ですか。次の**ア～エ**から一つ選び、記号で答えなさい。

ア　ちっ素　　**イ**　水素　　**ウ**　酸素　　**エ**　二酸化炭素

問７　次の水よう液を加熱しました。液体がすべてなくなったとき、ビーカーに何も残らないのはどれですか。次の**ア**～**エ**から一つ選び、記号で答えなさい。

ア　食塩水　　**イ**　炭酸水　　**ウ**　石灰水　　**エ**　ミョウバンの水よう液

問８　４本の試験管Ａ～Ｄに、金属を入れ、薬品を加えました。それを、次の表にまとめました。

試験管	入れた金属	加えた薬品
Ａ	アルミニウムはく	塩酸
Ｂ	スチールウール(鉄)	塩酸
Ｃ	アルミニウムはく	炭酸水
Ｄ	スチールウール(鉄)	炭酸水

試験管の中で、金属から気体が発生していたものはどれですか。次の**ア**～**ソ**から一つ選び、記号で答えなさい。

ア　Ａ　　**イ**　Ｂ　　**ウ**　Ｃ　　**エ**　Ｄ　　**オ**　ＡとＢ
カ　ＡとＣ　　**キ**　ＡとＤ　　**ク**　ＢとＣ　　**ケ**　ＢとＤ　　**コ**　ＣとＤ
サ　ＡとＢとＣ　　**シ**　ＡとＢとＤ　　**ス**　ＡとＣとＤ　　**セ**　ＢとＣとＤ　　**ソ**　ＡとＢとＣとＤ

問９　**問８**で気体が発生した試験管の中の金属は、時間がたつとどうなりますか。また、その試験管の液体を別の試験管に取り、液体がなくなるまで加熱しました。そのとき、もとの金属は再びあらわれますか。次の**ア**～**エ**から一つ選び、記号で答えなさい。

	気体が発生した試験管の中の金属のようす	もとの金属
ア	とけて小さくなる	あらわれる
イ	とけて小さくなる	あらわれない
ウ	発生した気体のあわがつくだけ	あらわれる
エ	発生した気体のあわがつくだけ	あらわれない

3 次の問いに答えなさい。

問1 百葉箱には気温を正確に測定するために様々な工夫がされています。その工夫を述べた文として正しいものはどれですか。次の**ア**～**エ**から一つ選び、記号で答えなさい。

ア まわりに建物がない開けた場所に設置されている。

イ 南向きにとびらがつけられている。

ウ できるだけすき間が無いように作られている。

エ 地面からの高さを低くしている。

問2 右のグラフは、ある日の日なたと日かげにおける地面の温度変化のようすを示したものです。このグラフから分かることを説明した文として正しいものはどれですか。次の**ア**～**エ**から一つ選び、記号で答えなさい。

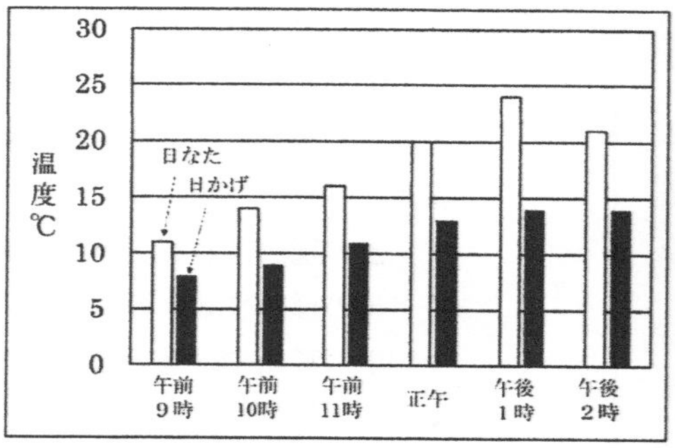

ア 日なたより日かげの方が、温度変化が大きい。

イ 日なたと日かげは、ともに測定している間、温度が上昇し続けている。

ウ 日なたと日かげの温度差の最大値は、約10℃である。

エ 温度を測定した日の天気は雨である。

問3 水田でイネを育てるとき、地面に水をためておきます。その時、使うべき土はどのような土ですか。次の**ア**～**エ**から一つ選び、記号で答えなさい。

ア つぶが大きく、水がしみこみやすい土

イ つぶが大きく、水がしみこみにくい土

ウ つぶが小さく、水がしみこみやすい土

エ つぶが小さく、水がしみこみにくい土

問4 右の図は、午後6時に、南の空に見えた月のようすを記録したものです。この月は午後10時には午後6時のときと比べて、どのように見えると考えられますか。次の**ア**～**エ**から一つ選び、記号で答えなさい。

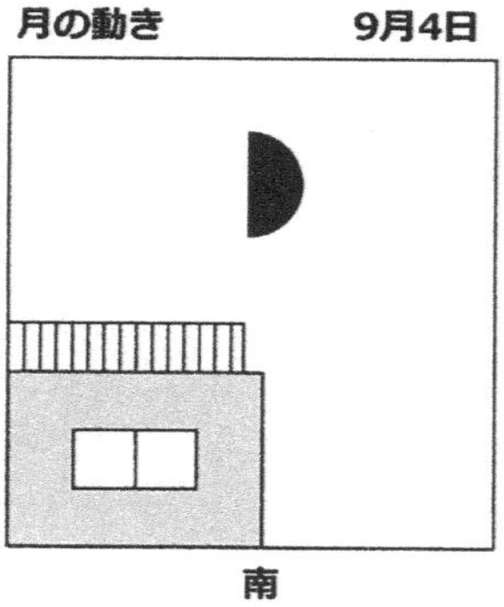

ア　　　**イ**　　　**ウ**　　　**エ**

問5　空には様々な形、特ちょうを持った雲が存在します。そのような雲の中で、短時間で多くの雨を降らせることが多い雲の写真はどれですか。次の**ア**～**エ**から一つ選び、記号で答えなさい。

ア

イ

ウ

エ

問6　学校やビルを建てる前には、地面にパイプを深く打ちこんで土をほり取り、地下のようすを調べます。ほり取られた土はボーリング試料として保管され、様々な調査に利用されます。この試料からわかることを述べた文として正しいものはどれですか。次の**ア**～**エ**から一つ選び、記号で答えなさい。

ア　土の種類はわかるが、地層の重なり方はわからない。

イ　土の種類や地層の重なり方はわかるが、層の深さや層の厚さはわからない。

ウ　土の種類や地層の重なり方、層の深さはわかるが、層の厚さはわからない。

エ　土の種類や地層の重なり方、層の深さ、層の厚さがわかる。

問7　化石について説明した文のうち、正しいものはどれですか。次の**ア**～**エ**から一つ選び、記号で答えなさい。

ア　死んだ生物の硬い部分が石となったものを化石という。

イ　化石は海の底でできるので、高い山から発見されることはない。

ウ　全ての化石は、地層ができた時代とその当時の環境の両方を知ることができる。

エ　足跡や巣穴は化石にならない。

問8　秋になると夏の大三角が夜空に観測されます。夏の大三角をつくる星座はどれですか。次の**ア**～**カ**から**すべて**選び、記号で答えなさい。

ア

イ

ウ

エ

オ

カ

2024(令和 6)年度入学試験問題

理　科

（注意）解答はすべて解答用紙に記入しなさい。

（50分）

盈 進 中 学 校

3 次の□にあてはまる数、または記号を答えなさい。

1辺の長さが10 cm の立方体があります。

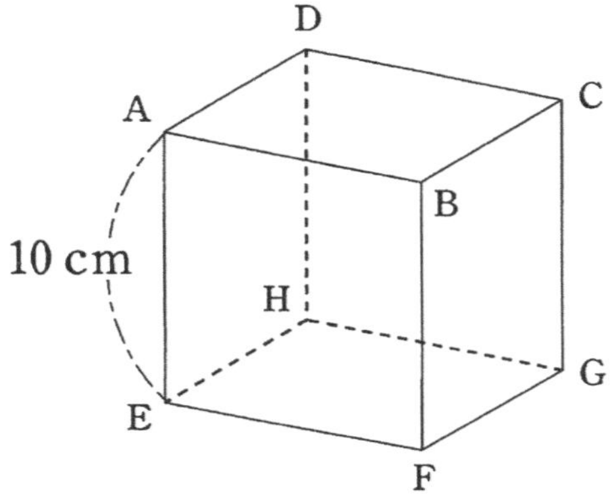

(1)　この立方体の表面積は□cm^2です。

(2)　点Mと点Nはそれぞれ辺ABと辺DCの真ん中の点です。4点M、N、H，Eを通る平面でこの立体を切ると、下の2つの立体にわかれます。

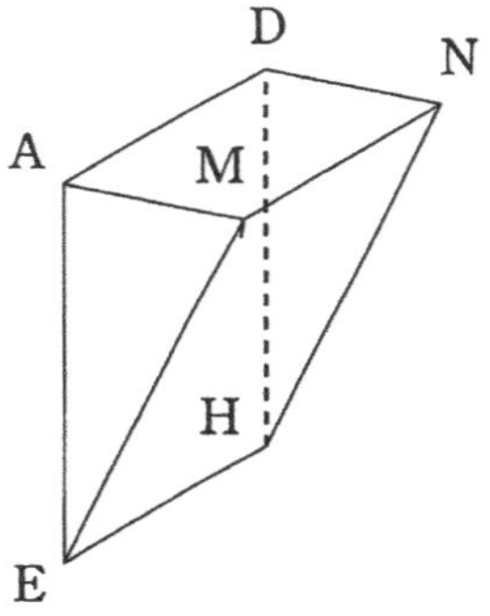

立体①

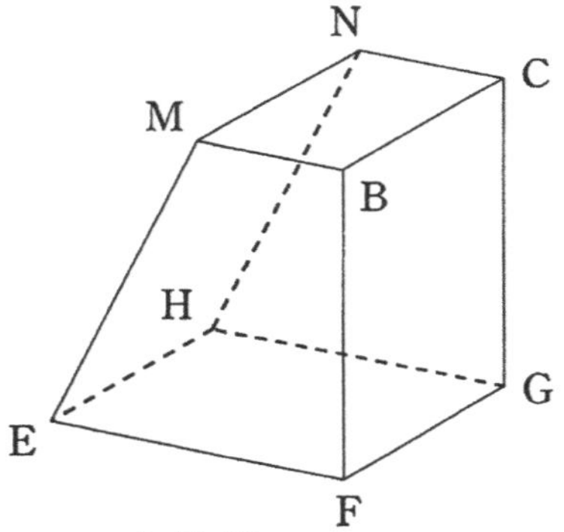

立体②

立体②の体積は□cm^3です。

また、立体①の体積と立体②の体積の比は□：□です。

計 算 用

―自由に使ってください―

2 次の□にあてはまる数を答えなさい。

(1) けんたろうくんはおこづかいを 3000 円もらいました。
そのおこづかいの $\frac{1}{4}$ を使って□円の本を買いました。

(2) 原価が 400 円の品物に、原価の 30 % の利益があるように定価をつけると、
定価は□円です。

(3) きよしくんは、家から 480 m はなれた図書館に歩いて行くのに 8 分かかりました。
きよしくんが 3 分間で歩く道のりは□m です。

(4) 10 % の食塩水 400 g に、食塩 50 g を加えました。
できた食塩水の濃さは□% です。

(5) 兄と弟の持っているおこづかいの比は 5:2 です。兄が弟より 360 円多く持っているとき、2 人の持っているおこづかいの合計は□円です。

(6) ある仕事をするのに、しんいちくんは 21 分、まゆこさんは 28 分かかります。
この仕事を 2 人ですると□分で終わらせることができます。

(7) 1 周 880 m のランニングコースを、ひろしくんは分速 140 m 、たけしくんは分速 100 m で走ります。2 人が同時に同じ地点から同じ方向に出発すると、ひろしくんがたけしくんに最初に追いつくのは□分後です。

計算用

—自由に使ってください—

1 次の □ にあてはまる数を答えなさい。

(1) $39+22-53=\square$

(2) $\dfrac{5}{6}\times\dfrac{1}{15}\div\dfrac{1}{9}=\square$

(3) $3\dfrac{3}{8}-\dfrac{5}{12}\div\dfrac{2}{15}=\square$

(4) $27+5\times(16-12)=\square$

(5) $9.7\times3.8-34\times0.38+0.37\times38=\square$

(6) $39\times\left(1+\square\right)-97=20$

(7) $20\div\left\{\left(2\dfrac{3}{8}+0.75\right)\div0.375\right\}-1\dfrac{2}{5}=\square$

2024(令和 6)年度入学試験問題

算　数

（注意）解答はすべて解答用紙に記入しなさい。

（50分）

盈進中学校

しい。

そっと曲げたり伸《の》ばしたりしてみる。やはり、痛みがある。岳はゆっくりとその場に腰《こし》を下ろした。体育館の床《ゆか》はひんやりとしていて、尻《しり》から背筋の方に冷たさが伝っていった。

両膝に顔を埋《うず》めると、ハッカみたいな湿布《しっぷ》の匂《にお》いが鼻をスースーさせた。もう一度顔を上げる。バスケットゴールを見上げた。

先輩《せんぱい》たちにまざって、涼万が放った見事なシュートがよみがえった。

なんであいつのプレーは、あんなにスマートなんだろう。

認めたくはないが、涼万のことを羨《うらや》ましいと思っている自分がいた。

①どうしてなんだ、あいつはたいして努力もしていないのに……。

今はまだ、かろうじて力は※拮抗《きっこう》している。でも、もし、涼万が本気でやり始めたら、いつか［iii］と差をつけられてしまうのでは……。

ため息を長く静かに吐《は》いた。息を吐いても、胸はちっとも軽くならなかった。

しばらくぼんやりしていると、体育館の脇《わき》を何人かの生徒が話しながら歩いている声が聞こえた。合唱の朝練に行く生徒たちだろうか。だとすると、間もなくバスケ部員もやって来る時間だ。岳はのっそり立ち上がった。

やがてバスケ部の朝練が始まり、岳は壁《かべ》にもたれて見学していた。先輩たちのプレーを目で追いながらも、気持ちは遠くに離《はな》れていた。岳はこっそり体育館を抜け出した。

もう合唱の練習が始まっているのか、校舎のそこここから、歌声が漏《も》れ聞こえた。合唱の朝練をしているのは、うちのクラスだけではないらしい。晴美のことが気になって、岳の足は自然と教室に向かっていた。

少し緊張《きんちょう》しながら校舎の階段を上がる。三階まで上がって、一息ついた。五組は一番手前の教室だから、すぐそこだ。なるべく教室から離れた廊下《ろうか》のすみっこを［iv］と進んで、びっくりした。教室はからっぽだった。

あれ？　みんなどこ行ったんだ？

[a]をかしげると同時に、廊下の一番奥《おく》の音楽室から、『ソノリティ』のピアノ伴奏《ばんそう》が聞こえてきた。五組の練習は、音楽室でやっているらしい。

岳は音楽室のそばまでやって来た。幸いにもドアが閉まっているので、中からは見えないはずだ。[b]をそばだてる。

こないだ部活の朝練が終わったあと、廊下で聞いたときは、晴美の声がすごく目立っていた。そして、ついオンチのことをばらしてしまった。

ひょっとして、あの会話がキンタに聞こえてしまっていたのか？　そうに違いない。それであいつ、あんなに怒《おこ》ってたんだ……。

岳はうなだれた。そして今、晴美の声が全然目立って聞こえてこないことに、さらにうなだれた。

あいつ、オンチのこと気にして、歌ってないのかも知れない。

首にかけたスポーツタオルを、両手でグッと引っ張った。気づくと、曲が終わっていた。

「今の、とっても良かったと思います。もう一度やりましょう」

指揮者の早紀の声だ。

「待って。ちょっと提案があるんだけど」

今度は音心《そうる》の声だ。

「五組の合唱、すごく良くなったと思うけど、どのクラスもどんぐりの[c]比べで、絶対に勝てるってところまでは、いってないと思うんだ」

みんなが少しざわついた。

「だから勝つには、奇策《きさく》がいる。で、提案なんだけど、最初の四小節のAメロって、三回繰《く》り返しがあるよね。その二回目のAメロをソロでやったらどうかな」

「えっ、ソロ！？」

今度は一気に騒《さわ》がしくなった。

「うん。正確に言うとソロじゃなくてソリかな。ソプラノとアルトのふたり。たとえば伴奏はこんな感じで、すこし抑《おさ》えめにして」

そう言うと音心は、アレンジしてさらさらとピアノを奏でた。

「おぉ～。なんかいい感じだね」

教室がわいている。

岳は音心の即興《そっきょう》演奏に、大きく息を吸い込んだ。きっと音心も涼万みたいな天才肌《てんさいはだ》に違いない。

「なぁ井川、それで誰がソリっつーのやんの？」

「うん。このふたりしかないと思っているんだ」

教室の中のちょっとした緊張が、廊下まで伝わってきた。

「水野早紀と金田晴美」

反射的に岳の肩《かた》が跳《は》ね上がった。

「えっ！」

晴美の大声が響く。それをスルーして、音心は続けた。

「早紀、ソリの間は指揮をせずに、前を向いて歌うんだ。出来るよね」

いちおう質問形だが、その言葉には有無を言わせない迫力《はくりょく》がある。おそらく早紀は、気圧《けお》されてうなずいたのだろう。

「金田もＯＫだよね。じゃ、早速やってみよう」

ざわついた空気が、すっとおさまった。前奏がまさに始まったとき、晴美が声を上げた。

「ごめん。わたし、やっぱり無理」

音心は演奏を止めた。

「どうして」

「出来ないよ。みんなに迷惑《めいわく》かけちゃう」

②岳の胃のあたりが、きりきり締《し》めつけられた。

いつも自信たっぷりで、あんなに目立つのが大好きなキンタが……。頼《たの》まれたことを引き受けないネガティブなキンタなんて、今まで見たことがない。

③がまたフラッシュバックした。

宝石みたいに綺麗《きれい》な涙が、玉の汗の中で光っている。

握《にぎ》りつぶされたみたいに、胸がギュッと苦しくなった。

キンタ、やれよ。あの天才井川が、お前がいいって言ってるんだから、だいじょうぶだよ。

祈《いの》るような気持ちになった。

「誰か他の人……」

晴美の中途半端なつぶやきに、岳は思わず前のめりになって、音楽室のドアに手をかけた。

出来るよ、キンタがやれよ！

ドアを開けてそう言いそうになったとき、誰かが言葉を放った。

「なぁキンタ、まずやってみようぜ。それでダメだったら、また考えればいいじゃん」

しばしの沈黙《ちんもく》ののち、晴美の声が続いた。

「……うん」

教室に安堵《あんど》のどよめきが広がった。

岳はそっとドアから手を離した。しばらくそのまま、ぼんやりしていた。音心の前奏が始まり、合唱に入った。

涼万か……。

④岳はつま先を見つめた。さっきの声は間違いなく涼万だった。涼万のひとことが、晴美を勇気づけたのだ。

――はじめはひとり孤独《こどく》だった

気づくと、音心が提案したソリパートが始まっていた。岳はハッとして顔を起こした。

――ふとした出会いに希望が生まれ
新しい本当のわたし
未来へと歌は響《ひび》きわたる

音心の抑えめな伴奏にのって、早紀と晴美のふたりの声が重なり合う。

早紀の透《す》き通ったまっすぐなソプラノに、晴美の憂《うれ》いのあるビブラートの効いたアルト。清らかさと切なさの相反《あいはん》するようなメロディーが混ざりあって、新しい音楽が生まれた。

⑤岳は知らず知らずのうちに、腕《うで》に立った鳥肌をさすっていた。

ソリパートが終わると、ほんの少し間を置いて全員での合唱が始まった。いつもとは迫力が違った。

岳は音楽室から離れた。歌が終わってみんなが出てきたとき、⑥こっそりそばで聴《き》いていたことを知られたくなかった。

階段に足を落とすようにゆっくり降りた。だんだんと歌声が遠ざかっていく。やがて曲が終わったのか、大きな歓声《かんせい》と拍手《はくしゅ》が聞こえた。きっと、ソリパートが大成功して、みんな盛り上がっているのだろう。

バスケの練習をしているわけでもなく、合唱でひとつになりつつあるクラスの一員にもなれていない。

俺《おれ》、何やってんだろ。

一階に続く踊《おど》り場で立ち止まった。どこかでずれたわずかな隙間《すきま》から、冷たい空気がすうすうと体に入ってくるみたいだった。

はるちゃん、待てー。

保育園のころ、小さな晴美を追いかけていたときのことが、※脈絡《みゃくらく》もなく思い出された。

汗をかいてもいないのに、首にかけたタオルで顔をこすった。

そのとき、上の方からバンバン音を立てながら、一段飛ばしで階段を降りてくる足音が聞こえた。足音は一気に近づいた。

あ……。

目が合ったが、そらされなかった。踊り場の窓から差す朝日で、晴美の顔は輝《かがや》いていた。額には玉の汗が浮《う》かんでいる。

「音楽室の鍵《かぎ》、職員室に返しに行かなくちゃ」

聞いてもいないのに、晴美はそう言いながら、岳の前を通り過ぎた。

「キンタ」

※咄嗟《とっさ》に岳は呼び止めた。晴美が驚いたように振《ふ》り返る。

「えっと、その……ゴメン！」

岳は※やにわに首からタオルをはぎ取ると、晴美に突《つ》き出した。

晴美は一瞬固まったが、タオルを奪《うば》うようにつかむと、額の汗を雑にぬぐった。そしてまた走り出すと振り向きざまに、タオルを岳に向かって放りつけた。

「早く着替えてこないと、遅刻《ちこく》になるよ」

タオルをキャッチした岳は、自分のトレーニングウェアを見下ろした。あっという間に晴美の姿が消えてしまうと、ようやく部室に足を向けた。

（佐藤いつ子『ソノリティ　はじまりのうた』KADOKAWAより）

※フラッシュバック……ふとしたきっかけで、突然昔のことを思い出すこと

※鼓舞する……はげまし、気持ちを奮い立たせること

※拮抗する……力に差がない者同士が、互いに張り合うこと

※脈絡もなく……前後のつながりもなく

※咄嗟に……その瞬間に
※やにわに……その場ですぐ

問一　空らん［ i ］～［ iv ］に入る言葉を次からそれぞれ一つ選び、記号で答えなさい。（同じ記号は一度しか使えません。）

ア　ずんずん　　イ　そろそろ　　ウ　うん　　エ　どんどん　　オ　しん　　カ　りん

問二　――線部①「どうしてなんだ、あいつはたいして努力もしていないのに……」とありますが、この言葉からは「自分は努力をし続けてきた」という岳の思いを読み取ることができます。岳が努力家であることが分かる一文をここより前の本文中から抜き出し、最初の五字を書きなさい。

問三　空らん［ a ］～［ c ］に入る体の一部の漢字一字を考えて入れなさい。

問四　――線部②「岳の胃のあたりが、きりきり締《し》めつけられた」とありますが、このときの岳の気持ちを説明したものとして適当なものを次から一つ選び、記号で答えなさい。

ア　晴美がソリを断ったのは、自分が晴美にオンチであることを指摘《してき》したからだと思い、自分の言動を後悔《こうかい》している。
イ　冗談《じょうだん》で晴美にオンチだと言ったのに、晴美がその言葉を信じていることを知り、晴美に謝りたいと思っている。
ウ　ソリができるのは晴美しかいないとみんなわかっているのに、自分の冗談を真に受けて断る晴美に腹を立てている。
エ　クラスのみんなからのお願いを断る晴美を見て、たとえオンチでも話を受けてほしいと心から願っている。

問五　空らん［③］に入る言葉を、本文中から五字以内で抜き出しなさい。

問六　——線部④「岳はつま先を見つめた」とありますが、この時の岳の気持ちとして適当なものを次から二つ選び、記号で答えなさい。

ア　絶望感　　イ　安心感　　ウ　敗北感　　エ　親近感　　オ　無力感

問七　——線部⑤「岳は知らず知らずのうちに、腕に立った鳥肌をさすっていた」とありますが、このときの岳の気持ちとして適当なものを次から一つ選び、記号で答えなさい。

ア　決して上手とは言えない晴美を助ける早紀の清らかな歌声によって、美しいメロディーが生まれたことに驚いている。

イ　音心が提案したソリが成功したことを実感し、クラスの仲間の団結力と合唱にかける意気込《ご》みに感心している。

ウ　早紀と晴美のソリが加わったことで新しい音楽が生まれたことに気づき、無意識のうちに感動している。

エ　迫力があるクラスの合唱に圧倒《あっとう》され、改めてクラスに自分が必要ではないということに気づき、落ち込んでいる。

問八　——線部⑥「こっそりそばで聴いていたことを知られたくなかった」とありますが、それはなぜですか。その理由が分かる一文を本文中からさがし、最初の五字を抜き出しなさい。

問九　この物語の合唱の場面を読んで、クラスのみんなで話し合いをしました。空らん□にあなたの考えを書きなさい。

Aさん　私も歌うのが大好きだから、この話を読んで、早紀と晴美のソリパートの歌声を聞いてみたくなったな！

Bさん　確かに！「清らかさと切なさの相反するようなメロディーが混ざりあって、新しい音楽が生まれた」って表現もすてきだね。

Cくん　ぼくはこの歌の歌詞に注目したよ。歌い出しの「**――はじめはひとり孤独だった**」、これって、岳の今の状況に重なっているね。

Dさん　そうだね、その続きの

「――ふとした出会いに希望が生まれ
新しい本当のわたし
未来へと歌は響きわたる」

この歌詞も、登場人物に重ねて読むことができるね。

あなた　私は晴美と重ねて考えてみたよ。□。

書くときの条件

① 晴美の心情と、歌詞の内容を重ねて考えたことを書きなさい。

② 十五字以上で書くこととします。

四　次の言葉を[例]にならってローマ字（ヘボン式）に直して答えなさい。なお、書き出しはすべて小文字とします。

① 馬車（ばしゃ）

② 果実（かじつ）

③ 食器（しょっき）

④ 貯金（ちょきん）

⑤ 古時計（ふるどけい）

[例]　盈進（えいしん）

eishin

2023(令和5)年度入学試験問題

国　語

（注意）解答はすべて解答用紙に記入しなさい。

（50分）

盈進中学校

2023(R5) 盈進中
教英出版

一 次の――線部の漢字をひらがなに、カタカナを漢字に直しなさい。

① まるまる肥えた子ぶた。

② 最後まで油断は禁物だ。

③ 公園の樹木を大切にする。

④ 時計の秒針がずれている。

⑤ 北海道は日本一の穀倉地帯だ。

⑥ 姿勢をよくして話を聞く。

⑦ 分厚い本を持ち上げる。。

⑧ 長編小説を読破する。

⑨ 車窓から雪景色をながめる。

⑩ 悲痛なさけび声が響く。

⑪ 人間はみなヒトしい。

⑫ ポスターをインサツする。

⑬ 世界文化イサンを研究する。

⑭ 四国サンミャクをこえる。

⑮ 幼い弟がナマイキなことを言う。

⑯ 銀行にお金をアズける。

⑰ 手紙のブンメンを考える。

⑱ 将来は親コウコウしたい。

⑲ 集団をヒキいる。

⑳ ついに目標をタッセイした。

二　次の文章を読んで、あとの問いに答えなさい。

この本を読んでいる皆《みな》さんは今、何を着ていますか？　Tシャツとジーンズでしょうか、学生服でしょうか、パジャマでしょうか。いずれにしても「①洋服」ですよね。つまり「洋」の服です。洋服という言葉は日常語になっていますが、わざわざ「洋」をつけているのは、服に洋ではないものがあった時代の名残《なごり》です。日本人はずっと服を着てきましたが、ほとんどの人が「洋服」を着るようになったのはこの五〇～六〇年間ぐらいのことです。

しかも世界中の人が洋服を着ているわけではありません。伝統文化の力で経済的・文化的自立を果たそうとしているブータンという国では、男性も女性も洋服を着ていません。②ブータン服を着ています。外国でブータン服は作れないので、国内の産業になっています。ヴェトナムやラオスやミャンマーやカンボジアでも、多くの人がそれぞれの民族の服を着て働いています。

日本人が皆日本の服を着て働き、それを自分たちの産業にし、大きなお金を動かし、たくさんの人がそれに関わる仕事で働くことができたのは江戸時代でした。盛んな産業であった秘訣《ひけつ》は、日本の服に変革と流行があったことです。常に新しい色や柄《がら》や技術が開発され、人が服を買うことを楽しんだからでした。その変革と流行のきっかけは、外国からの情報でした。つまり、※グローバリゼーションの中にあったからこそ、③それができたのです。

この章では、グローバリゼーションの中の江戸の衣服についてお話ししましょう。

戦国時代や江戸時代、人々は何を着ていたでしょう？　そう、むろん和服（着物）ですよね。では和服とはどういう衣装ですか？今、結婚《けっこん》式や七五三《しちごさん》、成人式で着る衣装、あるいは男性なら落語《らくご》家さんたちが着ている衣装や、時代劇ドラマの中の衣装を思い浮《う》かべると思います。

では、あれらの衣装はどこから来たのでしょうか？　和服を売る店を「呉服屋《ごふくや》」と言います。和服は実は、和＝日本の服ではなく、中国の※呉《ご》の服なのです。中国古代を舞台にした映画では、日本の着物とそっくりな衣装を着ていることに気づくと思います。首の前で襟《えり》を合わせる方法は、韓国朝鮮《かんこくちょうせん》のチマチョゴリも同じで、これも中国から来た衣装です。琉球《りゅうきゅう》王国（現在の沖縄）も④同じ形の衣装です。ブータンでは今でも男性の正式な衣装は、日本の着物と全く同じ形をしています。これはすべて中国由来で、着物は正確にいえば東アジア共通の衣装なのです。

[A]違《ちが》っていることもあります。たとえば袴《はかま》や羽織《はおり》です。これらは日本で独自に発明され、付け加えられたと思われます。着物を見ていると日本にはズボンが無いかのように思えますが、実は袴に代表されるズボン系の衣装は実に豊かです。カルサンとか「たっつけ」と呼ばれる、足首のところがすぼまっているズボンは、戦国時代の男性も江戸時代の男性もよく穿《は》いていました。カルサンというのはポルトガル語です。中国由来の着物に、ポルトガル由来のズボンを穿いていたというわけです。

[B]、上杉謙信《うえすぎけんしん》（一五三〇〜七八）が穿いていたと言われている革《かわ》のカルサンが残っています。それは明るい茶色で裾《すそ》がすぼまっていますが、その裾にはいくつものボタンがついています。ボタンという言葉もポルトガル語で、「つき出たもの」という意味です。ヨーロッパでは一四世紀から上流社会で流行し、一六世紀ではまだ一般《いっぱん》的ではなかったようですが、日本の武将たちはもう使っていました。ボタンは陣羽織《じんばおり》（武士が戦時の陣中《じんちゅう》で着た羽織）や足袋《たび》にも使われていました。

その陣羽織も、ポルトガルの影響《えいきょう》を強く受けました。やはり上杉謙信が着ていたと言われる陣羽織は内側には中国の金襴《きんらん》を使い、紺色《こんいろ》の羅紗《ラシャ》を胴体《どうたい》に、赤い羅紗を袖《そで》部分に配置し、金糸《きんし》で縁取《ふちど》りをしてあります。ラシャとは毛織物のことです。日本では羊類を飼育しませんから全て[⑤]品です。一四世紀ごろからラシュカ（現在のセルビア南部とモンテネグロ一帯と思われる）で織《お》られ、クロアチアのドゥブロブニクからヨーロッパ諸国に広まりました。それでポルトガル人はラーシャと呼んでいました。その色の配置やデザインも、それまでの日本や中国では見られないものです。

このように、ポルトガル船が運んできたものは、ポルトガルのものだけではありませんでした。当時のポルトガルは決して日本より技術が進んでいるわけではなく、むしろ中国やインドの技術産品や日本の銀、モルッカ諸島《しょとう》の胡椒《こしょう》を求めてアジアに来ていたのです。この陣羽織の内側に使っている中国の絹《きぬ》織物もまた、ポルトガル船が運んできたものです。日本に運んでくる積み荷の約九〇%が中国の生糸《きいと》、絹織物でした。つまり日本はポルトガルという国をあてにしていたのではなく、中国の物資を運んでくれる船が欲しかっただけなのです。ですから、江戸時代になってポルトガル船、スペイン船への渡航《とこう》禁止令を出しても、⑥日本はあまり困りませんでした。オランダ東インド会社が、ポルトガル船の代わりをしてくれたからです。当時の日本人にとって、ヨーロッパは便利な運送屋さんに過ぎませんでしたので、差別的な「南蛮《なんばん》（南の野蛮な人）」という呼称《こしょう》を使ったのです。

しかし尊敬の対象ではなくとも、彼らのファッションには極めて強い関心を示し、今でもたくさん残っている南蛮屛風《びょうぶ》には、詳細《しょうさい》に彼らの衣装が描《えが》かれています。※宣教師《せんきょうし》と商人は描き分けられ、船員と船長、マレー系かインド系と思われる使用人たち、荷揚《にあ》げされる動物たちも、実に詳しく描かれました。そのような関心が、ファッションの導入につながったのです。日本人は何より、ポルトガル人のファッションを面白いと思ったのです。

（田中優子『グローバリゼーションの中の江戸』岩波ジュニア新書より）

※グローバリゼーション　：　国家や地域をこえて、経済や文化などが世界規模で広がること。
※呉　：　古代中国にあった国の名前。
※宣教師…　キリスト教を伝えるために海外に派遣《はけん》された司祭《しさい》、神父。

問一　——線部①「洋服」とありますが、同じように「和□」／「洋□」が対義語になる共通の漢字を、（例）にならって二つ考えて書きなさい。

（例）　和服　／　洋服　……　解答用紙に「服」を書き入れる

問二　——線部②「ブータン服を着ています」とありますが、それはなぜですか。解答らんの文に続けて、本文中の語句を用いて三十字程度で答えなさい。

ブータンは（　　　　　　　　　　　　）。

問三　〰〰線部の「主語（主部）」と「述語（述部）」にあたる部分を、次の中からそれぞれ選び、記号で答えなさい。

「ァヴェトナムやラオスやミャンマーや　ィカンボジアでも、　ゥ多くの人が　ェそれぞれの　ォ民族の　ヵ服を　ｷ着て働いています。」

問四　――線部③「それ」が指している内容を説明した次の文の空らん（　Ⅰ　）（　Ⅱ　）にあてはまる語句を、本文中からそれぞれ五字以上七字以内で抜き出して答えなさい。

（　Ⅰ　）**をきっかけに、日本の服に**（　Ⅱ　）**がもたらされ、服作りが産業になったこと。**

問五　――線部④「同じ形の衣装」とありますが、それはどのような形ですか。「〜形。」に続くように、本文中から十字で抜き出しなさい。

問六　空らん［A］、［B］にあてはまる最も適切なことばを次の中からそれぞれ選び、記号で答えなさい。
（同じ記号は一度しか使えません。）

ア　そのため　　イ　つまり　　ウ　しかし　　エ　たとえば　　オ　なぜなら

問七 空らん[⑤]にあてはまる熟語を考えて、漢字二字で書きなさい。

問八 ――線部⑥「日本はあまり困りませんでした」とありますが、なぜ困らなかったのですか。その理由として最も適切なものを次の中から一つ選び、記号で答えなさい。

ア ポルトガル船が運んでくれるヨーロッパのめずらしい物品よりも、生活になじんでいる中国やインドの物品のほうが、当時の日本においては必要とされたから。

イ 日本は、ポルトガルの物資をあてにしていたのではなく、ポルトガル船が運んでくる中国の物資が欲しかっただけであり、ポルトガル船の代わりとなる船もあったから。

ウ 当時の日本にとってヨーロッパから来る船は野蛮な船とされ、ポルトガル船に渡航禁止令を出すことでかえって日本の安全が守られることがわかったから。

エ 江戸時代の日本は、ポルトガルから伝わってくる文化や技術を必要としなくなり、たとえ交易を中止してもそれほど大きな影響を受けることがなかったから。

問九 本文の内容を説明した次の文のうち、正しいことを述べているものはどれですか。次の中から一つ選び、記号で答えなさい。

ア 戦国時代や江戸時代は、ほとんどの人がカルサンを穿き、それにボタンをつけて変化させるような工夫を楽しんでいた。

イ 「洋服」が日常語となったのは、日本の産業として成長し、人々がそれに関わる仕事で生活できるようになったからである。

ウ 結婚式や七五三、成人式で着る袴や羽織は、古代中国で生まれたもので、戦国時代に呉服屋を通して日本全体に広まった。

エ 戦国時代や江戸時代の日本人は、外国人の衣装に強い関心を持ち、特にポルトガルのファッションを面白いと思っていた。

三　次の文章を読んで、あとの問いに答えなさい。

主人公の七海《ななみ》はアメリカ人の母と日本人の父を持つ小学六年生である。夏休みに母と訪れたハワイで、海洋ごみをアート作品にするオーガストさんと出会い、彼の展示会に招かれた。

雪原も氷もない、どこまでも茶色の地面にすわりこんで、しょんぼりしている白くま。

海上に、わずかに残されている氷の上に、かろうじて立っている、骨と皮だけになった白くま。

ありとあらゆるごみが押《お》しよせてできている「ごみの島」。その上に群がっている、無数の白くまたち。なかには、生まれたばかりの子ぐまもいる。

白くまの白さと、色とりどりのごみの対比がなんとも言えず残酷《ざんこく》で、ぶきみだ。

ごみはすべて、人間がつくりだして、人間が捨てたものだ。

地球上で、こんなことが起こっているのか。

白くまたちの泣き声が聞こえてくるようだった。

「雪原と氷を返して」

「海を返して」

「海は、ごみ捨て場じゃない」

地球温暖化と海の汚染《おせん》は、野生動物たちをここまで追いつめているのか。

取りかえしがつかなくなるまでに、ぼくたちにできることは、あるのだろうか。

あるとすれば、それは、どんなこと？

ごみを捨てない。
ごみを出さない。
ごみになるようなものを買わない。
ごみになるようなものを売らない。
ごみになるような製品を製造しない。

①ことばにするのはかんたんだし、頭ではわかっているけれど。
たとえば、ジュースを買って飲んだあとは、空き缶《かん》や空きびんをリサイクル箱に入れる。スーパーマーケットやコンビニエンスストアで買い物をするときには、レジぶくろをもらわず、エコバッグを使う。落ちているごみがあったら、拾って、ごみ箱に入れる。
ぼくにできることは、せいぜい、それくらいだ。
それ以外に、何を、どうすればいいのだろう。
どうすれば、白くまたちを、この海を、救うことができるのか。

ぐるぐるぐるぐる、出口のない迷路のなかで行ったり来たりしながら、答えの出ない問いかけと戦っているさいちゅうだった。
――こんにちは。あなたは、白くまさんに関心があるの？
近くに立っていた女の子から、ふいに声をかけられた。
はっとして、となりを見ると、ぼくを見つめている女の子の瞳《ひとみ》と、ぼくの瞳がぶつかりあった。
女の子はにっこり。ぼくはどっきり。
なぜ、どっきりしたのかというと「あ、かわいいな」って、思ったからだ。
瞳の色は、濃《こ》い茶色。肌《はだ》の色は、こげ茶色。長く伸《の》ばした髪《かみ》の毛はまっ黒で、ぼくよりもちょっとだけ背が高い。ぱっと見た目には、日本人に見えないこともない。

あわてて、あいさつをした。

――こんにちは。初めまして。ぼくの名前は、ナナミです。日本からやってきました。白くまの写真に、ショックを受けています。

彼女はやわらかな笑顔のままで、こう言った。

――どんなショック？　説明して。

ううっ、急に「説明」なんて言われたって、困るよ。

あせりながらも一生けんめい、英文を組みたてた。

――白くまは、日本の動物園で見たことがありますが、こんなふうに、自然のなかで生きている白くまのことを、今まで、想像したことがありませんでした。ぼくは動物が好きです。だから白くまも好きです。だから白くまたちには幸せに、くらしてほしいと思います。だから、だから……だから、ぼくたちは……

ああ、もっと英語の勉強をしておけばよかった。オーガストさんに会ったときと同じことを思っている。[②]。

しどろもどろのぼくの話を聞きおえると、彼女《かのじょ》はぼくに向かって、すっと手を差しだした。握手《あくしゅ》だ。いちおう「合格」だったのかな。

――わたしの名前は、ピカケ。ピカケはハワイ語で「くじゃく」という意味。だけど、ピカケは花の名前でもあるの。ジャスミンに似た白い花で、とてもいい香りがするのよ。

そういえば、コテージの庭にも、白くて小さくていい香りのする花が咲いていた。

あれは、ピカケだったのかな。

なんと、ピカケさんは、ぼくと同じ、小学六年生だという。もっとも、アメリカでは九月から新学期が始まるので、来月から彼女は中学生になるわけだけど。

ぼくは、差しだされた彼女の手をにぎった。

それにしても、なんてかわいいんだろう。友だちになりたい。いや、友だち以上だっていい。

そこまで思ったとき、③ぼくの頭のなかに、ぴかっと電球がともった。

あ、もしかして、この子は――

「おれの友だちのひとりに、きみと同じくらいの年齢《ねんれい》の女の子がいる。彼女は生まれつき片方の足がもう片方よりも短くて、歩くのに少し苦労している。これはおれの想像にすぎないのだが、彼女は、ヴェトナム戦争で……」と、オーガストさんが言ってた子？

ピカケさんは、それまで軽くにぎっていたぼくの手を離《はな》すと、にこっと笑いかけてくれた。心臓がどきんとする。

――ナナミ、あなたの名前には、どんな意味があるの？

ん？　ぼくの名前の、意味？

一瞬《いっしゅん》、考えこんでしまったものの、それは一瞬のことだ。自分の名前の意味くらい説明できないで、どうする。

――ぼくの名前の意味は、七つの海です。

――まあ！　そうなの！　セブンシーズ？　地球上の七つの海ね。七つの海は、すべての海。すべての海は、ひとつの海。すばらしい名前をつけってもらったんだね。ナナミは、ひとつの海なのね。

ぼくは照れた。照れながらも、大いに喜んでいる。

北大西洋、南大西洋、北太平洋、南太平洋、インド洋、北極海、南極海。

現代では、地球の海はこの七つの大洋から成りたっているとされている。しかし、海は七つに分かれているものではなくて、ひとつにつながっているものだ。だから、ピカケさんの言ったとおり、七つの海とはすなわち、ひとつの海、ということなのだ。

喜びながらも、ぼくは感激《かんげき》している。

ぼくの名前について、そんなふうに言ってくれたのは、ピカケさんが初めてだ。

日本では「女の子みたいな名前だ」と言われて、いつも笑われたり、からかわれたりしている。だから、父ちゃんと母ちゃんをうらんでもいた。

――ぼくの母はアメリカで生まれ育って、ぼくの父は日本で生まれ育って、ふたりはサンフランシスコで出会って、結婚《けっこん》して、日本で

2023(R5) 盈進中
K 教英出版

① はじめ，点Pは点Bの位置にあるので，下のような図になります。

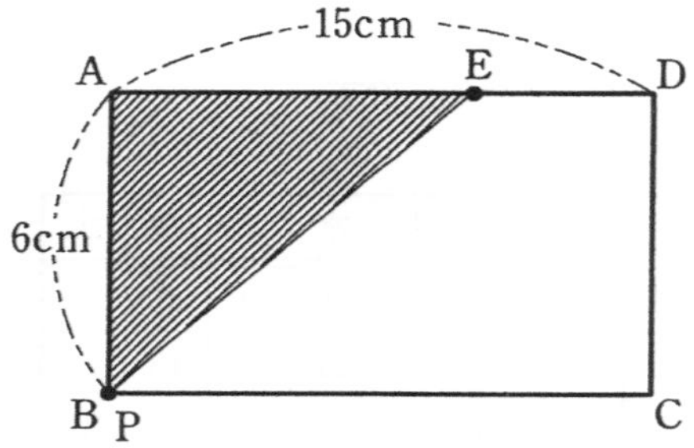

このとき，4点A，B，P，Eを結んでできる図形は三角形になり，その面積は［図2］のグラフより□cm^{2}です。また，辺AEの長さは□cmです。

② 点Pの動く速さは，秒速□cmです。

③ 4点A，B，P，Eを結んでできる図形の面積が最も大きくなるのは，点Pが点Bを出発してから□秒後です。

また，そのときの図形の面積は□cm^{2}です。

④ 4点A，B，P，Eを結んでできる図形の面積が60 cm^{2}となるのは，点Pが点Bを出発してから$\frac{10}{3}$秒後と□秒後です。

4 次の［　　］にあてはまる数，または言葉を答えなさい。

下の表は，2023 年 1 月のカレンダーです。

	日	月	火	水	木	金	土
A	1	2	3	4	5	6	7
B	8	9	10	11	12	13	14
C	15	16	17	18	19	20	21
D	22	23	24	25	26	27	28
E	29	30	31				

(1) 盈進学園は 1904 年に創立された私立学校で，創立記念日は 11 月 30 日です。
2022 年 11 月 30 日は［　ア　］曜日でした。
また，2023 年 11 月 30 日は［　イ　］曜日です。

(2) 2023 年 1 月のカレンダーで，縦横それぞれ 2 列ずつ，4 つの数字を囲みます。
例えば，下の [図 1] のように囲んだとき，囲まれた 4 つの数字の和は 32 です。
4 つの数字の和が 56 になるように囲んだとき，左上の数字は［　ウ　］です。

	日	月	火	水	木	金	土
A	1	2	3	4	5	6	7
B	8	9	10	11	12	13	14
C	15	16	17	18	19	20	21
D	22	23	24	25	26	27	28
E	29	30	31				

[図 1]

(3)　下の［ 図 2 ］のように，A ～ E の列から 1 つずつ，合わせて 5 つの数字を選びます。

	日	月	火	水	木	金	土
A	1	**2**	3	4	5	6	7
B	8	9	10	**11**	12	13	14
C	**15**	16	17	18	19	20	21
D	22	23	24	25	26	27	**28**
E	29	**30**	31				

［ 図 2 ］

①　［ 図 2 ］の場合，選んだ 5 つの数字の和を求めると，

$$2+11+15+28+30=86$$

となり，5 つの数字の和は 86 です。

選んだ 5 つの数字の和が最も小さくなるのは，すべて [エ] 曜日の数字を選んだときで，その和は [オ] です。

また，和が最も大きくなるとき，その和は [カ] です。

選んだ 5 つの数字の和が 77 になる組み合わせをすべて考えるとき，どのような数字の選び方をしても 5 つの数字の中に，[キ] 曜日は必ず含まれます。

②　次に，すべて違う曜日の数字を選ぶ場合を考えます。

下の［ 図 3 ］のように 5 つの数字を選んだとき，5 つの数字の和は 94 で，その 5 つの数字の中に，日曜日と火曜日は含まれません。

	日	月	火	水	木	金	土
A	1	2	3	4	5	6	**7**
B	8	9	10	**11**	12	13	14
C	15	16	17	18	19	**20**	21
D	22	23	24	25	**26**	27	28
E	29	**30**	31				

［ 図 3 ］

選んだ 5 つの数字の和が 86 になる組み合わせを考えると，5 つの数字の中に，[ク] 曜日と [ケ] 曜日は含まれません。

5 次の ☐ にあてはまる数，または記号を答えなさい。

何段かの階段について，地点Aを出発し，階段を上りきる方法について考えます。
階段は，

「一歩で1段上る」または**「一歩で2段上る」**

のどちらかの方法で上ります。

例えば，3段の階段の上り方は，下の[図1]①，②，③のように3通りあります。

[図1]①

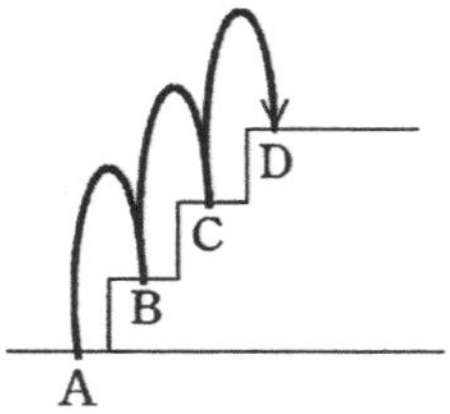

「1段＋1段＋1段」

[図1]②

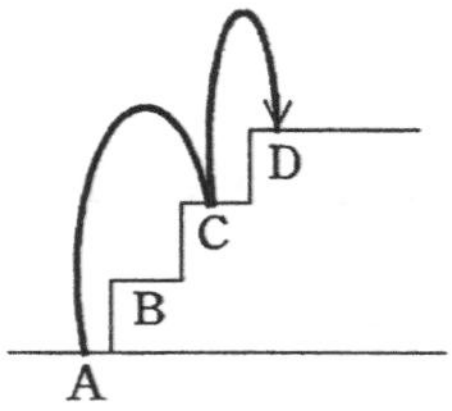

「2段＋1段」

[図1]③

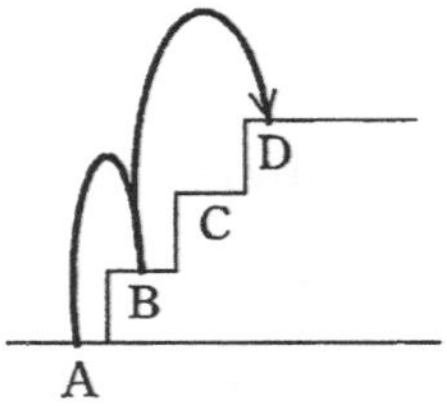

「1段＋2段」

[図1]①の上り方を『A→B→C→D』，
[図1]②の上り方を『A→C→D』，
[図1]③の上り方を『A→B→D』と表すことにします。

(1)　4段の階段について考えます。

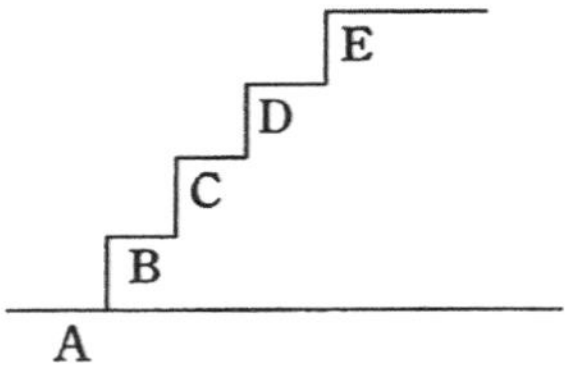

上り方は

『A → B → C → D → E』

『A → ［ア］ → E』

『A → ［イ］ → E』

『A → ［ウ］ → E』

『A → ［エ］ → E』

の5通りあります。

(2)　次に，5段の階段について考えます。

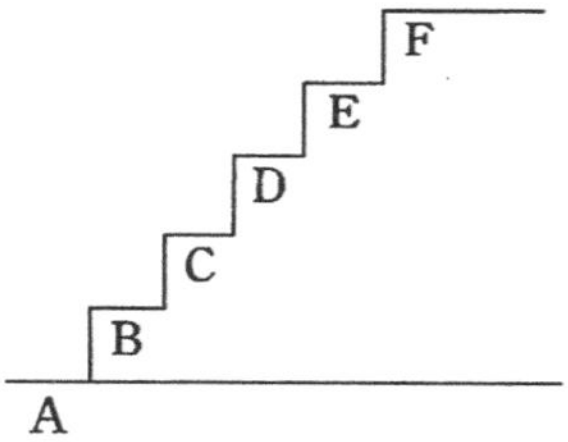

5段目の地点Fに到着したとき，その一歩前にいた地点について，地点Eと地点Dが考えられます。よって，地点Eから**「一歩で1段上る」**場合と，地点Dから**「一歩で2段上る」**場合の2通りについて考えます。

地点Eから**「一歩で1段上る」**場合
地点Aから地点Eまでは4段なので，考えられる上り方は，(1)より5通りあります。

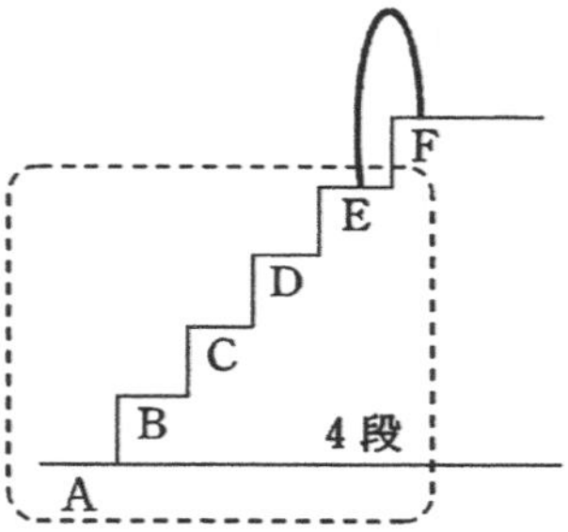

地点Dから**「一歩で2段上る」**場合
地点Aから地点Dまでは3段なので，考えられる上り方は，3通りあります。

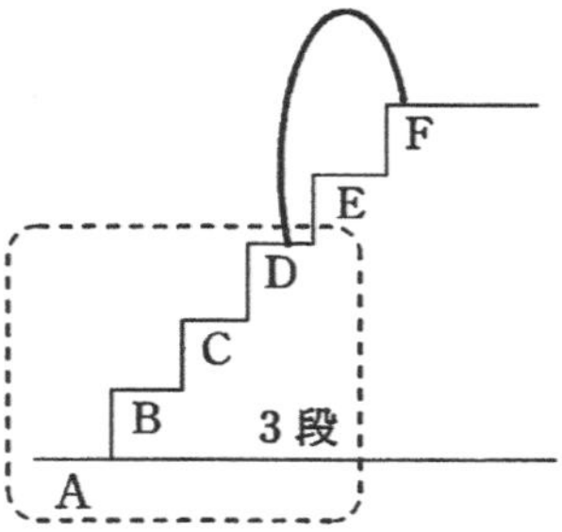

よって，5段の階段の上り方は，4段の階段の上り方(5通り)と3段の階段の上り方(3通り)を合わせて，5＋3＝8通りと求めることができます。

階段の段数	1段	2段	3段	4段	5段	6段	…
上り方の総数	1	2	3	5	8		…

同じように，6段の階段の上り方を考えると，上り方は［　オ　］通りあります。
また，10段の階段の上り方は［　カ　］通りあります。

(3) 上り方が987通りあるのは，[キ]段の階段です。

(4) 10段の階段について考えます。
6段目の地点Gを必ずふむような上り方は[ク]通りあります。

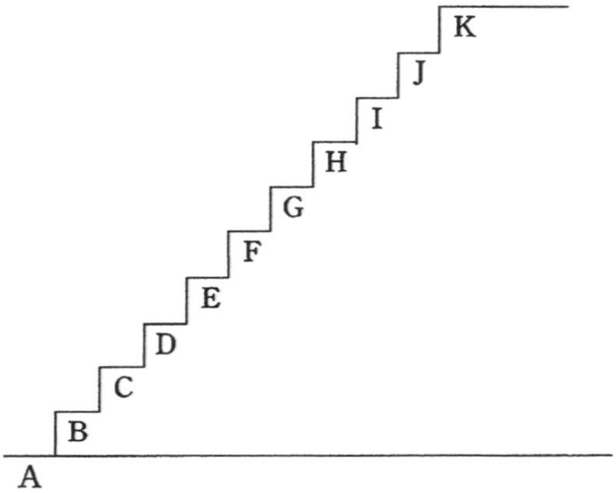

2023(R5) 盈進中
K 教英出版

5 次の問いに答えなさい。

問1 次の表は25歳《さい》までの平均身長と平均体重を示したものです。この表から分かることとして正しいものはどれですか。下の**ア**～**エ**から一つ選び、記号で答えなさい。

	男		女	
	身長	体重	身長	体重
年齢	cm	kg	cm	kg
1	80.9	11.1	79	10.5
2	88.9	12.9	87.9	12.3
3	96.7	14.8	95.6	14.4
4	103.4	16.7	102.1	16.2
5	109	18.6	108.6	18.3
6	115.5	21	114.2	19.7
7	120.5	22.6	120.5	23.1
8	125.4	26.1	125.4	25.1
9	131.7	29.2	132.2	29
10	136.3	32	137.6	32.6
11	142.8	36.3	143.6	36.8
12	149.1	40.6	149.6	41.9
13	156.8	47.3	153	45.2
14	163.1	52.8	155.2	48
15	167	56.5	156.6	50.3
16	167.7	58.3	156.2	51.3
17	170.1	61.7	156.6	52
18	169.7	60.7	156.5	51.3
19	170	61.2	157	51.5
20	169.7	64	157.3	51.8
25	168.6	63.1	155.4	51.5

（1981 年度調査）

ア 25 歳までのどの年齢《れい》も平均身長は女性より男性の方が高い。

イ 平均身長の男女差は、13 歳あたりから差がつき始め、その後 10cm 以上にひらく。

ウ 男性女性ともに、平均身長と平均体重は 10 歳のころ一度止まり、12 歳ごろから再び増えていく。

エ 平均身長も平均体重も増加が止まるのは女性より男性の方が早い。

問２　次の表は４種類のもの（二酸化炭素、メタノール、酢酸《さくさん》、塩化水素）の融点《ゆうてん》と沸点《ふってん》を示しています。融点とは固体が液体になる温度、沸点とは液体が気体になる温度です。水は融点が０℃、沸点が 100℃ということが知られています。この表から分かることとして正しいものはどれですか。下の**ア**～**エ**から一つ選び、記号で答えなさい。

物質	融点[°C]	沸点[°C]
二酸化炭素	-56.6	-78.5
メタノール	-97.78	64.65
酢酸	16.6	117.9
塩化水素	-114.2	-85.1

ア　－200℃の状態から４種類のものを加熱し始めると、最初に固体から液体に変化するものは酢酸である。

イ　常温（25℃）で固体のものは１種類のみである。

ウ　４種類のものの中で、気温が下がると最もこおりやすいものは酢酸である。

エ　４種類のものの中で、最も低い温度で沸騰《ふっとう》するものは酢酸である。

問３　「a（アール）」と「ha（ヘクタール）」という単位は、広い土地の面積をあらわすときに使うことがあります。１a は１辺が 10m の正方形の面積、１ha は１辺が 100m の正方形の面積をあらわします。１ha は何 a ですか。次の**ア**～**エ**から一つ選び、記号で答えなさい。

ア　10 a　　**イ**　100 a　　**ウ**　1000 a　　**エ**　10000 a

問４　図のように、せっけんは親水基という油をきらい、水を好む性質の部分と、疎水《そすい》基という水をきらい、油を好む性質の部分が存在します。

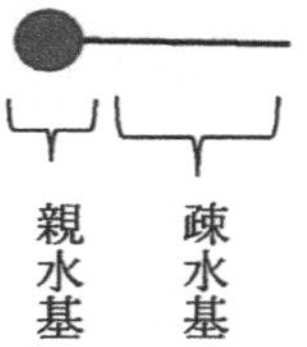

布に油よごれがついたものをせっけんで洗う場合、せっけんは油よごれにどのようにつきますか。次の**ア**～**ウ**から一つ選び、記号で答えなさい。

ア

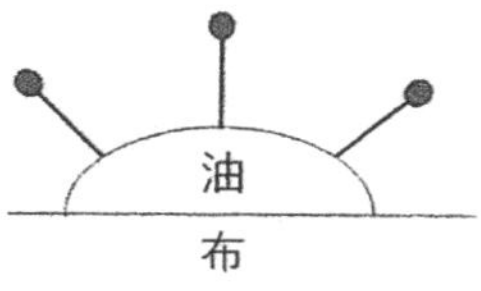

イ

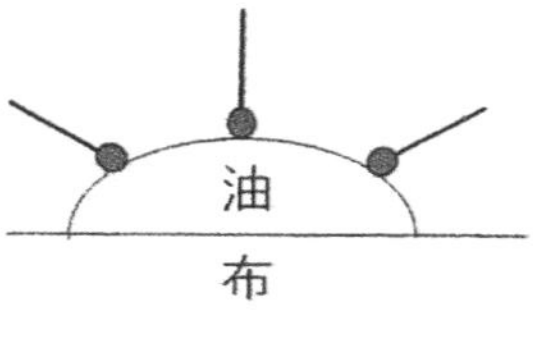

ウ

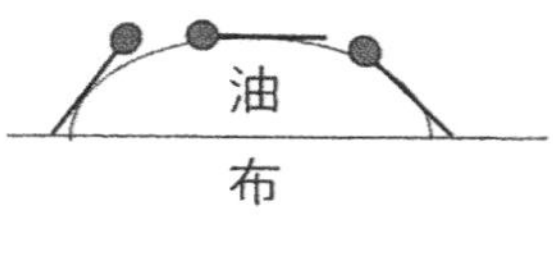

問5　ある中学校でカンサイタンポポとセイヨウタンポポがどのように生えているかを調査しました。観測した場所は次の3カ所です。

①中庭
②校舎横のアスファルトの道路付近
③テニスコート周辺

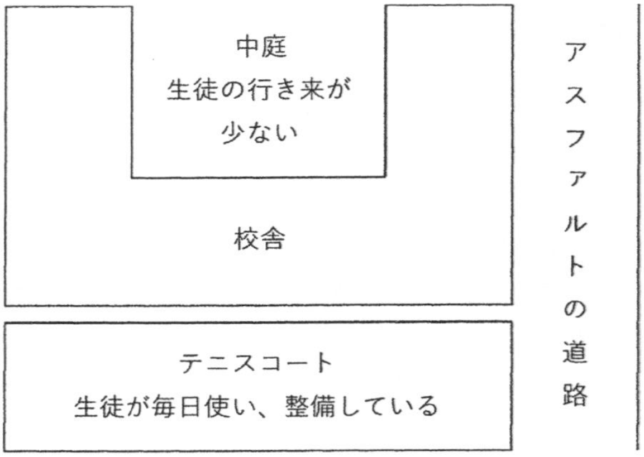

次の表はそのときの観測地点ごとのカンサイタンポポとセイヨウタンポポの数をあらわしています。A～Cは①～③の場所のいずれかに当てはまります。

	カンサイタンポポ	セイヨウタンポポ
A	11	7
B	0	3
C	0	24

近年、セイヨウタンポポが生息する地域を増やしています。カンサイタンポポは畑のまわりなど自然の状態に近いところでしか成長できませんが、セイヨウタンポポはアスファルトの道路のわきなどでも成長できるからです。また、種子に着目すると、セイヨウタンポポの種子はカンサイタンポポの種子より数が（　a　）、重さが（　b　）からであると考えられます。

Aに当てはまる場所、（　a　）、（　b　）にあてはまる語句として正しいものはどれですか。次の**ア～シ**から一つ選び、記号で答えなさい。

	Aの場所	a	b
ア	①	多く	重い
イ	①	多く	軽い
ウ	①	少なく	重い
エ	①	少なく	軽い
オ	②	多く	重い
カ	②	多く	軽い
キ	②	少なく	重い
ク	②	少なく	軽い
ケ	③	多く	重い
コ	③	多く	軽い
サ	③	少ない	重い
シ	③	少ない	軽い

6 次の文章を読んで、あとの問いに答えなさい。

8月のある日、はるとくんはスマートフォンの通知で「熱《ねっ》中《ちゅう》症《しょう》警戒《けいかい》アラート」のお知らせが来ていることに気づきました。「広島県では本日、熱中症の危険性が極めて高い気象状況になることが予測されます。危険な時間を確認の上、十分な対策をとってください。」と書いてありました。

そのことをお父さんに伝えると、「(1) 対策にスポーツ飲料を用意しておきなさい。熱中症を防ぐには水分だけでなく、塩分も必要だからね。」とお父さんは言いました。

はるとくんはお父さんと一緒に「熱中症警戒アラート」についてインターネットを使って調べてみました。環境省《かんきょうしょう》のホームページには図1が示されていました。

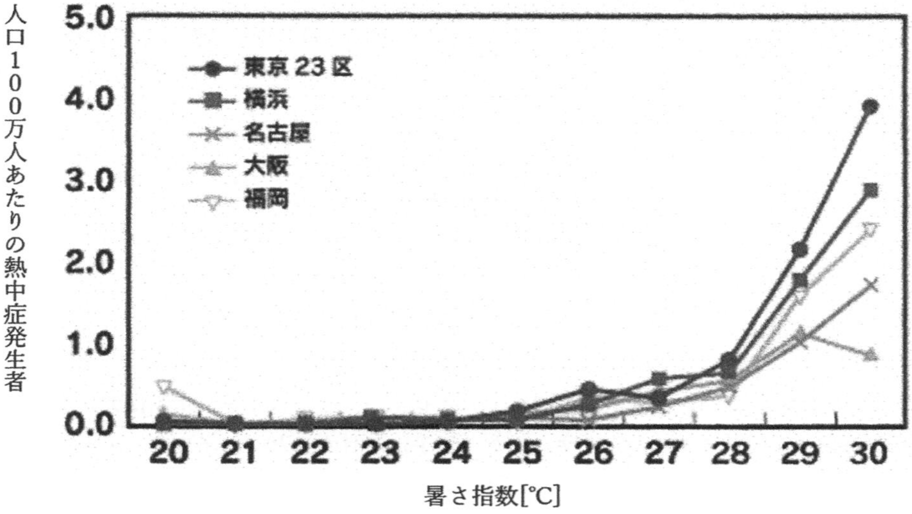

図1　暑さ指数による1日あたりの熱中症発生率

はるとくん「このグラフを見ると、暑さ指数が高いと熱中症発生者が増えることが分かるね。」

お父さん　「暑さ指数が［ A ］℃から［ B ］℃に1℃上がるだけで、全ての都市で熱中症発生者が2倍以上になっているね。暑さ指数が［ A ］℃を超えたら、特に気をつけないといけないね。」

はるとくん「暑さ指数ってよく聞く言葉だけど、どのような値なのだろう。」

疑問に思った2人は、さらに環境省のホームページを調べました。すると暑さ指数を求めるために、図2の装置を用いていることが分かりました。この装置は①～③の温度計があります。

①乾球《かんきゅう》温度計・・・通常の温度計で、気温を測定しています。

②湿球《しつきゅう》温度計・・・水で湿《しめ》らせたガーゼを温度計の球部に巻いて測定しています。皮《ひ》膚《ふ》の汗が蒸発するときに感じる涼しさ度合いをあらわすものです。

③黒球温度計・・・黒くぬられた薄《うす》い銅板の球の中心に温度計を入れて測定しています。日なたにおける体感温度をあらわすものです。

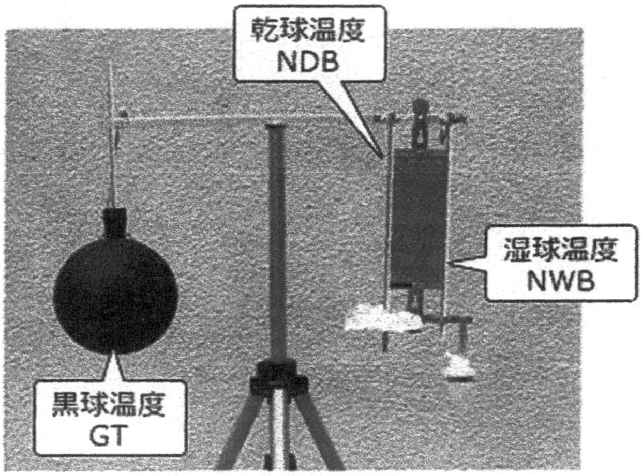

図２　暑さ指数測定装置

暑さ指数は、以下の数式をもとに算出されます。

暑さ指数(℃) ＝0.1 × 乾球温度＋ 0.7 × 湿球温度 ＋ 0.2 × 黒球温度

はるとくん「３つの温度計の説明から、一番低い温度を示すのは［ C ］なんだろうね。」

お父さん　「そうだね。また、暑さ指数を求める数式を見ると、最も暑さ指数に影響を与えるのは［ D ］なんだね。」

はるとくん「こんな装置があるってことを知らなかったよ。明日、環境科学研究部のめい先輩に気候のことを詳しく聞いてみるよ。」

次の日、環境科学研究部の活動が始まる前の理科室で、はるとくんはめい先輩に気候のことを聞いてみました。

はるとくん「暑さ指数を求めるのに、３つの温度計が使われているって初めて知りました。」

めい先輩　「線上降水帯や熱中症警戒アラートなどは、ここ数年で使われるようになった言葉なんですよ。(2) 広島の気候が過ごしやすいといっても、最高気温の平均が 30℃をこえる月もあるし、雨の量も平年よりも急に多くなるときもあって、以前に比べると災害を意識した生活が必要になっているんですよ。」

はるとくん「でも、これだけ科学技術が進歩してるわけだし、いつ災害が起こるか分かるようになってきているんですよね。」

めい先輩　「例えば、(3) ここ 20 年で見ると台風の進路を予想する精度は上がってきているから、どこで台風の被害《ひがい》が起こりやすいかが分かり、台風が来る前から防災の準備がしやすくなってきているのよ。ただ一方で、台風の強さが分かる中心気圧や風速などの予測はまだまだ難しいの。」

問１　文中の下線部（１）について、スポーツ飲料は約0.1％の塩分を含んでいます。500mL のスポーツ飲料には約何ｇの塩分を含んでいますか。次の**ア**～**オ**から一つ選び、記号で答えなさい。

ア　0.5ｇ　　**イ**　1.0ｇ　　**ウ**　5.0ｇ　　**エ**　10ｇ　　**オ**　50ｇ

問２　文中の［A］と［B］にあてはまる数字の組み合わせとして正しいものはどれですか。次の**ア**～**カ**から一つ選び、記号で答えなさい。

	A	B
ア	26	27
イ	26	28
ウ	26	29
エ	27	28
オ	27	29
カ	28	29

問３　文中の［C］と［D］にあてはまる語句の組み合わせとして正しいものはどれですか。次の**ア**～**ケ**から一つ選び、記号で答えなさい。

	C	D
ア	乾球温度計	乾球温度
イ	乾球温度計	湿球温度
ウ	乾球温度計	黒球温度
エ	湿球温度計	乾球温度
オ	湿球温度計	湿球温度
カ	湿球温度計	黒球温度
キ	黒球温度計	乾球温度
ク	黒球温度計	湿球温度
ケ	黒球温度計	黒球温度

問４　文中の下線部（２）について、「広島の気温と降水量」をあらわしたグラフはどれですか。次のア～ウから一つ選び、記号で答えなさい。

ア

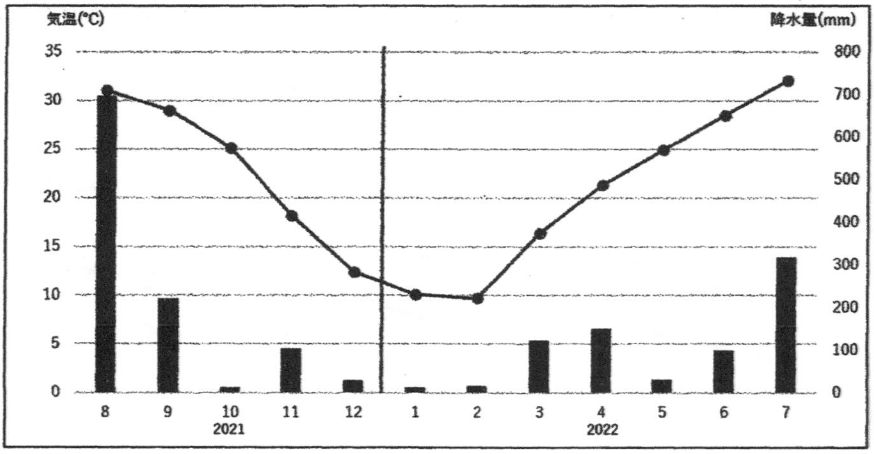

イ

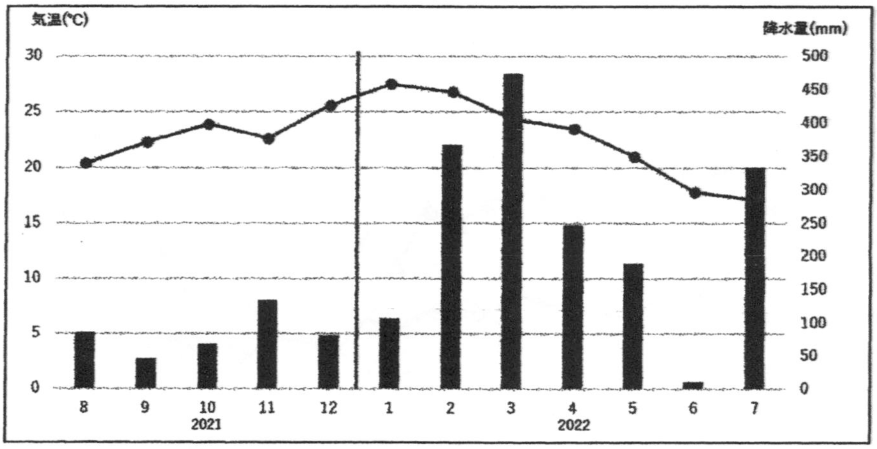

ウ

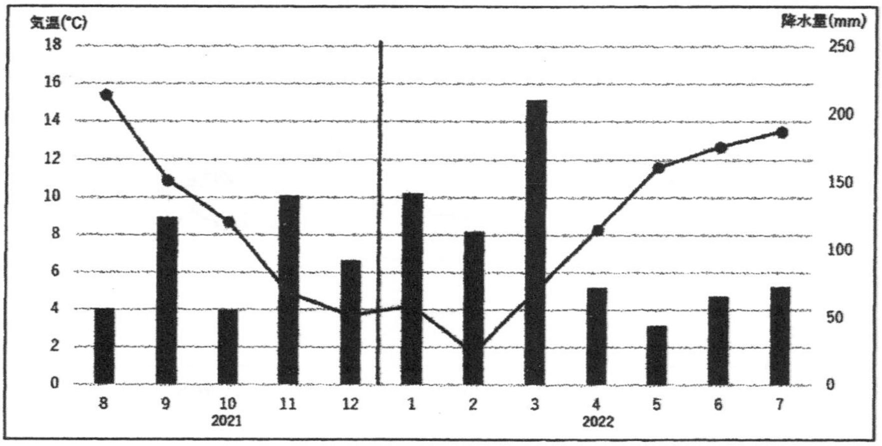

注１）　棒グラフはその月の降水量、折れ線グラフはその月の平均気温をあらわしたものである。

注２）　2021年の８月から2022年の７月までを調査したものである。

問5　文中の下線部（３）について、気象庁では台風の予報の精度を上げる取り組みに力を入れています。次の**ア**～**ウ**のグラフは、「台風進路予報（中心位置）の平均誤差の変化（単位：km)」「台風強度予報（最大風速）の平均誤差の変化（単位：m/秒)」「台風強度予報（中心気圧）の平均誤差の変化（単位：ｈＰａ《ヘクトパスカル》)」のいずれかをあらわしています。「台風進路予報（中心位置の予報）の平均誤差の変化（単位：km)」をあらわしたグラフはどれですか。記号で答えなさい。

ア

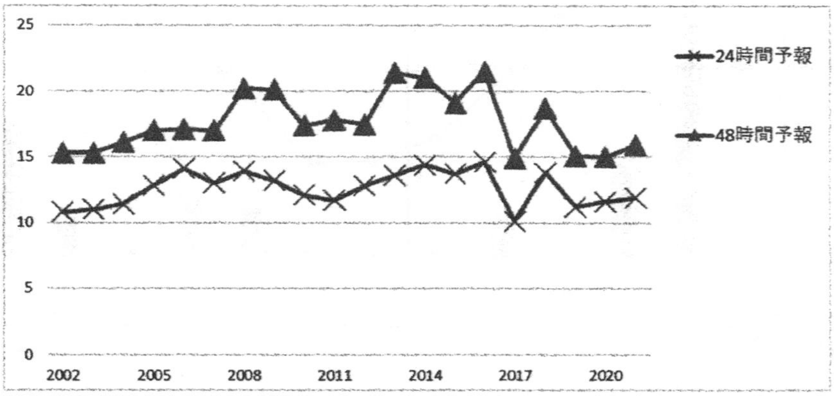

イ

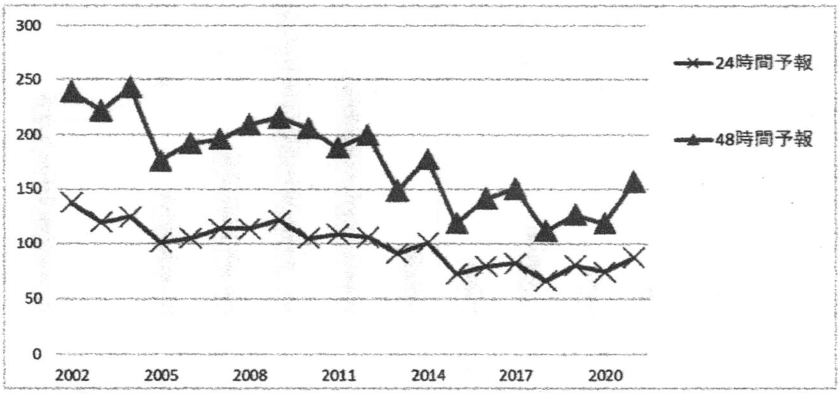

ウ

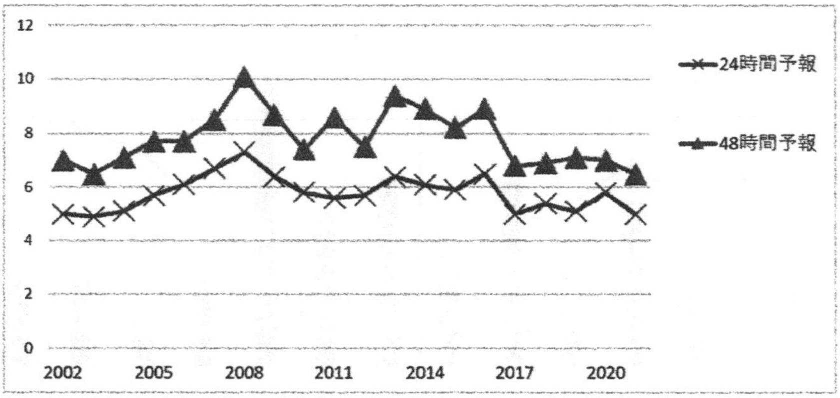

注）　横軸《よこじく》は西暦《せいれき》を示す。縦軸はそれぞれの値を示すが、単位は省略している。

出典）（１）　国立天文台編 「理科年表 2022」　丸善出版(2021)
理科年表オフィシャルサイト（国立天文台・丸善出版）
National Astronomical Observatory of Japan、 Chronological Scientific Tables、
Maruzen(2021)
（２）　環境省　熱中症予防サイト
（３）　国土交通省　気象庁ＨＰ

C　13 世紀後半に、フビライ＝ハンは中国を支配するため都を大都に移し、国号を元に定めました。元は朝鮮半島にまで勢力を拡大し、ついには日本に迫《せま》ってきました。これを元寇《げんこう》といいます。

14 世紀に入ると中国には新たに（　　　）が成立し、元はモンゴル高原に追いやられました。

問５　元が日本に攻《せ》めてきた時の執権《しっけん》は誰ですか。次の**ア**～**エ**のうちから一つ選び、記号で答えなさい。

ア　北条政子《ほうじょうまさこ》　　**イ**　北条時宗《ときむね》　　**ウ**　足利義満《あしかがよしみつ》　　**エ**　足利義政《よしまさ》

問６　元寇後の社会について述べた文のうち、正しいものはどれですか。次の**ア**～**エ**のうちから一つ選び、記号で答えなさい。

ア　鎌倉幕府の重要な役職に蘇我《そが》氏以外の者が就くようになった。
イ　元に対する反抗心が高まり、元に進出するための足がかりとして朝鮮出兵を行った。
ウ　恩賞《おんしょう》が少なかったこともあり、御家人の生活が苦しくなった。
エ　元から賠償金《ばいしょうきん》を受け取り、そのお金で産業を発展させた。

問７　文中の（　　　）には、室町幕府が貿易を行った中国の王朝名が入ります。その王朝名として正しいものはどれですか。次の**ア**～**エ**のうちから一つ選び、記号で答えなさい。

ア　宋《そう》　　**イ**　明《みん》　　**ウ**　清《しん》　　**エ**　漢

問８　雪舟《せっしゅう》について述べた文のうち、正しいものはどれですか。次の**ア**～**エ**のうちから一つ選び、記号で答えなさい。

ア　中国で水墨画《すいぼくが》を学び、日本独自の画風を打ち立てた。
イ　中国の漢詩を学び、日本で川柳《せんりゅう》を確立した。
ウ　中国で焼き物の技術を学び、有田焼をつくりはじめた。
エ　中国の演劇を学び、歌舞伎《かぶき》をはじめた。

D　15 世紀以降、ヨーロッパの国々が香辛料《こうしんりょう》などを求めて東アジアに来るようになり、日本にも上陸しました。江戸幕府は、イギリスやポルトガル、東アジア諸国とも貿易を行っていました。しかし、３代将軍徳川家光の時には、外国人の出入りだけでなく日本人が海外へ行くことも、日本に帰国することも禁止しました。

問９　江戸時代に外国人の出入りを制限するため長崎につくられた、おうぎ形の人工島を何というか答えなさい。

問 10　江戸幕府が一部の国に限定して交流した理由を述べた文のうち、正しいものはどれですか。次の**ア**～**エ**のうちから一つ選び、記号で答えなさい。

ア　キリスト教を広めるおそれがない国との貿易に限定したため。
イ　日本にとって必要な資源を輸出してくれる国に限定したため。
ウ　国内にある金銀がヨーロッパの国々にうばわれることを防ぐため。
エ　ヨーロッパでは多くの国が戦争をしていたので、戦争をしていない国に限定したため。

問 11　江戸幕府の将軍の代が変わるごとに送られた、朝鮮からの使節を何というか答えなさい。

Ｅ　明治に入ると、日本は東アジアや欧米《おうべい》の国々と新しい関係をつくりました。また、日本の産業を発展させ、いち早く欧米のような近代的な国をつくりあげるため、新しい技術などを取り入れました。しかしその一方で、朝鮮半島や中国へと領土を拡大した結果、世界各国と対立を深めることになり、第二次世界大戦では敗戦国となりました。

問 12　文章Ｅ中の下線部のように近代的な国をつくろうとした理由を、次の資料を参考に簡単に書きなさい。

【資料】
1858 年に結んだ日米修好通商条約には、次のようなことが決められていた。
・外国人が日本で罪を犯しても日本の法律ではなく外国の領事が裁判すること。
・輸入した商品にかける関税を日本だけで決められないこと。

問 13　日清戦争の要因を述べたものとして、正しいものはどれですか。次の**ア**～**エ**のうちから一つ選び、記号で答えなさい。

ア　千島列島《ちしまれっとう》をめぐる対立　　**イ**　対馬《つしま》をめぐる対立
ウ　朝鮮をめぐる対立　　**エ**　台湾をめぐる対立

問 14　第二次世界大戦後、朝鮮半島が南北に分断されました。その時にできた二つの国の名を答えなさい。国の名は正式名称でなくてもかまいません。

4 次の各問いに答えなさい。

問1 古代の日本について述べた文①・②の正誤の組み合わせとして、正しいものはどれですか。下の**ア**～**エ**のうちから一つ選び、記号で答えなさい。

① 大宝律令《たいほうりつりょう》では、稲を納める租《そ》などの税があった。
② 奈良時代に、東大寺の大仏がつくられた。

	ア	イ	ウ	エ
①	正	正	誤	誤
②	正	誤	正	誤

問2 中世の日本について述べた文①・②の正誤の組み合わせとして、正しいものはどれですか。下の**ア**～**エ**のうちから一つ選び、記号で答えなさい。

① 平氏の政治に反対する武士たちを集めた朝廷《ちょうてい》は、承久の乱を起こした。
② 室町時代に、寝殿造《しんでんづくり》という建築様式が成立した。

	ア	イ	ウ	エ
①	正	正	誤	誤
②	正	誤	正	誤

問3 江戸時代について述べた文として、**誤っているもの**はどれですか。次の**ア**～**エ**のうちから一つ選び、記号で答えなさい。

ア 全国の大名を３種類に分け、配置をくふうした。
イ 日本の守りをかためるため、徴兵令《ちょうへいれい》を出した。
ウ 大名に参勤交代を命じ、大名の負担を重くした。
エ 武士や百姓《ひゃくしょう》、町人などの身分を固定した。

問４　近代の日本について述べた文として、正しいものはどれですか。次の**ア**～**エ**のうちから一つ選び、記号で答えなさい。

ア　明治時代に入り、西洋の考えが日本に入ってくると、教科書の一部の内容が不適切だとして、墨塗教科書《すみぬりきょうかしょ》が使用されるようになった。

イ　明治時代に製糸業《せいしぎょう》と紡績業《ぼうせきぎょう》がさかんになり、工女とよばれる女性たちが朝早くから夜おそくまで働いていた。

ウ　第一次世界大戦の影響により、日本は輸出が増え景気が良くなり、高度経済成長がはじまった。

エ　大正時代に東京と大阪の間に東海道新幹線が開通し、高速道路も整備され、日本は大きく発展した。

問５　次の３つの出来事を古いものから年代順に正しく並びかえたものはどれですか。下の**ア**～**カ**のうちから一つ選び、記号で答えなさい。

①　五ヵ条の御誓文《ごせいもん》が出され、新たな政治方針が示された。
②　武士の裁判基準となる御成敗式目《ごせいばいしきもく》が定められた。
③　役人の心構えを示した十七条の憲法が定められた。

ア　①→②→③　　**イ**　①→③→②　　**ウ**　②→①→③
エ　②→③→①　　**オ**　③→①→②　　**カ**　③→②→①

5 次の文章を読んで、[　1　]・[　2　]にあてはまる語句の組み合わせとして、正しいものはどれですか。下の**ア**～**エ**のうちから一つ選び、記号で答えなさい。

問1　2022年4月1日、改正民法が施行《しこう》され、20歳以上だった[　1　]が[　2　]歳以上に引き下げられました。[　1　]に関する規定変更《きていへんこう》は146年ぶりとなりました。

ア　[1] 成人年齢《ねんれい》　　[2] 16
イ　[1] 成人年齢　　[2] 18
ウ　[1] 選挙権年齢　　[2] 16
エ　[1] 選挙権年齢　　[2] 18

問2　2022年5月15日、沖縄が本土に復帰してから[　1　]年を迎《むか》えました。国土面積の約0.6%しかない沖縄県内には、今も在日アメリカ軍専用施設のおよそ[　2　]が集中しているうえ、経済面でも県民所得が全国平均の75%にとどまり、復帰当時に人々が期待した「本土並み」の実現には課題が多く残されています。

ア　[1] 30　　[2] 40%
イ　[1] 30　　[2] 70%
ウ　[1] 50　　[2] 40%
エ　[1] 50　　[2] 70%

問3　2022年5月22日、アメリカ合衆国の[　1　]大統領は、東京都内の米軍横田基地に到着《とうちゃく》しました。大統領就任後の訪日は初めてで、23日から[　2　]首相との首脳会談などに臨み、米国主導の新経済圏構想《しんけいざいけんこうそう》である「インド太平洋経済枠組《たいへいようけいざいわくぐ》み(ＩＰＥＦ)」の設立の指導を表明しました。

ア　[1] バイデン　　[2] 岸田文雄《きしだふみお》
イ　[1] バイデン　　[2] 菅義偉《すがよしひで》
ウ　[1] トランプ　　[2] 岸田文雄
エ　[1] トランプ　　[2] 菅義偉

問4　2022年6月23日、オーストリアの首都[　1　]で開催《かいさい》された[　2　]条約の第1回締約《ていやく》国会議で、批准国《ひじゅんこく》(＝条約の内容を確認、同意する国)の理念をうたう「[　1　]宣言」と、条約具体化へ向けた50項目を記した「[　1　]行動計画」が採択《さいたく》されました。

ア　[1] ウィーン　　[2] 核兵器不拡散《かくへいきふかくさん》
イ　[1] ウィーン　　[2] 核兵器禁止
ウ　[1] オスロ　　[2] 核兵器不拡散
エ　[1] オスロ　　[2] 核兵器禁止

問５　2022年7月5日、［　１　］の加盟国は、北欧《ほくおう》のフィンランドと［　２　］の加盟を承認する議定書に署名しました。北欧２ヶ国の加盟が実現すれば、［　１　］の新規加盟は2020年の北マケドニア以来となります。

ア　［１］環太平洋《かんたいへいよう》パートナーシップ(ＴＰＰ)　　［２］スウェーデン
イ　［１］環太平洋パートナーシップ(ＴＰＰ)　　［２］ブラジル
ウ　［１］北大西洋条約機構(ＮＡＴＯ)　　［２］スウェーデン
エ　［１］北大西洋条約機構(ＮＡＴＯ)　　［２］ブラジル

６　ある小学校のクラスでは、班ごとに「わたしたちの生活と政治」について調べ学習を行いました。それぞれの調べ学習の発表の内容を読んで、あとの問いに答えなさい。

問１　１班は基本的人権について調べました。次の発表中の［ A ］～［ D ］に入るカードの数字の組み合わせとして、正しいものはどれですか。下の**ア**～**カ**のうちから一つ選び、記号で答えなさい。

> 日本国憲法は、基本的人権を原則の一つとしてさまざまな国民の権利を保障しています。そこで、国民の権利をカードにまとめました。このカードのうち、「すべての国民が持つ差別されない」のはカード［ A ］、「中学校を卒業後、高等学校に進学する」のはカード［ B ］、「25歳になったら市長に立候補できるようになる」のはカード［ C ］が、それぞれあてはまる権利となります。
> また、憲法にはこのような権利とともに、国民が守らなければならない義務についても定められています。カード［ D ］は国民の権利でもあり、義務でもあります。わたしたちは、このような権利を正しく知り行使するだけでなく、国民としての義務を果たしていくことが必要なのです。

カード① 言論や集会の自由	カード② 個人の尊重、男女平等	カード③ 裁判を受ける権利
カード④ 教育を受ける権利	カード⑤ 政治に参加する権利	カード⑥ 仕事について働く権利

ア　Ａ．①　Ｂ．②　Ｃ．③　Ｄ．④
イ　Ａ．①　Ｂ．②　Ｃ．④　Ｄ．⑤
ウ　Ａ．①　Ｂ．③　Ｃ．④　Ｄ．⑥
エ　Ａ．②　Ｂ．③　Ｃ．④　Ｄ．⑤
オ　Ａ．②　Ｂ．④　Ｃ．⑥　Ｄ．⑤
カ　Ａ．②　Ｂ．④　Ｃ．⑤　Ｄ．⑥

問２　２班は日本の平和に関して年表にまとめました。次の年表中の（　a　）～（　c　）にあてはまる語句（**あ～か**）の組み合わせとして、正しいものはどれですか。下の生徒と先生の会話を参考に、あとの**ア～ク**のうちから一つ選び、記号で答えなさい。

年	主なできごと
1945	８月６日、広島市に原爆《げんばく》投下
	８月９日、（　a　）に原爆投下
1946	日本国憲法公布
1947	平和祭式典を実施、広島市長が平和宣言を発表
1949	平和記念公園の建設決定
1985	（　b　）廃絶《はいぜつ》広島平和都市宣言を決議
1996	（　c　）、世界文化遺産に登録

生徒　毎年、８月６日に広島市の平和記念公園で平和記念式典が行われているのは、その日に原爆が投下されたからですね。

先生　そうですね。広島市以外にも同じ年の８月９日、（　a　）に原爆が落とされました。

生徒　（　a　）でも原爆で犠牲《ぎせい》になった人びとを慰霊《いれい》する式典が開催《かいさい》されているのですか。

先生　毎年、原爆犠牲者の霊を慰《なぐさ》め、あわせて世界の恒久《こうきゅう》平和を祈《いの》るために、平和記念式典が行われています。また、広島市と同じく（　b　）廃絶平和都市宣言を出している尼崎《あまがさき》市では、原爆を体験した方たちが、平和の尊さと戦争の悲惨《ひさん》さなどを伝えるために、小学校などでその体験を語りつぐ「語《かた》り部《べ》活動」を行っています。

生徒　1996 年に世界文化遺産に登録された（　c　）は、平和都市広島のシンボルとなっていますね。

先生　他の市には、どんな平和のシンボルがあるか、みんなで調べてみましょう。

（　a　）にあてはまる都市

あ　宮崎市　　　　**い**　長崎市

（　b　）にあてはまる語句

う　核兵器　　　　**え**　原子炉《げんしろ》

（　c　）にあてはまる語句

お　原爆ドーム　　**か**　平和の灯《ともしび》

	ア	イ	ウ	エ	オ	カ	キ	ク
a	あ	あ	あ	あ	い	い	い	い
b	う	う	え	え	う	う	え	え
c	お	か	お	か	お	か	お	か

問３　３班は日本の裁判制度について調べました。次の発表中の（　ａ　）・（　ｂ　）にあてはまる語句の組み合わせとして、正しいものはどれですか。下の**ア**～**エ**のうちから一つ選び、記号で答えなさい。

国民は、だれでも裁判を受ける権利をもっています。また、判決に不服がある場合は、（　ａ　）まで裁判を受けられる制度があります。この制度の目的は、裁判のまちがいを防ぎ、（　ｂ　）を守るためです。

ア　ａ．３回　　ｂ．人権　　　**イ**　ａ．３回　　ｂ．黙秘権《もくひけん》

ウ　ａ．５回　　ｂ．人権　　　**エ**　ａ．５回　　ｂ．黙秘権

問４　４班は国会について調べました。次の発表中の（　ａ　）にあてはまる語句を漢字で正しく答え、また（　ｂ　）にあてはまる数字を答えなさい。

昨年７月に（　ａ　）議員選挙が行われました。国の政治の方向を決める国会では、国民の生活にかかわる法律や政治を進めるための予算などを多数決で決めます。（　ａ　）議員の任期は（　ｂ　）年で、３年ごとに半数ずつ改選されます。

問5　5班は福山市の予算について調べました。次の新聞をもとに、福山市の予算案について発表しました。この発表中の［　A　］に入る語句と、［　　B　　］にあてはまる内容の組み合せとして、正しいものはどれですか。下の**ア**～**エ**のうちから一つ選び、記号で答えなさい。

(朝日新聞記事)

お詫び：著作権上の都合により，掲載しておりません。ご不便をおかけし，誠に申し訳ございません。

教英出版

(2022年2月16日　朝日新聞記事)

2022年度の福山市の予算案が約1968億円で、2年連続で過去最高を更新《こうしん》したことがわかりました。新型コロナウイルス対策や福山城築城400年記念事業、地域のデジタル化推進などさまざまな事業を行うために、多くのお金が必要となります。 市は、住民や会社などから［　A　］を集め、そのお金を使って、［　　B　　］などが出来るのです。［　A　］が何に使われているかを知ることが大切だと思います。

ア　A．補助金　　B．会社の設立や郵便物を届けること
イ　A．補助金　　B．会社の設立やゴミの収集・処理をすること
ウ　A．税金　　B．道路の建設や郵便物を届けること
エ　A．税金　　B．道路の建設やゴミの収集・処理をすること

問

30

力。

問七

120

100

問八

①

②

③

なぜなら

点

四

①電話（でんわ）

②鞄（かばん）

③雑誌（ざっし）

④辞書（じしょ）

⑤寄り道（よりみち）

受験番号

2023(令和5)年度　　算数入学試験　　盈進中学校

解 答 用 紙

1

小計

(1)	
(2)	×
(3)	
(4)	
(5)	

2

小計

(1)	円
(2)	円
(3)	分
(4)	円
(5)	枚
(6)	%

3

小計

(1)		cm^2
(2)	①	cm
	②	cm^3
	③	cm^2
	④	cm
(3)	①	cm^2
		cm
	②	秒速　　　cm
	③	秒後
		cm^2
	④	秒後

小

受験番号	

2023(令和5)年度　　理 科　入 学 試 験　　盈進中学校

解 答 用 紙

1

小計

問1		問2		問3		問4	
問5		問6		問7		問8	
問9		問10					

2

小計

問1		問2		問3		問4	
問5	ビーカー		g	問6		問7	
問8		問9					

3

小計

問1		問2		問3		問4	
問		問		問		問	

【解答

受験番号	

2023(令和5)年度　社会　入学試験　盈進中学校

解答用紙

1

小計

問1		問2		問3		問4	
問5		問6		問7		問8	
問9		問10		問11			

2

小計

問1	(1)	問1	(2)	問2		問3	(1)
問3	(2)	問3	(3)	問4		問5	
問6							

3

小計

問1		問2	時代	問3		問4	
問5		問6		問7		問8	

【解答用

問12					
問13		問14			

4

小計

問1		問2		問3		問4	
問5							

5

小計

問1		問2		問3		問4	
問5							

6

小計

問1		問2		問3		問4	(a)
問4	(b)	問5					

合計

※100点満点
（配点非公表）

4

問1		問2		問3		問4	
問5	秒	問6		問7		問8	
問9		問10					

小計

5

問1		問2		問3		問4	
問5							

小計

6

問1		問2		問3		問4	
問5							

小計

合計

※100点満点
（配点非公表）

受験番号	

(1)	ア	曜日
	イ	曜日
(2)	ウ	
(3)	エ	曜日
	オ	
	カ	
	キ	曜日
	ク	曜日
	ケ	曜日

5

小計

(1)	ア	A → → E
	イ	A → → E
	ウ	A → → E
	エ	A → → E
(2)	オ	通り
	カ	通り
(3)	キ	段
(4)	ク	通り

合計

※100点満点
（配点非公表）

二〇二三（令和五）年度　国語　入学試験問題　盈進中学校

解答用紙

合計

※100点満点
（配点非公表）

一

点

①　えた
②
③
④
⑤
⑥
⑦　い
⑧
⑨
⑩
⑪　しい
⑫
⑬
⑭
⑮
⑯　ける
⑰
⑱
⑲　いる
⑳

二

点

問一
一つ目　和　／　洋
二つ目　和　／　洋

問二
ブータンは
30

問三
主語
述語

問四
Ⅰ
Ⅱ

問五
形。

問六
A
B

問七

問八

問九

三

点

問一
。

問二

問三

問四

問五

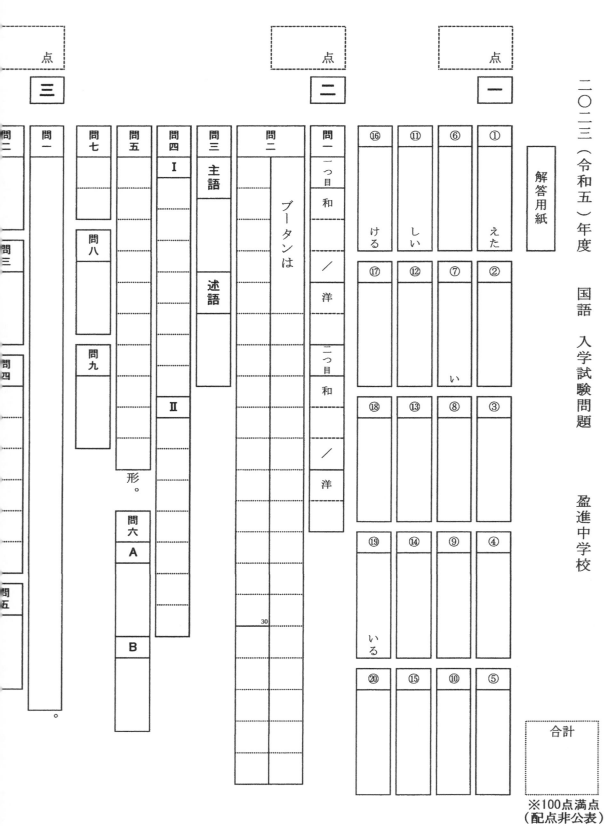

1 次の各問いに答えなさい。

問１ 現在、工業生産額が日本一の都道府県はどこですか。次の**ア〜エ**のうちから一つ選び、記号で答えなさい。

ア 東京都　**イ** 神奈川県　**ウ** 愛知県　**エ** 大阪府

問２ 情報はさまざまな産業を支えています。中でも自動車工業では、情報をもとに走行を可能にする人工知能をもった自動車が開発されています。人工知能の略称《りゃくしょう》を何といいますか。アルファベット２字で答えなさい。

問３ 領土、領海、領空について述べた文のうち、正しいものはどれですか。次の**ア〜エ**のうちから一つ選び、記号で答えなさい。

ア 沿岸から 200 海里までの海を領海という。
イ 領海の上空は領空にふくまれない。
ウ 領土には、その国の陸地に囲まれた湖や川はふくまれない。
エ 許可なく他の国の領土や領空に入ってはいけない。

問４ 大陸と海洋について述べた文のうち、**誤っているもの**はどれですか。次の**ア〜エ**のうちから一つ選び、記号で答えなさい。

ア 南極大陸は、太平洋、大西洋、インド洋のすべてに面している。
イ 日本はユーラシア大陸の西側に位置し、大西洋の東側にある。
ウ オーストラリア大陸は南半球にある。
エ アフリカ大陸は大西洋とインド洋に面している。

問５ 日本の食料生産をめぐる課題について述べた文のうち、**誤っているもの**はどれですか。次の**ア〜エ**のうちから一つ選び、記号で答えなさい。

ア 食料自給率は先進諸国の中でも低い方である。
イ 耕地面積が減っている。
ウ 食生活が変化し、パンを食べる人が増え、小麦の生産量は米の生産量を上回った。
エ 漁業生産量が減少し、外国からの輸入にたよっている。

問６ 食の安全・安心に対する取り組みについて説明した次の文①・②の正誤の組み合わせとして、正しいものはどれですか。あとの**ア〜エ**のうちから一つ選び、記号で答えなさい。

① トレーサビリティのしくみを整え、消費者に生産の情報を伝える。

② 輸入食料に対して、検疫所《けんえきしょ》で日本の法律にあった原材料でつくられたものかを検査する。

	ア	イ	ウ	エ
①	正	正	誤	誤
②	正	誤	正	誤

問７　６月中ごろから７月にかけて雨が降り続く現象がみられない地域はどこですか。次の地図中の**ア**～**カ**のうちから一つ選び、記号で答えなさい。

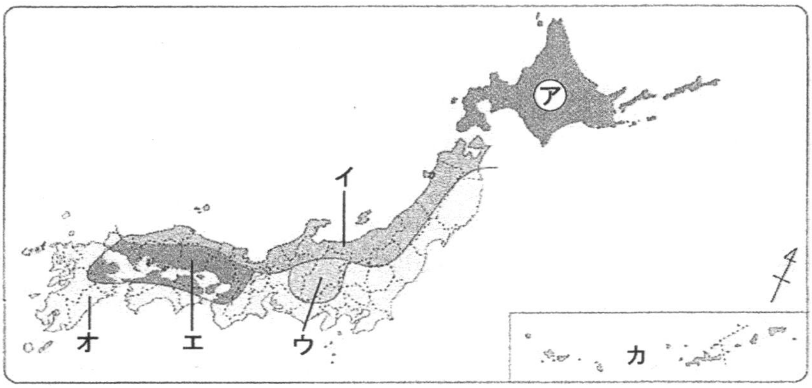

問８　次の写真は沖縄《おきなわ》の伝統的な家と現在の家です。沖縄の家について述べた文のうち、**誤っているもの**はどれですか。下の**ア**～**エ**のうちから一つ選び、記号で答えなさい。

〔伝統的な家〕

〔現在の家〕

ア　台風の被害《ひがい》を弱めるためにさんごの石垣《いしがき》で家を囲んでいる。

イ　水害から守るために堤防《ていぼう》を築き、高い土地に家を建てたり、水屋を建てたりしている。

ウ　水不足に備えて屋上に貯水タンクを設置している。

エ　台風に備え、家の屋根を低くし、かわらをしっくいで固めている。

問９　次の文は日本の林業について述べたものです。文中の［ A ］～［ C ］に入る語句の組合せとして、正しいものはどれですか。下の**ア**～**カ**のうちから一つ選び、記号で答えなさい。

日本は昔から木の利用がとても盛んであった。国土面積の約［ A ］が森林で、世界の国の中でもそのわりあいが［ B ］。現在、林業で働く人は［ C ］。

ア　A．４分の１　　B．高い　　C．増えている
イ　A．４分の１　　B．低い　　C．増えている
ウ　A．４分の１　　B．低い　　C．減っている
エ　A．３分の２　　B．高い　　C．増えている
オ　A．３分の２　　B．高い　　C．減っている
カ　A．３分の２　　B．低い　　C．減っている

問10　風力発電、地熱発電、太陽光発電、水力発電の短所について述べた文のうち、風力発電にあてはまるものはどれですか。次の**ア**～**エ**のうちから一つ選び、記号で答えなさい。

ア　夜は発電できないうえ、天候に左右される。
イ　建設場所が限られ、火山の近くにあるため国立公園との調整が必要となることがある。
ウ　設置場所によっては景観をそこなったり、騒音《そうおん》が問題になったりする。
エ　建設時に周辺の環境《かんきょう》や生態系に影響《えいきょう》をおよぼし、降水量によって発電量が左右される。

問11　現在の日本は少子高齢《こうれい》化が問題になっています。次の表は、四つの市町（**ア**～**エ**）の人口を年代別にまとめたものです。最も高齢化がすすんでいる市町はどれですか。表中の**ア**～**エ**のうちから一つ選び、記号で答えなさい。

	１４歳《さい》以下	１５～６４歳	６５歳以上
ア　市	４万人	１０万人	６万人
イ　市	１万人	７万人	２万人
ウ　町	５０００人	１万５０００人	１万人
エ　町	１０００人	４０００人	５０００人

２　次の先生と生徒の会話文を読み、あとの各問いに答えなさい。

先生　昨年、福山城は築城400年の記念の年でした。天守は福山大空襲《くうしゅう》によって焼失しましたが、1966年に福山市のシンボルとして再建されました。
生徒　そうなんですね。ところで福山という地名はいつごろから言われるようになったのですか。
先生　江戸《えど》時代に入り水野勝成《みずのかつなり》が、地名を福山と名づけました。この機会に各班でテーマを決め福山の歴史や文化などについて、いろいろと調べてみましょう。

問１　１班は福山の歴史について調べました。次の各問いに答えなさい。

(1) 福山の歴史を調べるための公共施設《しせつ》として、あきらかに**誤っている**施設の地図記号はどれですか。次の**ア**～**エ**のうちから一つ選び、記号で答えなさい。

ア 　イ 　ウ 　エ 

(2) 次の**ア**～**ウ**の地図は、1925 年、1965 年、2000 年の福山周辺の地形図です。1925 年の地形図はどれですか。下の**ア**～**ウ**のうちから一つ選び、記号で答えなさい。

ア

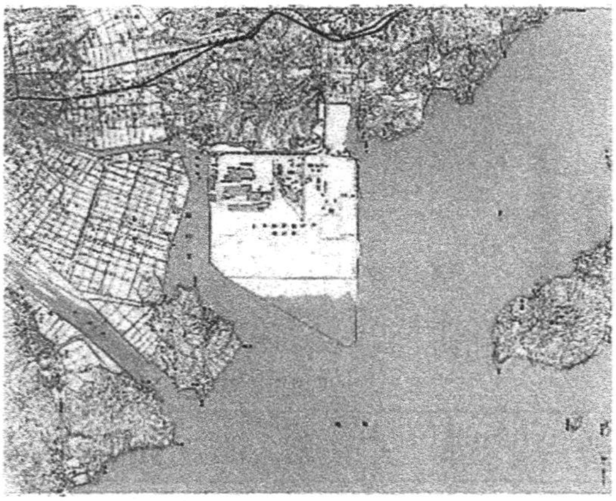

イ

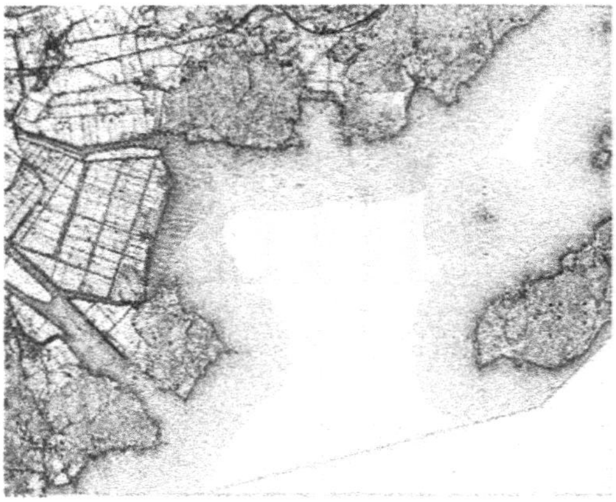

ウ

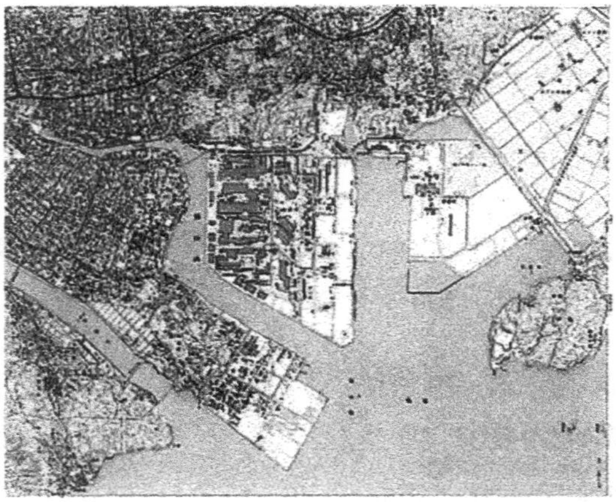

（国土地理院）

問２　２班は福山市の気候について調べました。次のグラフは福山市、高知市、鳥取市の年間降水量をあらわしたものです。それぞれの都市と①～③のグラフとの組み合わせとして、正しいものはどれですか。下の**ア～カ**のうちから一つ選び、記号で答えなさい。

①

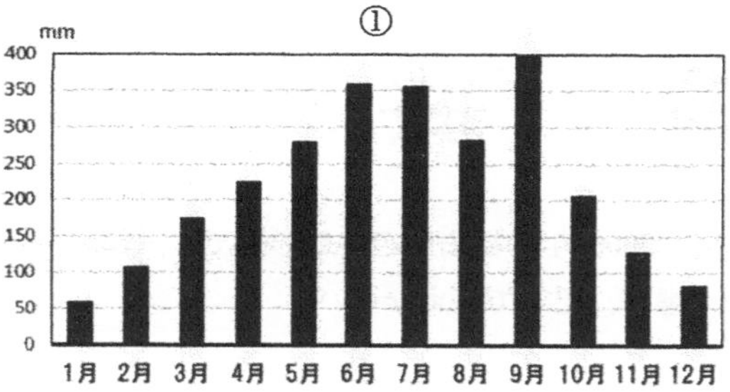

②

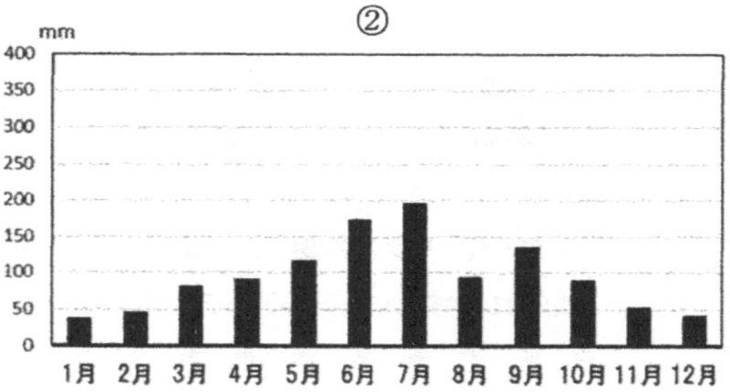

③

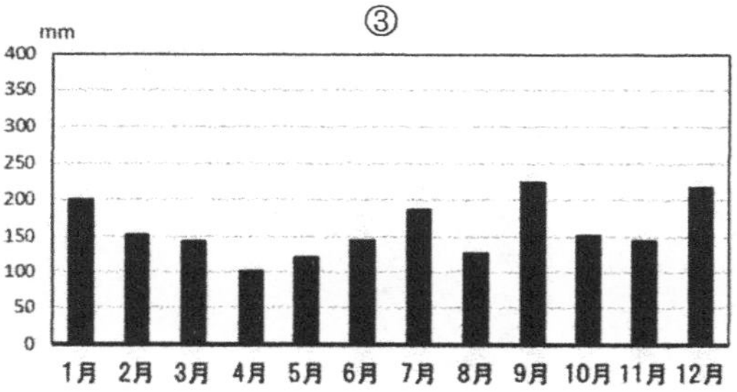

（気象庁）

	ア	イ	ウ	エ	オ	カ
①	福山市	福山市	鳥取市	鳥取市	高知市	高知市
②	鳥取市	高知市	福山市	高知市	福山市	鳥取市
③	高知市	鳥取市	高知市	福山市	鳥取市	福山市

問３　３班は福山市の防災について調べました。次の各問いに答えなさい。

(1) 次の写真は、福山市の緊急時避難《きんきゅうじひなん》場所を示したものです。写真中の□で囲んだ文字を使っている国の国旗はどれですか。あとの**ア～カ**のうちから一つ選び、記号で答えなさい。

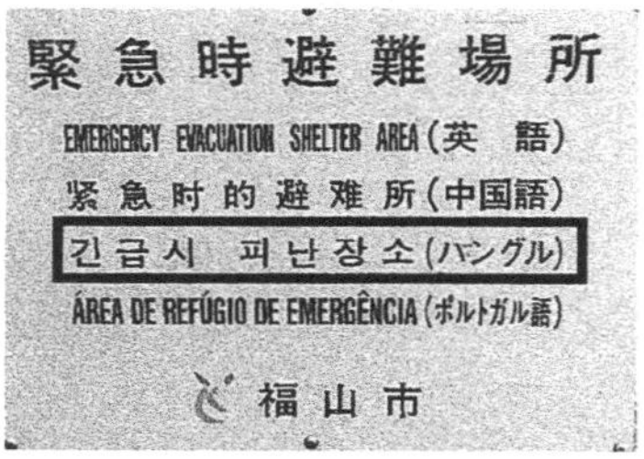

ア

イ

ウ

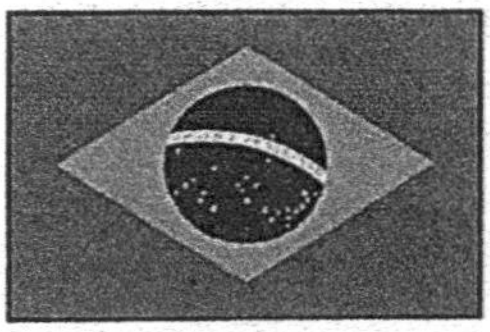

エ

オ

カ

(2) 次の**ア〜エ**は、地震《じしん》からくらしを守る取り組みとして、自助《じじょ》、共助《きょうじょ》、公助《こうじょ》、互助《ごじょ》についてまとめたものです。公助にあてはまるものはどれですか。下の**ア〜エ**のうちから一つ選び、記号で答えなさい。

ア	**イ**
・ボランティア活動を推進したり受け入れたりする ・募金《ぼきん》活動や助け合い活動をする	・近所づきあいを大切にする ・ひなん訓練に参加する ・防災倉庫を確認し点検する
ウ	**エ**
・防災ひなん計画を作成し周知する ・ひなん行動計画を作成し周知する	・もしものときは落ち着いて行動する ・ひなんリュックを用意する

(3) 気象庁が配信する緊急地震速報を伝えるメディアとして、**誤っている**ものはどれですか。次の**ア〜エ**のうちから一つ選び、記号で答えなさい。

ア　新聞　　**イ**　ラジオ　　**ウ**　スマートフォン　　**エ**　テレビ

問４　４班は福山市の伝統工芸品について調べました。次の**ア**～**エ**の写真は広島県の伝統工芸品です。福山市の伝統工芸品はどれですか。下の**ア**～**エ**のうちから一つ選び、記号で答えなさい。

ア

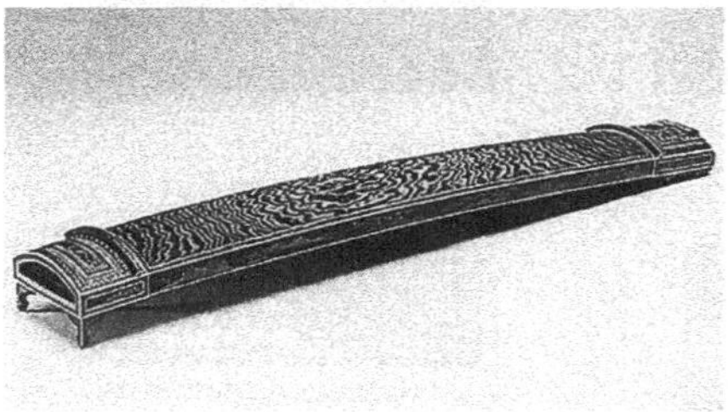

イ

ウ

エ

問５　５班は福山市のごみ処理問題について調べました。福山市は、ペットボトル、かん、ビンなどの資源を再利用しています。ペットボトルにあてはまるものはどれですか。次の**ア**～**エ**のうちから一つ選び、記号で答えなさい。

ア　アルミや鉄製品などにつくり直される。
イ　ペレットに変えて、服などの原料になる。
ウ　カレットに変えて、再生びんなどが作られる。
エ　エコスラグにして、道路工事の材料に使われる。

問６　６班は福山市に住んでいる外国人について調べました。次のグラフは福山市に住んでいる外国人の国別の人数と1995年から2020年までの外国人（男女別）の人数の推移をあらわしたものです。二つのグラフから読み取れる文として、**誤っているもの**はどれですか。下の**ア**～**エ**のうちから一つ選び、記号で答えなさい。

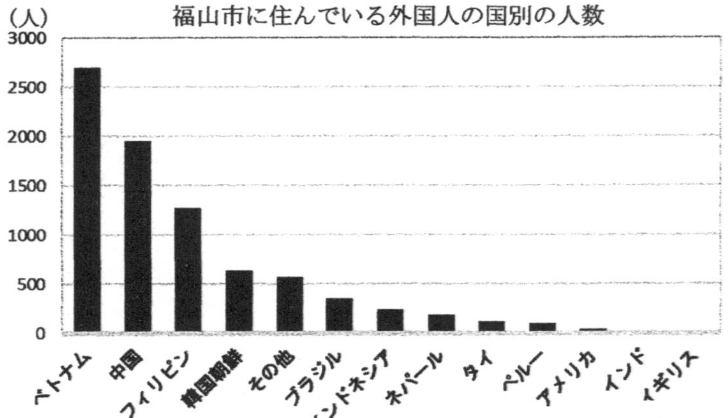

（令和2年国勢調査より）

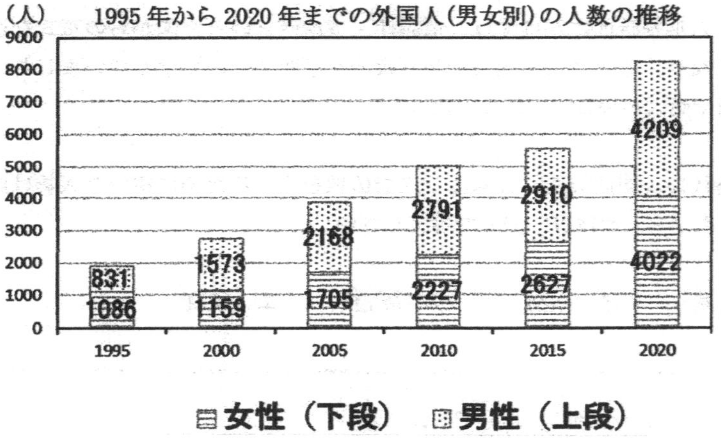

（令和2年国勢調査より）

ア　福山市に住む外国人の人数は年々増えている。

イ　福山市に住んでいるフィリピン人は中国人より少ない。

ウ　性別をみると、2000 年から男性の方が多くなっている。

エ　2020 年に福山市に住んでいる外国人の半分以上はベトナム人である。

3　次の日本の外交について説明した文章Ａ～Ｅを読んで、あとの各問いに答えなさい。

Ａ　日本と中国・朝鮮《ちょうせん》との交流は長く、中国の資料には紀元前１世紀頃の日本と中国・朝鮮の交流の記録も見られます。交流を通じてさまざまな物や文化が日本に伝わりましたが、稲作《いなさく》もそのひとつです。

問１　右の絵は、稲作に用いられたある道具を模《も》しています。この道具の使用方法の説明として正しいものはどれですか。次の**ア**～**エ**のうちから一つ選び、記号で答えなさい。

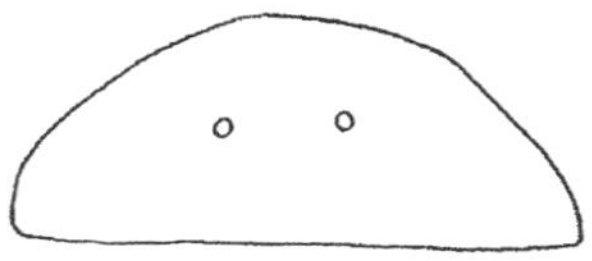

ア　稲《いね》の穂《ほ》の部分だけを切り取るために使われていた。
イ　米のもみ殻《がら》を取るために使われていた。
ウ　ぬかるみにはまらないように履《は》いていた。
エ　田を耕すために使われていた。

問２　稲作が日本各地に広まったのは何時代か答えなさい。

Ｂ　飛鳥《あすか》時代から平安時代にかけては、遣隋使《けんずいし》・遣唐使《けんとうし》といった国からの正式な遣《つか》いが中国へと送られるようになり、そこに留学生も加わり政治や学問について学んでいました。また中国や朝鮮半島からは僧《そう》や商人が来日していました。

問３　奈良時代に、聖武天皇《しょうむてんのう》が日本に正式な仏教を広めるために招いた人物は誰ですか。次の**ア**～**エ**のうちから一つ選び、記号で答えなさい。

ア　行基《ぎょうき》　　**イ**　空海《くうかい》　　**ウ**　最澄《さいちょう》　　**エ**　鑑真《がんじん》

問４　次の３つの出来事を、古いものから年代順に正しく並びかえたものはどれですか。下の**ア**～**カ**のうちから一つ選び、記号で答えなさい。

①　遣唐使の廃止《はいし》
②　卑弥呼《ひみこ》が中国に遣いを送る
③　藤原京をつくる

ア　①→②→③　　**イ**　①→③→②　　**ウ**　②→①→③
エ　②→③→①　　**オ**　③→①→②　　**カ**　③→②→①

2023(令和 5)年度入学試験問題

社　会

(注意) 解答はすべて解答用紙に記入しなさい。

(50分)

盈 進 中 学 校

問 10　３本の導線を図１のように、箱でかくしました。図２のように、豆電球と乾電池をつなぐと豆電球はつきませんでした。その後、豆電球と乾電池をつなぐ場所を変えながら、豆電球の様子を調べました。次の表はそのときの結果をあらわしています。

図１

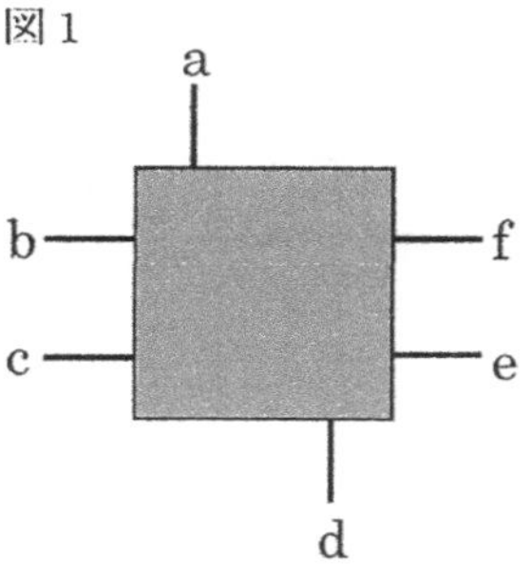

図2

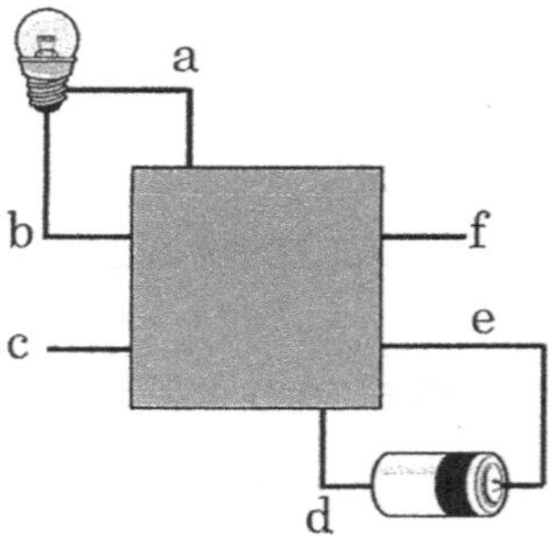

豆電球をつないだところ	乾電池をつないだところ	豆電球のようす
b と c	a と f	点灯しない
c と d	e と f	点灯する
a と e	c と d	点灯しない
b と d	a と f	点灯する

導線の配置として正しいものはどれですか。下の**ア**～**エ**から一つ選び、記号で答えなさい。ただし、導線の配置が重なっているところは、ほかの導線と交わっていません。

ア

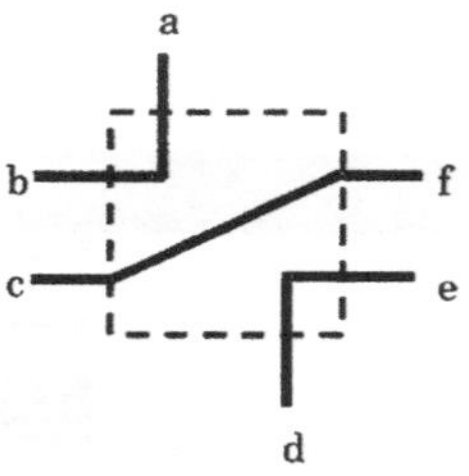

イ

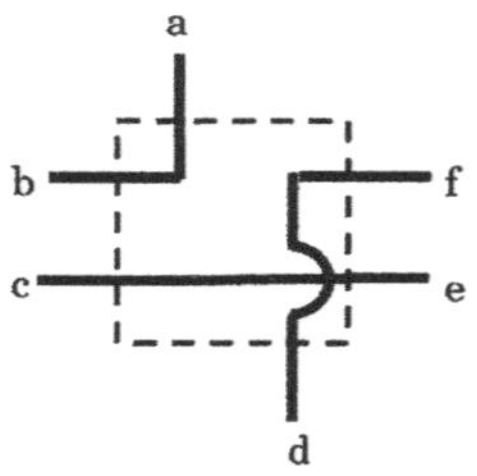

ウ

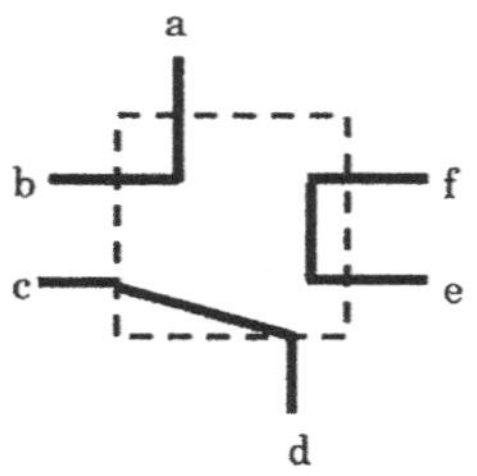

エ

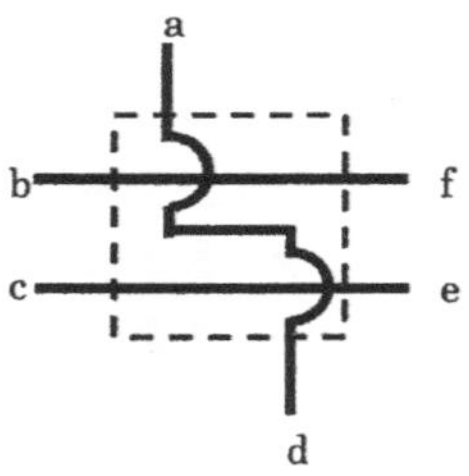

問５　ふりこが 10 往復する時間を５回はかると、右のような結果となりました。このふりこの１往復する時間は何秒ですか。小数第２位を四捨五入して求めなさい。

１回目	２回目	３回目	４回目	５回目
26.7 秒	26.5 秒	26.7 秒	26.8 秒	26.5 秒

問６　図１のように、導線をストローにまきつけコイルを作りました。その中に鉄くぎを入れ、電池をつないで電磁石を作ると、コイルの右側に置いた方位磁石のＮ極は左側をさしました。次に図２のように電池をつなぎ、コイルの左側に方位磁石を置いたとき、針の向きとして正しいものはどれですか。次の**ア**～**エ**から一つ選び、記号で答えなさい。

図１

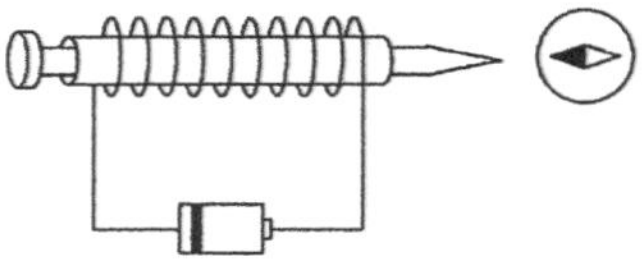

図２

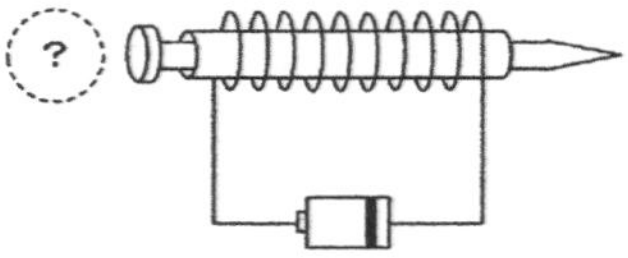

ア

イ

ウ

エ

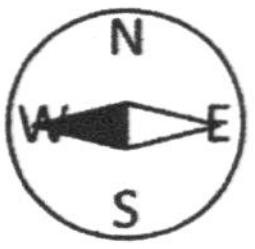

問７　図のような50回巻きのコイルを用いた電磁石の強さを強くする方法として正しいものはどれですか。次の**ア**～**エ**から<u>**すべて**</u>選び、記号で答えなさい。

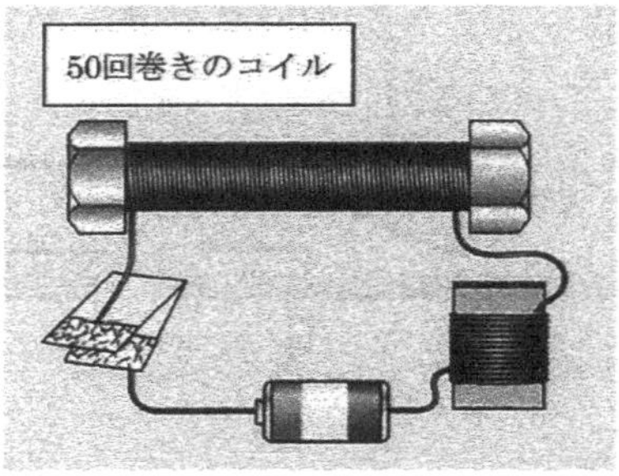

ア　乾《かん》電池とコイルの間の導線を長いものにする。
イ　乾電池を２個使用し、並列つなぎにする。
ウ　乾電池を２個使用し、直列つなぎにする。
エ　コイルの巻き数を多くする。

問８　電磁石を利用した道具はどれですか。次の**ア**～**エ**から<u>**２つ**</u>選び、記号で答えなさい。

ア　懐中電灯

イ　電動歯ブラシ

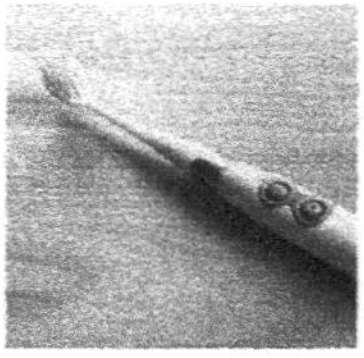

ウ　電気アイロン

エ　リフティングマグネット

問９　私たちは電気をさまざまなものにかえて利用し、生活をしています。電気を光にかえて使用しているものはどれですか。次の**ア**～**エ**から一つ選び、記号で答えなさい。

ア　電気コンロ

イ　ソーラー時計

ウ　信号機

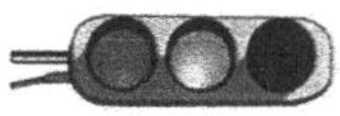

エ　拡声器

4 次の問いに答えなさい。

問１　図のように、実験用てこの左⑥に２個のおもりをつり下げました。この棒が水平につり合うための条件として正しいものはどれですか。次の**ア**～**エ**から一つ選び、記号で答えなさい。ただし、つり下げるおもりはすべて同じ重さとします。

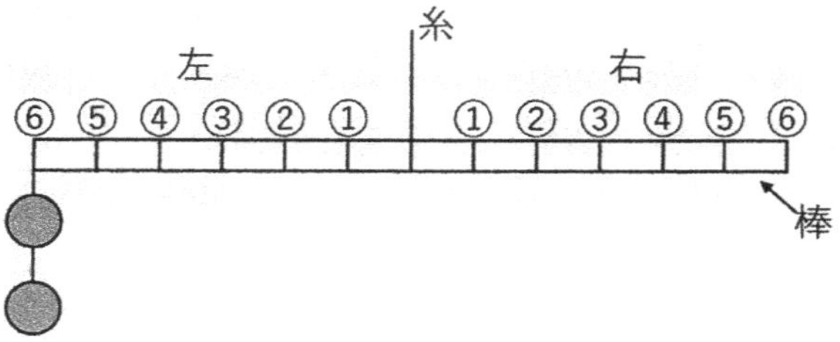

ア　右②に２個のおもりをつり下げる。
イ　右③に４個のおもりをつり下げる。
ウ　右④に２個のおもりをつり下げる。
エ　右⑤に３個のおもりをつり下げる。

問２　てこには支点、力点、作用点があり、その並びはさまざまです。図のてこと同じように、作用点－支点－力点の並びになっている道具はどれですか。次の**ア**～**カ**から<u>**すべて**</u>選び、記号で答えなさい。

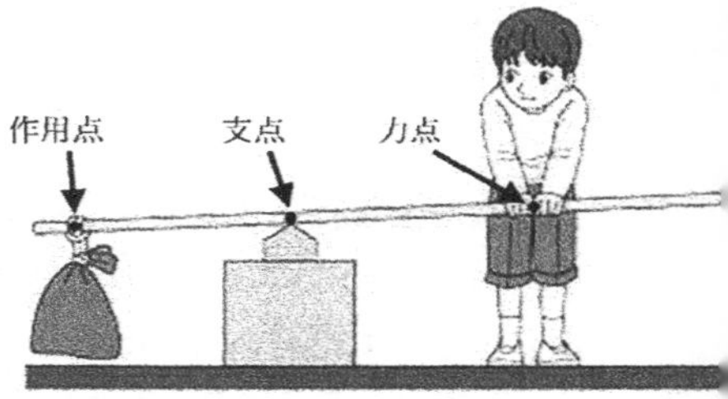

ア　ピンセット

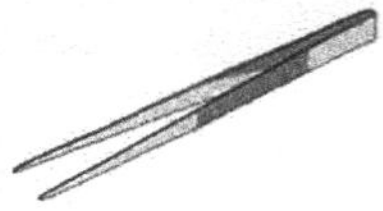

イ　空き缶つぶし

ウ　ペンチ

エ　くぎ抜き

オ　トング

カ　せんぬき

問３　ふりこの１往復する時間と関係があるものはどれですか。次の**ア**～**ウ**から一つ選び、記号で答えなさい。

ア　ふりこの長さ　　**イ**　ふりこのおもりの重さ　　**ウ**　ふりこのふれはば

問４　ふりこを観察しました。0.1 秒ごとに動いた様子をあらわしたものとして正しいものはどれですか。次の**ア**～**エ**から一つ選び、記号で答えなさい。

ア

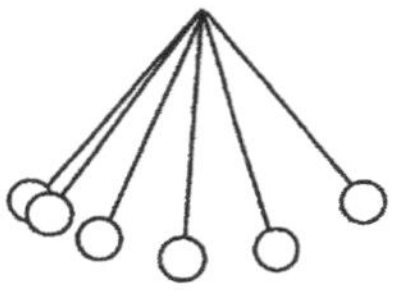

イ

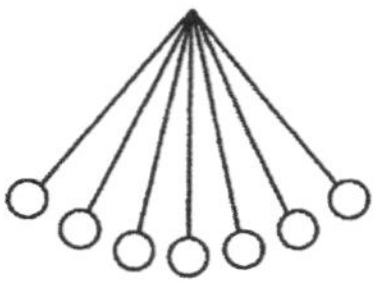

ウ

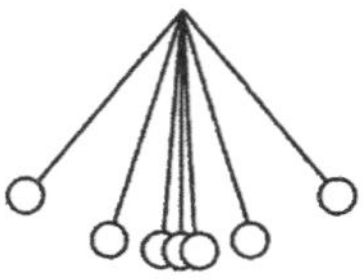

エ

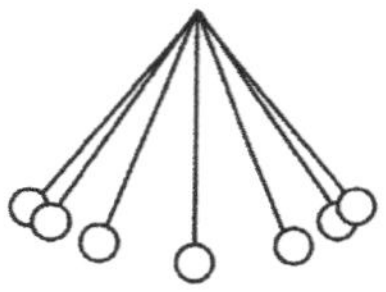

問6　地球が月にあたるはずの光をさえぎってしまう現象を何と言いますか。漢字で答えなさい。

問7　**問6**の現象が起きるのは、地球、月、太陽がどんな順番で並んでいるときですか。次の**ア～エ**から一つ選び、記号で答えなさい。

ア　地球－月－太陽　　**イ**　地球－太陽－月　　**ウ**　月－地球－太陽

エ　月－太陽－地球

問8　図のような川が流れているとき、A－Bの川の断面のようすをあらわしたものとして正しいものはどれですか。次の**ア～ウ**から一つ選び、記号で答えなさい。

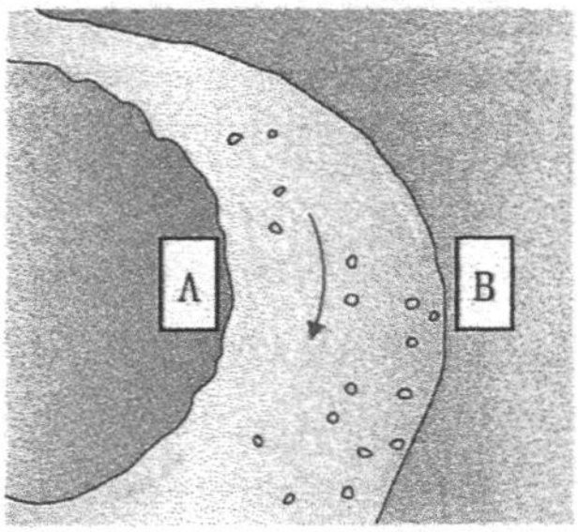

ア

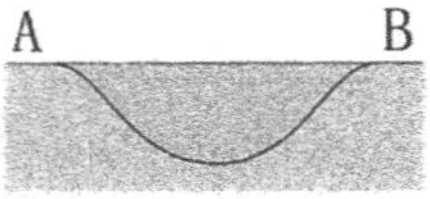

イ

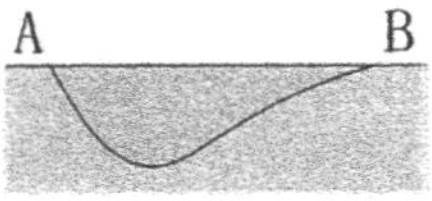

ウ

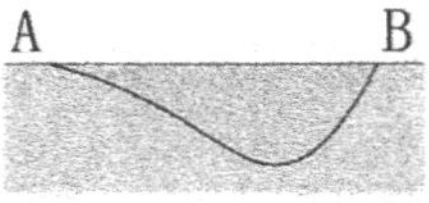

問9　大雨による災害を防ぐために、様々な工夫がされています。写真の砂防えんていもその一つです。その説明として正しいものはどれですか。次の**ア～エ**から一つ選び、記号で答えなさい。

ア　石や土が一度に流されるのを防ぐ。

イ　川の水量が増えたときに、水があふれるのを防ぐ。

ウ　水の勢いを弱めて、川岸がけずられるのを防ぐ。

エ　魚や昆虫などの生き物が流されてしまうのを防ぐ。

問10　近年、空気中の二酸化炭素の量が増えていることが問題となっています。このまま二酸化炭素の量が増え続けたときに発生する問題の説明として正しいものはどれですか。次の**ア～オ**から**すべて**選び、記号で答えなさい。

ア　強い紫外《しがい》線が地上にふりそそぎ、皮膚《ひふ》がんや目の病気が増える。

イ　強い酸性の雨が降り、湖や森林などの生物が死めつする。

ウ　世界各地で大雨や猛暑《もうしょ》などの異常気象が起こりやすくなる。

エ　海洋汚染が急激に進み、漁業の漁かく量が減る。

オ　南極の氷がとけ、海水面が高くなり、低地が水につかる。

3 次の問いに答えなさい。

問１ 日なたで地面の温度をはかる方法として正しいものはどれですか。次の**ア**～**エ**から一つ選び、記号で答えなさい。

ア **イ** **ウ** **エ**

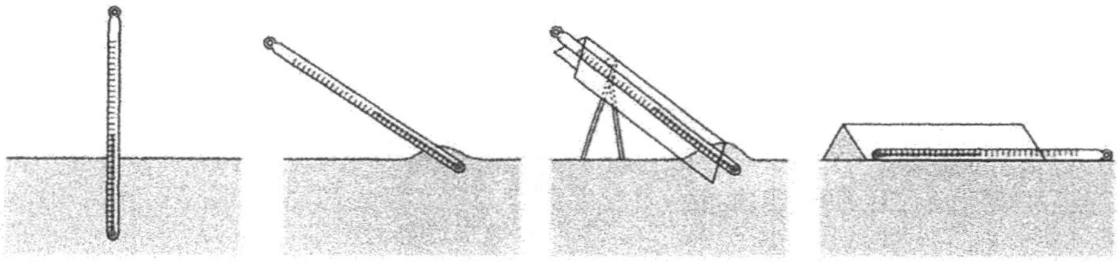

問２ 気象庁がおこなっている気象観測システムのひとつにアメダス（AMeDAS）があります。これは、全国各地のさまざまな気象観測データを自動的に集め、気象予報や警報に役立てるシステムです。アメダスで**観測していないもの**はどれですか。次の**ア**～**エ**から一つ選び、記号で答えなさい。

ア 風速　**イ** 風向　**ウ** 日の出の時刻　**エ** 気温

問３ グラフのＡ～Ｃは福山市のある日の気温、地面の温度、太陽の高さの変化のいずれかをあらわしています。Ｂは何をあらわしていますか。次の**ア**～**ウ**から一つ選び、記号で答えなさい。

ア 気温　**イ** 地面の温度

ウ 太陽の高さ

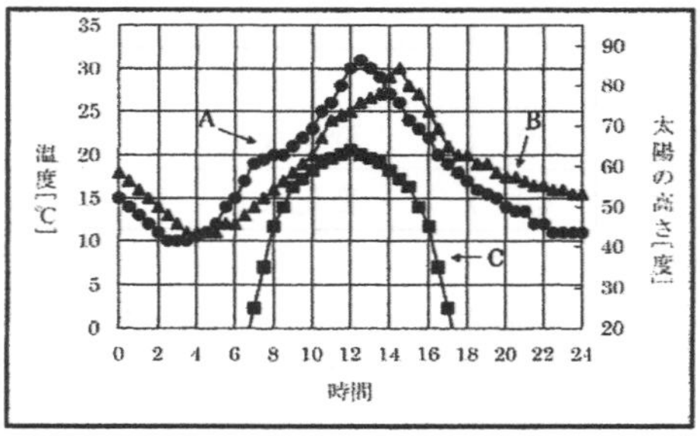

問４ 写真のような月の説明として正しいものはどれですか。次の**ア**～**エ**から一つ選び、記号で答えなさい。

ア 夕方、西の空に見える。

イ 夕方、東の空に見える。

ウ 夕方、南の空に見える。

エ 一晩中見ることができる。

問５ 図は夏の夜に見える星座です。Ａの星はこの星座において一番明るい星です。この星の名前は何ですか。次の**ア**～**エ**から一つ選び、記号で答えなさい。

ア デネブ　**イ** アンタレス　**ウ** アルタイル　**エ** ベガ

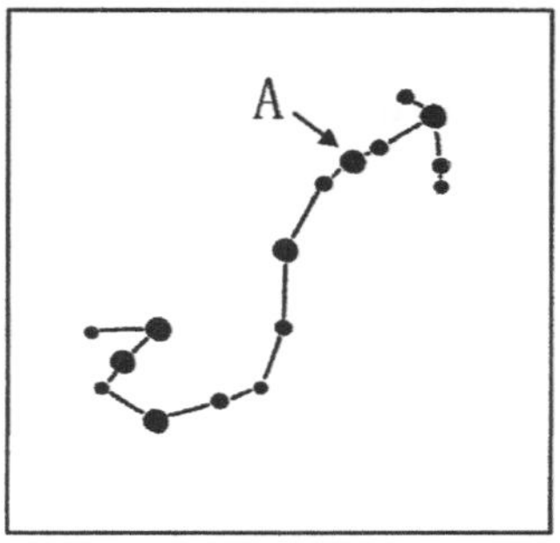

問７　ふたをした容器の中でろうそくを燃やすと、ある気体が発生しました。その気体に液体Ａを混ぜると変化Ｂが起きました。液体Ａと変化Ｂの組み合わせとして正しいものはどれですか。次の**ア～カ**から一つ選び、記号で答えなさい。

	液体Ａ	変化Ｂ
ア	食塩水	小さなあわがたくさん出てくる
イ	食塩水	とけていた食塩が固体になって出てくる
ウ	塩酸	ガラス棒で混ぜるとあたたかくなる
エ	塩酸	液体Ａが黒くにごる
オ	石灰水	黄色の気体が発生する
カ	石灰水	液体Ａが白くにごる

問８　容器①～⑤に、石灰水、水道水、塩酸、アンモニア水、炭酸水のいずれかを入れました。次の表はそれぞれの容器に入れた液体の反応や性質をまとめたものです。

	リトマス紙（赤）	リトマス紙（青）	におい	鉄との反応
①	青に変化	変化なし	無臭	反応しない
②	変化なし	赤に変化	ツンとするにおい	とける
③	青に変化	変化なし	ツンとするにおい	反応しない
④	変化なし	変化なし	無臭	反応しない
⑤	変化なし	赤に変化	無臭	反応しない

容器①～⑤に入れた液体の組み合わせとして正しいものはどれですか。下の**ア～カ**から一つ選び、記号で答えなさい。

	①	②	③	④	⑤
ア	石灰水	塩酸	アンモニア水	水道水	炭酸水
イ	石灰水	アンモニア水	塩酸	炭酸水	水道水
ウ	塩酸	石灰水	アンモニア水	水道水	炭酸水
エ	塩酸	アンモニア水	石灰水	炭酸水	水道水
オ	炭酸水	塩酸	アンモニア水	水道水	石灰水
カ	炭酸水	アンモニア水	塩酸	石灰水	水道水

問９　水草の入った水そうに、ＢＴＢよう液を入れると緑色になりました。水そうを日光のあたらない場所に置いて十分な時間がたつと、水そうの水は何色になると考えられますか。次の**ア～エ**から一つ選び、記号で答えなさい。

ア　黄色　　**イ**　緑色　　**ウ**　青色　　**エ**　無色

問２　ものの温度と体積の関係についての説明として**誤っているもの**はどれですか。次の**ア**～**エ**から一つ選び、記号で答えなさい。

ア　空気はあたためると体積が大きくなり、冷やすと体積が小さくなる。

イ　金属は温度による体積変化が空気よりも大きい。

ウ　液体の体積変化は温度による影響《えいきょう》が小さいため、ガラス管のような細長いものに液体を入れて観察する。

エ　金属の体積変化の実験には、金属の玉とそれがちょうど通る大きさの金属の輪を使う。

問３　４つの現象のうち、**しくみの異なるもの**はどれですか。次の**ア**～**エ**から一つ選び、記号で答えなさい。

ア　こおらせたペットボトル飲料を部屋に置いておくと、ペットボトルの表面に水てきがついた。

イ　あたたかいスープを飲むときに、メガネがくもった。

ウ　雨が降った後、まわりより低くなっている場所に水たまりができた。

エ　冬に部屋を暖房であたためると、部屋の窓がくもった。

問４　ろ過の方法として正しいものはどれですか。次の**ア**～**ウ**から一つ選び、記号で答えなさい。

ア　　　　**イ**　　　　**ウ**

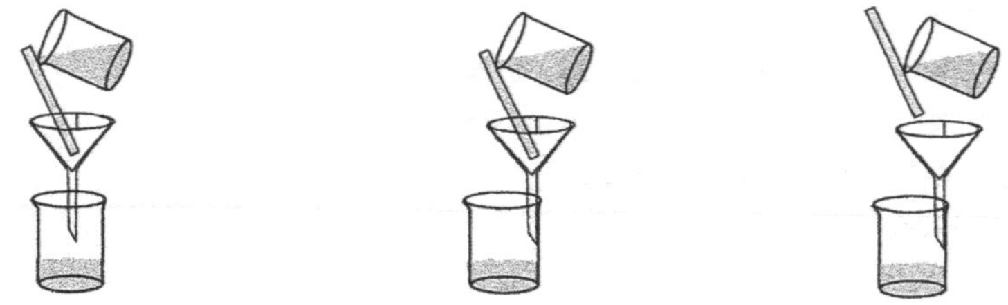

問５　ものを限界までとかしてある水よう液のことを「飽和《ほうわ》水よう液」といいます。表は水の温度を変えながら飽和水よう液をつくったとき、100ｇの水にとけた食塩とミョウバンの量をまとめたものです。70℃の水 50ｇを入れたビーカーを２つ用意し、食塩 15ｇをとかしたものをビーカーA、ミョウバン 15ｇをとかしたものをビーカーBとします。２つのビーカーを 30℃まで冷やしたとき、つぶが出てくるのはビーカーAとBのどちらですか。また、何ｇのつぶが出てきますか。

	10℃	30℃	50℃	70℃
食塩	38.0ｇ	38.4ｇ	38.8ｇ	39.1ｇ
ミョウバン	8.0ｇ	16.0ｇ	37.5ｇ	112.2ｇ

問６　ろうそくに火をつけ、風で火が消えないようにまわりを箱で完全におおったところ、しばらくすると火が消えてしまいました。箱の中の何が少なくなったから火が消えたと考えられますか。次の**ア**～**エ**から一つ選び、記号で答えなさい。

ア　水素　　**イ**　酸素　　**ウ**　ちっ素　　**エ**　二酸化炭素

えい子さんは、夏休みの自由研究でインゲンマメの成長について調べることにしました。何つぶかのインゲンマメの種子を用意し、実験を行います。1 つの種子を土にうめる前に半分に切り、うすめたヨウ素液をその切り口につけました。すると、(1)ヨウ素液がついた切り口の色が変わりました。

残りのインゲンマメの種子は土にうめ、成長するのを待ちました。何日か観察するのを忘れてしまい、あわてててインゲンマメの様子を見てみると、2 枚の大きな葉が出ている下に、(2)小さくしぼんだ葉のようなものを発見しました。えい子さんは最初の実験と同じように、それを半分に切り、(3)ヨウ素液を切り口につけました。

問7　下線部(1)について、切り口の色は何色になりましたか。次の**ア**～**エ**から一つ選び、記号で答えなさい。

ア　黒色　**イ**　むらさき色　**ウ**　赤色　**エ**　緑色

問8　下線部(2)について、これを何といいますか。次の**ア**～**エ**から一つ選び、記号で答えなさい。

ア　子葉　**イ**　双葉　**ウ**　初葉　**エ**　小葉

問9　下線部(3)について、切り口の色はどのようになりましたか。次の**ア**～**オ**から一つ選び、記号で答えなさい。

ア　土にうめる前の種子と同じ色に変化し、色のこさも同じであった。
イ　土にうめる前の種子と同じ色に変化したが、色はこくなった。
ウ　土にうめる前の種子と同じ色に変化したが、色はうすくなった。
エ　土にうめる前の種子とはちがう色に変化した。
オ　色は変化しなかった。

問10　夏休みに自然の中でできる生物の自由研究として正しいものはどれですか。次の**ア**～**エ**から一つ選び、記号で答えなさい。

ア　冬眠しているヒキガエルの観察
イ　サクラの花のつくりの観察
ウ　オオカマキリの成虫の観察
エ　モンシロチョウの卵の観察

2　次の問いに答えなさい。

問1　エアコンの暖房《だんぼう》で部屋全体をあたためるとき、風向きをどのようにすると全体が早くあたたまりますか。次の**ア**～**ウ**から一つ選び、記号で答えなさい。

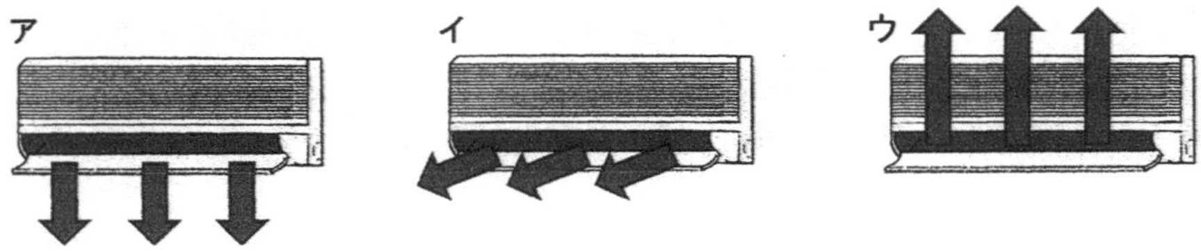

1 次の問いに答えなさい。

問１ ヒトのからだの中には様々な内臓があり、それぞれ大切な役割をもっています。例えば、心臓は血液を全身に送る役割があります。また、胃は食べたものを消化して吸収しやすくする役割があります。おもに食べものから水分を吸収する役割のある内臓はどれですか。次の**ア～オ**から一つ選び、記号で答えなさい。

ア 食道　**イ** かん臓　**ウ** すい臓　**エ** 小腸　**オ** 大腸

問２ 次の図はヒトの骨の一部をえがいています。○の部分が関節を示している骨の図はどれですか。次の**ア～エ**から一つ選び、記号で答えなさい。

ア

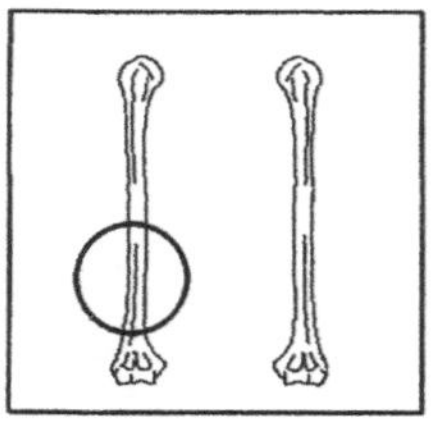

イ

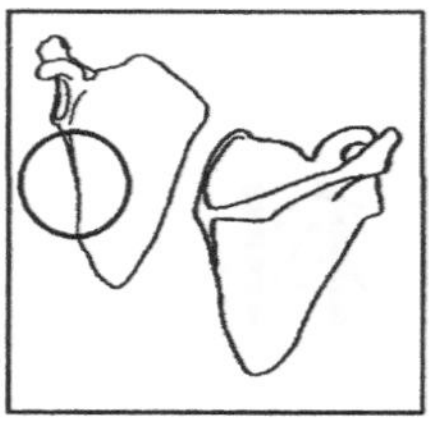

ウ

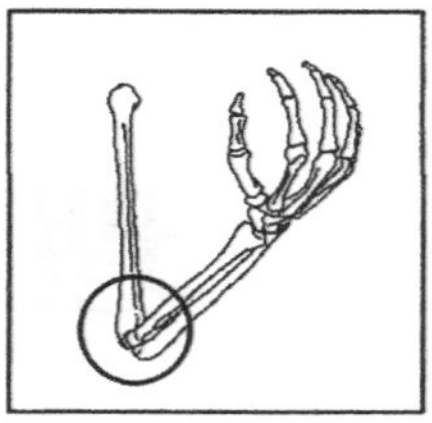

エ

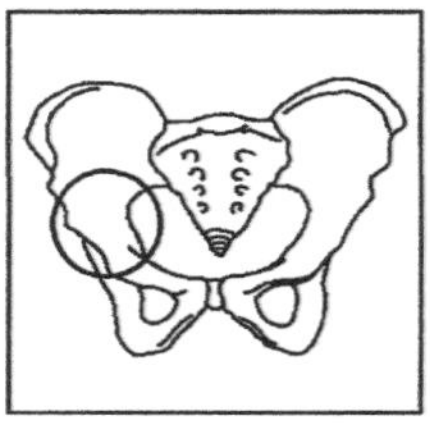

問３ ヒトはおもに口から水分をとりいれ、尿《にょう》や汗《あせ》としてからだの外に水分を出すほか、呼吸するときにも水蒸気としてからだの外に水分を出しています。植物の場合、おもに根から水分をとりいれますが、どの部分から外に水分を出しますか。次の**ア～エ**から一つ選び、記号で答えなさい。

ア 根　**イ** くき　**ウ** 葉　**エ** 花

問４ 生物が生きていく中で、「食う、食われる」の関係のことを食物れんさといいます。川で見られる食物れんさのなかで、メダカが食べる生物はどれですか。次の**ア～エ**から一つ選び、記号で答えなさい。

ア ミジンコ　**イ** アユ　**ウ** アメンボ　**エ** トンボの幼虫(ヤゴ)

問５ ミジンコなどの小さな生物を観察するときには、けんび鏡を使います。けんび鏡で観察するとき、最初に使う対物レンズはどれですか。次の**ア～ウ**から一つ選び、記号で答えなさい。

ア 一番倍率の低いレンズ　**イ** 一番倍率の高いレンズ　**ウ** 真ん中の倍率のレンズ

問６ 生物によっては、見た目ですぐにオスとメスを判断することができるものがいます。メダカはどこを観察すると判断することができますか。次の**ア～エ**から一つ選び、記号で答えなさい。

ア 背びれ　**イ** 口　**ウ** 尾びれ　**エ** えら

2023(令和 5)年度入学試験問題

理　科

(注意)　解答はすべて解答用紙に記入しなさい。

(50分)

盈　進　中　学　校

(3)　下の［ 図 1 ］のような長方形 ABCD があり，辺 AD 上に点 E があります。
点 E は固定された点で，動きません。
点 P は点 B を出発して，長方形 ABCD の辺上を点 C を通って点 D まで，反時計回りに動きます。点 P は一定の速さで動き，点 D に到着するまで 7 秒かかります。

このとき，4 点 A，B，P，E を結んでできる図形について考えます。

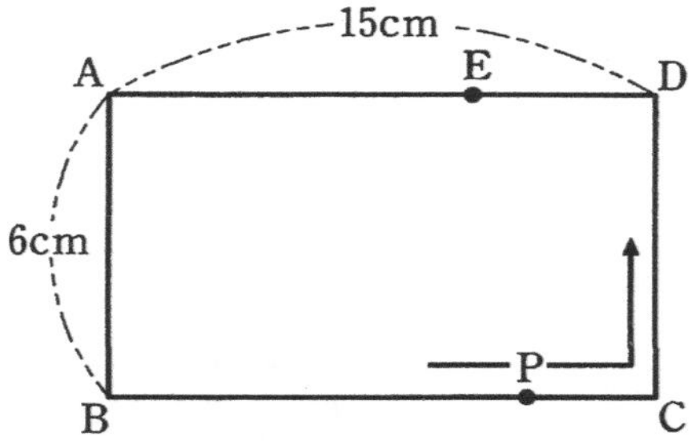

［ 図 1 ］

下の［ 図 2 ］のグラフは，点 P が点 B を出発してからの時間と 4 点 A，B，P，E を結んでできる図形の面積の関係を表したものです。

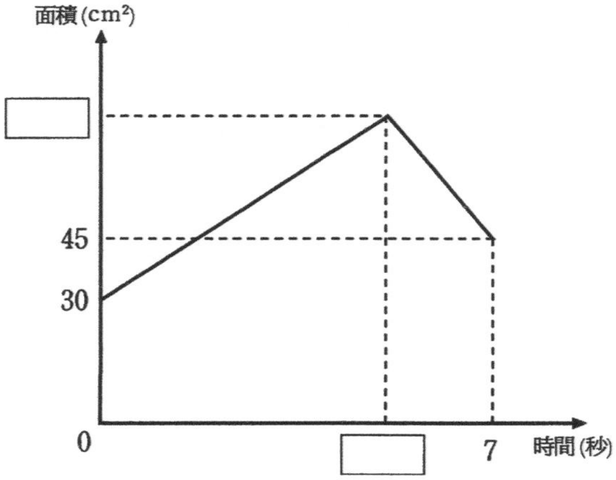

［ 図 2 ］

(2) 下の［図1］のような三角柱の容器に $\frac{8}{9}$ の高さまで水が入っています。
この容器を，水をこぼさないように［図2］のように置きなおします。

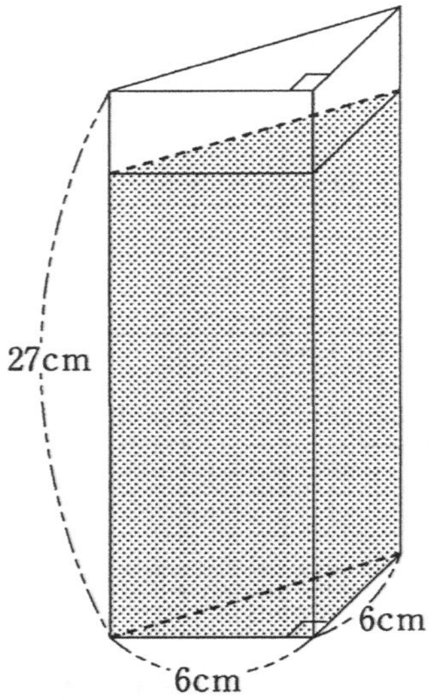

［図1］

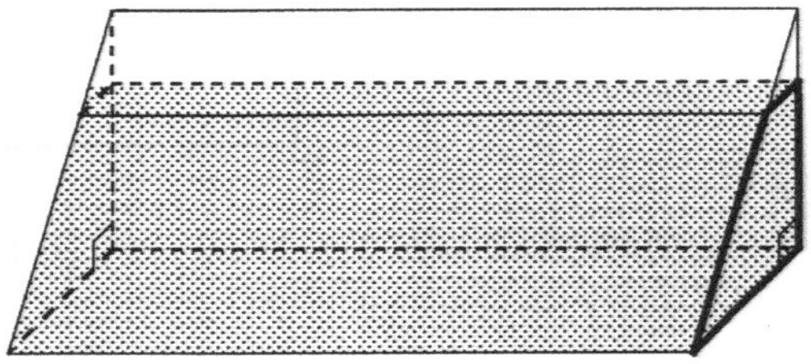

［図2］

① ［図1］では，水は□cm の高さまで入っています。

② 入っている水の体積は□cm^3 です。

③ ［図2］の太線で囲まれた四角形の面積は□cm^2 です。

④ ［図2］では，水は□cm の高さまで入っています。

3 次の □ にあてはまる数を答えなさい。

(1) 下の図のように，長方形を直線で区切り，三角形と四角形をしきつめたような模様があります。

色のついた三角形の面積の合計は □ cm^2 です。

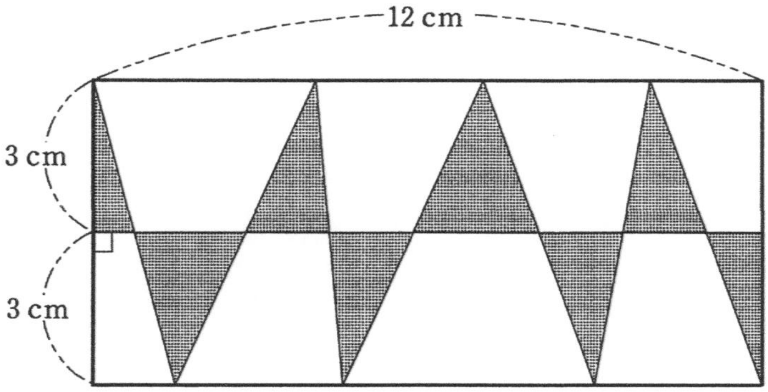

計算用

―自由に使ってください―

2 次の□にあてはまる数を答えなさい。

(1) あやとくんはおこづかいの $\frac{2}{7}$ を使って 900 円の本を買いました。

はじめに持っていたおこづかいは□円です。

(2) プリン 3 個とシュークリーム 4 個の値段は 1260 円で，プリン 1 個とシュークリーム 2 個の値段は 520 円です。

プリン 1 個の値段は□円です。

(3) 小学校のプールに水を入れるとき，A 管 1 本なら 240 分，B 管 1 本なら 160 分でいっぱいになります。

A 管と B 管の両方で水を入れると□分でいっぱいになります。

(4) なおきくんはおこづかいの $\frac{1}{6}$ を使って本を買い，残りの金額の $\frac{1}{3}$ を使ってお父さんにプレゼントを買い，残った 6000 円を貯金しました。

はじめに持っていたおこづかいは□円です。

(5) けいとくんと弟のみずきくんはプロ野球カードを集めています。2 人が持っているカードの枚数の比は 5：3 でしたが，2 人ともお父さんに 7 枚ずつあげたので，カードの枚数の比が 2：1 となりました。

けいとくんがはじめに持っていたカードの枚数は□枚です。

(6) 9 % の濃度の食塩水 100 g と 16 % の濃度の食塩水 100 g と水 200 g を混ぜ合わせると，□%の濃度の食塩水ができます。

計算用

—自由に使ってください—

1 次の $\square$ にあてはまる数を答えなさい。

(1) $(\square - 2) \times 6 = 48$

(2) $13 \times 13 - 12 \times 12 = \square \times \square$　　※ $\square$ には同じ数字が入ります。

(3) $0.75 + \dfrac{1}{4} + 0.125 + \dfrac{7}{8} = \square$

(4) $25 \times 31 + 250 \times 0.2 - 0.25 \times 2900 = \square$

(5) $\dfrac{1}{2} + \dfrac{1}{6} + \dfrac{2}{15} + \dfrac{3}{40} = \square$

2023(令和5)年度入学試験問題

算　数

（注意）解答はすべて解答用紙に記入しなさい。

（50分）

盈進中学校

くらすようになって、ぼくが生まれました。両親はアメリカと日本のあいだにある海を越《こ》えてつきあっていたから、ぼくに「七海」という名前をつけたのです。この話は、おばあちゃんから聞きました。

というようなことを下手《へた》な英語で話した。

名前をほめられたことで自信が持てたせいか、下手な英語ではあったけれど、しっかりした口調で話せたような気がする。

名前の話が終わると、ピカケさんはぼくの手を取り「こっちへ来て」と言いながら、ぼくを引っぱっていった。

――すてきな名前のナナミ、あなたに、いいものを見せてあげる。

いいもの？

それはたしかに「いいもの」だった。

ピカケさんが案内してくれたのは、ギャラリーの奥《おく》の方にある小部屋――黒いカーテンで仕切られたスペースで、ひとりかふたりずつ、なかに入れるようになっている。

入り口にかかげられているプレートには「Sustainable Beach」と書かれている。

サステナブル・ビーチ。

「サステナブル、サステナブル、サステナブル」

心の中で三回つぶやいたあと、このことばの意味を思いだした。五年生のとき、理科の先生が教えてくれた。サステナブルには「環境《かんきょう》破壊《はかい》をしないで、継続《けいぞく》させていく」という意味がある。つまり「サステナブル・ビーチ」とは、永遠につづいていく、持続可能な、破壊されていない海辺、という意味だ。

それがこのカーテンの向こうにあるってこと？

ぼくたちは、いっしょに小部屋に入っていった。ちょっと、じゃなくてかなり、胸がどきどきした。

三つの壁《かべ》の全面に、ひとつづきの海の絵が描《か》かれている。水彩画《すいさいが》だ。

左の一枚には、とても小さな植物プランクトンと動物プランクトン。

中央の一枚には、小さな魚、小さな貝類、中くらいの魚、中くらいの貝類。

右の一枚には、大きな魚、もっと大きな魚、海亀《うみがめ》、そして、最後にくじら。

海や波や、海を照らす太陽の輝《かがや》きはダイナミックに、海の生き物たちはとても細かく、まるで写真のように精密に描《えが》かれている。

いったいだれが、どんな画家がこの絵を描いたのだろう。

こんな壮大《そうだい》な絵を。

こんな美しい絵を。

海と海の生物に対して、こんなにも愛情のあふれる絵を。

ピカケさんが説明してくれた。

ぼくは全身を耳にして、彼女の英語を聞きとろうとした。

——植物プランクトンは、陸上の植物と同じように、光合成をして生きている。動物プランクトンは、植物プランクトンを食べて、生きている。小さな魚は動物プランクトンを食べて、中くらいの魚は小さな魚を、大きな魚は中くらいの魚を食べて、生きている。

あ、それならぼくにもわかる。

——食物連鎖《れんさ》だね？

英語では「フード・チェーン」——食べ物の鎖《くさり》だ。

——そう！　そのとおり。

ピカケさんは、右はしに描かれているくじらの絵の前に立って、言った。

——この子はね、大量のプラスチックのふくろを飲みこんで、死んでしまったの。これは、わたしの両親の生まれた国ヴェトナムの、隣国《りんごく》であるタイの海岸で、起こったできごとなのよ。解剖《かいぼう》した結果、おなかのなかから、八十枚以上のプラスティックのふくろが出てきたの。

――八十枚以上？

――そう、八十枚以上。くじらだけじゃないの。いるかも、ペンギンも、あざらしも、あしかも、鮫《さめ》も、海亀も、海鳥たちも、いかも、たこも、魚たちも、みんな、プラスティックのごみを食べてるの。食べざるを得なくなっているの。これが、わたしたちの地球の七つの海で起こっているできごと。

ぼくは何も言えなくなった。

頭のなかで「プラスティックを食べる」ということばがこだましている。

――ナナミ、わたしたち人間は、そういうお魚を食べているってことなの。人間の捨てたプラスティックのごみは、まわりまわって、わたしたちの口のなかに返ってくるの。

何か言わなくちゃ、と、あせっているだけで、ことばが出てこない。

カラフルなつぶつぶの落ちているビーチや、白くまたちがごみを食べながら生きている海は、［　④　］ではないってことだ。

くじらたちがこんなにも無残な形で死んでいくなんて、［　④　］じゃない！

ピカケさんも、だまっている。

ぼくらはだまって、海の悲鳴を聞いていた。

海が泣いている。海が、魚たちが、くじらたちがさけんでいる。

海がぼくらに呼びかけている。

助けて！　と。

――だからさ、ぼくらができることを、なんでもいいからして、なんとかしないといけないんだ。なんとかしないと、ますますたいへんなことになる。

ギャラリーからコテージにもどっていく車のなかで、⑤ぼくはしゃべりまくっていた。あふれる泉のように、流れる川のように。

英語で、だ。

こうなったら、母ちゃんを相手に、英会話の猛《もう》勉強をしてやるぞ、と、ぼくは決意したのだった。

母ちゃんは、びっくりしていた。

びっくりしていたけど、うれしそうでもあった。

ぼくがまだ赤ん坊《ぼう》だったころ、母ちゃんとは英語で話していたらしい。

しかし、保育園に行くようになってから、ぼくは英語を忘れてしまった。そうして、これまでずっと、母ちゃんと英語で話すことを拒否《きょひ》してきた。だって、英語がうまくなったって、いじめられるだけだと思っていたから。

でも今はちがう。もっとうまくなりたい。

もっとうまくなって、ピカケさんやオーガストさんと、すらすらしゃべれるようになりたい。

ハンドルをにぎって、まっすぐに前を見つめたまま、母ちゃんは言う。

――だけどね、ナナミ、⑥英語力とは、ただ単に、うまくしゃべれるってことを意味してるんじゃないのよ。たいせつなのは、しゃべる「内容」がその人にちゃんとあるかどうか。たとえば、洋服を思いうかべてみて。洋服がどんなにすてきでも、それを着ている「なかみ」つまり、その人がすてきじゃなかったら、すてきとは、言えないでしょ？

――うん、理解できるよ。言いたいことをきちんと言う、ってことでしょ？　英語ができるってことは、英語できちんと、自分の意見を言えるってことなんだよね。

自分の意見を持つ、自分の意見を言う、ということ。

意見をことばにして、だれかに伝える、ということ。

そのことによって、ぼくはきっと、もっと強くなれる。ハーフをダブルに変えて、自分の弱みを強みに変えていける。人とおんなじじゃないこと、ちがっていること、つまり⑦ぼくの「個性」を、生きていくための武器にできる。

（小手鞠《こでまり》るい『サステナブル・ビーチ』より）

問一 ——線部①「ことばにするのはかんたんだし、頭ではわかっているけれど」とありますが、このあとに続くことばを自分で考えて、分かりやすく答えなさい。

ことばにするのはかんたんだし、頭ではわかっているけれど（　　　　　　　　）。

問二 空らん［　②　］に入ることわざとして最も適切なものを次の中から一つ選び、記号で答えなさい。

ア　百聞《ひゃくぶん》は一見《いっけん》にしかず
イ　立つ鳥あとをにごさず
ウ　頭かくして尻《しり》かくさず
エ　後悔《こうかい》先に立たず

問三 ——線部③「ぼくの頭のなかに、ぴかっと電球がともった」とありますが、その理由として最も適切なものを次の中から一つ選び、記号で答えなさい。

ア　ピカケさんが、以前オーガストさんの話の中に出てきた女の子であると気づいたから。
イ　かわいいピカケさんの手をにぎって、身動きが取れないくらいに緊張《きんちょう》したから。
ウ　ぼくよりも少し背の高いピカケさんが、ぼくと同じ小学六年生だと知って驚《おどろ》いたから。
エ　生まれつき片足が短いピカケさんが、歩くのに苦労していると知って悲しくなったから。

問四　本文中二か所の空らん［　④　］には同じことばが入ります。あてはまることばを、本文中から六字で抜き出しなさい。

問五　――線部⑤「ぼくはしゃべりまくっていた」とありますが、このときの七海の思いとして最も適切なものを次の中から一つ選び、記号で答えなさい。

ア　環境破壊はどうしようもならないところまですすんでいることを、早く英語で世界に発信しなければならない。

イ　プラスティックによって生き物たちを次々と死なせてしまっている人間の行いを、決して許すことはできない。

ウ　海の汚染を止めるためにどんな小さなことでもよいから、すぐに自分にできることを始めなければならない。

エ　苦しむ生き物たちの「声」を聞き、その命を守るために、世界中の人たちとじっくり話し合わなければならない。

問六　――線部⑥「英語力とは」とありますが、母との会話を通して七海は「英語力」とはどのような力だと理解しましたか。解答用紙の空らんに合わせて、本文中の語句を用いて三十字程度で答えなさい。

ただうまくしゃべれるということではなく、（　　　　　　　　　　）力。

問七　――線部⑦「ぼくの『個性』を、生きていくための武器にできる」とありますが、あなた自身はどのような「個性」を持っていますか。そしてその「個性」はどのような武器になると思いますか。次の条件にしたがって書きなさい。

書くときの条件

①　文章は百字以上、百二十字以内で書きなさい。

・一文目には、あなたの「個性」を書きなさい。

・二文目以降は、その「個性」は生きていく上でどのような武器になるのか、説明しなさい。

・段落は変えないこととします。

②　文字は濃く、大きく、ていねいに書きなさい。

問八　この小説を課題本として読書会を行いました。【感想の話し合いの様子】をふまえて、あとの問いに答えなさい。

【感想の話し合いの様子】

Ａさん　この小説では、様々なテーマを読み取ることができました。最初の場面で七海が白くまの写真を見てショックを受け、考え込む場面がありますが、環境問題については私も七海と同じようなことを感じることがあります。

Ｂさん　ピカケとの出会いで七海は自分がなすべきことについてはっきりと気づきましたね。特にピカケが「いいもの」に案内してくれる場面が印象に残っています。美しい海を描いた三枚の絵でしたが、二人はその絵から（　①　）を聞き取っていましたね。

Ｃさん　学校の図書館にも「ＳＤＧｓ」に関するたくさんの本が置いてあるので、何さつか読んでいますが、この小説のストーリーと深くつながるところがあると思いました。海の生き物たちが（　②　）を食べて死んでいることをピカケが語る場面がありますが、同じようなニュースを何度か見たことがあります。

あなた　私は七海とピカケの会話の中で、ピカケが七海の名前を「ひとつの海」と表現した場面が心に残っています。海がひとつであるということは、海の環境問題について考えるときにとても大切なことだと思います。
（なぜなら　③　。）

（i）空らん（　①　）（　②　）にあてはまることばをそれぞれ本文の語句を用いて答えなさい。

（ii）空らん（　③　）には、「海がひとつであるということは、海の環境問題について考えるときにとても大切なことだ」といえる理由が入ります。あなたが考えるその理由を、次の条件にしたがって書きなさい。

書くときの条件

①　文章は書き出しに続けて、二行以上で書きなさい。

②　文字は濃く、大きく、ていねいに書きなさい。

四

次の言葉を例にならってローマ字（ヘボン式）に直して答えなさい。なお、書き出しはすべて小文字とします。

① 電話（でんわ）

② 鞄（かばん）

③ 雑誌（ざっし）

④ 辞書（じしょ）

⑤ 寄り道（よりみち）

例 盈進（えいしん）

eishin

2023(R5) 盈進中
教英出版

2022(令和 4)年度入学試験問題

国　語

（注意）解答はすべて解答用紙に記入しなさい。

（50分）

盈 進 中 学 校

一　次の――線部の漢字をひらがなに、カタカナを漢字に直しなさい。

① 暑くて氷がとける。
② 大豆を畑で育てる。
③ 友人の車に便乗する。
④ 潔く責任を認める。
⑤ おだやかな口調で話す。
⑥ 旅先で土産を買う。
⑦ 新聞紙をひもで束ねる。
⑧ くわしい説明を省く。
⑨ この時計は細工が美しい。
⑩ 波止場に立って船を見る。
⑪ シアワせな人生を送る。
⑫ 問題の解決にツトめる。
⑬ なべがおいしいキセツ。
⑭ 君がおこるなんてイガイだ。
⑮ クラス会にオンシをまねく。
⑯ 木のネンリンを観察する。

⑰　銀行にヨキンする。

⑱　作品を会場にテンジする。

⑲　トンネルの開通をイワう。

⑳　駅までオウフクする。

二　次の文章を読んで、あとの問いに答えなさい。

雪でどう冷やすか?

雪の冷たいエネルギーを使い、農作物などの食品を冷やして保管しておくのは「雪冷蔵」です。一方、人が過ごす空間を冷やすのは「雪冷房《れいぼう》」です。冷蔵は鮮度《せんど》を維持《いじ》するのに必要な約〇～五度にする必要があり、冷房は私たちが涼《すず》しいと感じる約二五～二八度にするという違《ちが》いはありますが、基本的な仕組みは同じです。ここではその仕組みについて説明しましょう。

まず、雪で冷やすには、「自然対流式」「空気循環《じゅんかん》式」「冷水循環式」の三つの方法があります。

自然対流式は、昔ながらの**a**スタイルです。雪をためる雪室《ゆきむろ》と、食品を貯蔵する部屋の間には簡単な仕切りがあり、同じ空間の中に食品を保存します。冷たい空気は下に、暖かい空気は上に流れる性質を利用するので、人の手はほとんど加えません。食品にとって乾燥《かんそう》は大敵ですが、雪はもともと水からできているので、みずみずしく保存できます。

空気循環式は、雪室の冷たい空気を送風機でそのまま部屋に送り込《こ》み、冷やす仕組みです。このシステムのよいところは、雪の表面で空気が冷えるだけでなく、空気中のごみやほこり、有害物質であるニコチン、アンモニア、ホルムアルデヒド（建築資材の接着剤《せっちゃくざい》などに含《ふく》まれる化学物質。アレルギーやがんの原因になる）等を雪が吸着してくれること。空気がきれいになり、同時に消臭《しょうしゅう》効果も生まれます。

冷水循環式は、雪室の冷たい雪どけ水を利用して冷やす仕組みです。直接冷たい水を部屋まで導いて冷やす方式や、循環水である不《ふ》凍液《とうえき》を雪どけ水で冷やして熱交換《こうかん》させる方式があります。熱交換方式の場合、循環水は熱交換器によって雪どけ水に熱を受け渡《わた》し、暖かくなります。それが雪室に戻《もど》って雪をゆっくりとかし、冷たい水をつくります。［　A　］、冷たい水で冷えた循環水を冷風に変え、部屋の温度を下げるのです。

自然対流式は、電気をまったく使わないので、経済的にとてもすぐれています。空気循環式と冷水循環式は、冷たさを伝えるのに機械を使うので少し電力が必要になりますが、大規模な施設《しせつ》を安定的に冷やし、好みの温度や湿度《しつど》に調整することができます。雪冷蔵・雪冷房は、こうしたそれぞれの特長をいかしながら、施設のニーズに合わせた方法が選ばれることになります。

効率の低さは助け合いの精神で

雪が①新エネルギーに位置づけられてから、雪冷房を設置する個人住宅も少しずつ増えましたが、実際に導入するには大きなbハードルがあります。費用の問題もあるのですが、雪冷房をするためには大量の雪を夏までとっておく雪室の建設が必要だからです。
たとえば、石油ポリタンク一個分（一八リットル）のエネルギーを雪からとりだそうとすると、電話ボックス二棟《にとう》分（約二トン）の雪が必要になります。石油なら簡単に持ち運べますが、これほどの雪は持ち運べません。

太陽光など、ほかの自然エネルギーも同じことですが、自然を使いやすいエネルギーに変換するには、効率的な技術と量がどうしても必要です。

［　B　］風力発電は、うちわであおぐくらいの風では、発電量はわずかです。大きな羽を強い風でぐるぐる回さないと大規模な発電はできません。そこで、みんなが知っているあの巨大風車が必要になります。
太陽光発電も小さな太陽光パネルでは発電量が少なくてあまり役立ちません。家の屋根くらいの広さがあれば三～五キロワットの発電ができますが、それが広大な場所に設置するメガソーラー（一〇〇〇キロワット以上）になると効率もよく、発電量が格段に上がります。ただし、天気が悪く太陽光線が少ないときや夜は発電することができません。
それに比べて化石燃料（石油、天然ガスなど）は、太陽光、風力、雪などよりずっと少ない量で、大量のエネルギーが得られます。原子力発電に使われるウランなどは、ひとにぎりの量で小さな町一年分の暖房ができると言います。ただ、いったん事故が起きて放射能で汚染《おせん》されれば大変なことになります。［　C　］、石油などの化石燃料も、資源量に限りがあります。

自然エネルギーは効率がよいとはいえませんが、地球環境を傷つけないし、資源量は無尽蔵《むじんぞう》です。雪冷房をするときも、個人の住宅ではなかなか採算が合いませんが、そこは知恵《ちえ》を使ってうまく工夫すればよいのです。たとえば、ご近所同士で雪室を共同で設置するのはどうでしょうか。夏まで雪をとっておくにはかなりの量が必要ですが、ご近所で協力して除雪作業をおこなえば大変さも軽減されます。

雪国には、昔ながらの「結《ゆい》」の精神が残っています。結とは、秋の稲刈《いねか》りを手伝い合ったり、屋根の葺《ふ》き替《か》えを手伝い合ったりする共同作業のこと。ご近所が互《たが》いに助け合う精神です。近所にひとつ雪室があれば、雪の捨て場にも困らなくなるし、夏にはみんなの共同冷蔵庫にもなります。

いまの時代は「自分のことは自分で」という自立ばかりが求められますが、②近くにいる人が協力し合い、雪室を楽しみながら普及《ふきゅう》させていけたらすてきだと思うのです。

（伊藤親臣『空から宝ものが降ってきた！』より）

問一　左の表は雪で冷やす仕組みについてまとめたものです。（　Ⅰ　）（　Ⅱ　）（　Ⅲ　）にあてはまる言葉を、本文中から抜き出して答えなさい。また、（　Ⅳ　）にあてはまる「特長・はたらき」を簡潔に答えなさい。

<table>
<tr><th>方法名</th><th></th><th>仕組み</th><th colspan="2">特長・はたらき</th></tr>
<tr><td>方法１</td><td>自然対流式</td><td>・雪をためた空間に、食品を保存する。</td><td colspan="2">・食品の（　Ⅱ　二字）をふせぐ。
・電気を使わず（　Ⅲ　三字）である。</td></tr>
<tr><td>方法２</td><td>空気循環式</td><td>・雪室の冷たい空気を部屋に送る。</td><td>・（　　Ⅳ　　）。
・消臭効果。</td><td rowspan="2">・大規模施設を安定的に冷やす。
・好みの湿度や温度に調整できる。</td></tr>
<tr><td>方法３</td><td>冷水循環式</td><td>・雪室の冷たい（　Ⅰ　四字）を利用する。</td><td>・直接冷やす方式と熱交換方式がある。</td></tr>
</table>

問二　━━線部ａ「スタイル」、ｂ「ハードル」の意味として最も適当なものを次の中からそれぞれ選び、記号で答えなさい。

「スタイル」……ア　格好　イ　容姿　ウ　様式　エ　態度

「ハードル」……ア　疑問　イ　混乱　ウ　課題　エ　心配

問三 空らん［Ａ］～［Ｃ］にあてはまる最も適切な言葉を次の中からそれぞれ選び、記号で答えなさい。ただし、同じ記号は一度しか使えません。

ア もし　　イ たとえば　　ウ でも　　エ まるで　　オ また　　カ そして

問四 ――線部①「新エネルギー」の長所と短所は、それぞれどのようなことですか。解答用紙の書き出しにしたがって二十字以上、三十字以内で説明しなさい。

問五 ――線部②「近くにいる人が協力し合い」について、本文では※「ＳＤＧｓ《エスディジーズ》」に関連することが述べられています。左の表の17の目標のうち、あなたが**近くにいる人たちと協力し合い、**解決や改善のために取り組みたいと考えることを、次の条件にしたがって述べなさい。

書くときの条件

① 文章は書き出しに続けて、六十字以上、八十字以内で書きなさい。

・一文目……解答用紙の書き出しにしたがって、表の中の数字と目標を書きなさい。

・二文目以降…あなたが**近くにいる人たちと協力し合い、**解決や改善のためにどう取り組むか、具体的に説明しなさい。
段落は変えないこととします。

② 文字は濃く、大きく、ていねいに書きなさい。

※「ＳＤＧｓ」…持続可能な開発目標として，２０１５年国連サミットで採択《さいたく》された、「２０３０年までの達成を目指す 17 の目標」。

（表）

1. 貧困をなくそう
2. 飢餓をゼロに
3. すべての人に健康と福祉を
4. 質の高い教育をみんなに
5. ジェンダー平等を実現しよう
6. 安全な水とトイレを世界中に
7. エネルギーをみんなに そしてクリーンに
8. 働きがいも経済成長も
9. 産業と技術革新の基盤をつくろう
10. 人や国の不平等をなくそう
11. 住み続けられるまちづくりを
12. つくる責任 つかう責任
13. 気候変動に具体的な対策を
14. 海の豊かさを守ろう
15. 陸の豊かさも守ろう
16. 平和と公正をすべての人に
17. パートナーシップで目標を達成しよう

三　次の文章を読んで、あとの問いに答えなさい。

中学一年生の綿野《わたの》あみは、「生け花部」で活動している。文化祭の発表内容を決めるクラブのミーティングで、あみは「生け花ショー」をすることを提案した。

生け花ショーのアイディアは、その日の部活でみんなに紹介《しょうかい》された。野山先生はおもしろそうだねと目を［　Ａ　］。

「ショーをするなら中庭ステージだね」

「中庭ステージ？」

「東校舎と西校舎に挟《はさ》まれた中庭があるでしょ？　文化祭の日には、あそこに特設ステージが組み立てられるんだ」

一年生はまだ知らないよね、と野山先生は微笑《ほほえ》んだ。

「まず企画書《きかくしょ》を作って、二学期になったらすぐ郷本《ごうもと》先生に渡《わた》そう。ＯＫが出れば実現するよ」

「郷本先生!?」

それって閻魔《えんま》大王じゃん！　思わずきき返すと、野山先生がつけ加えた。

「郷本先生が文化祭の責任者なんだ」

わたしの頭のなかだけにあったアイディアが閻魔大王に認められるかな。期待も戸惑《とまど》いも混ざり合ってマーブル模様だ。

「ショーなんてちょっと楽しそう。どんな髪型《かみがた》で出ようかなー」

今日はハーフアップにしているカオ先輩《せんぱい》もほめてくれた。

「カオ先輩のおかげで思いついたんです」

「え、何それ？」

不思議そうにしているカオ先輩に、「気にしないでください」とわたしは手を振《ふ》った。

2022(R4) 盈進中
教英出版

(1)　健くん，桜さん，お父さんの３人でプレゼントを交換する場合を考えます。

健くんのプレゼントの渡し方は，

①　桜さんにプレゼントを渡す場合

②　お父さんにプレゼントを渡す場合

の２つの場合があります。

①の「健くんが桜さんにプレゼントを渡す場合」を考えます。このとき，桜さんが健くんにプレゼントを渡すと，お父さんはプレゼントを渡す人がいなくなってしまうので，桜さんは健くんにプレゼントを渡すことはできません。

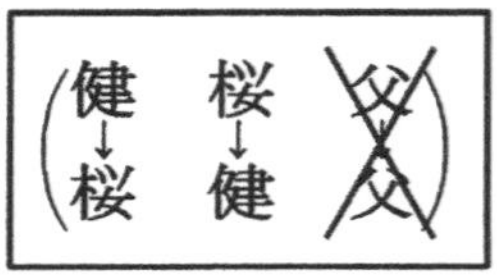

①の「健くんが桜さんにプレゼントを渡す場合」は，桜さんはお父さんにプレゼントを渡し，お父さんは健くんにプレゼントを渡すことになります。その他の交換のしかたはありません。

よって，プレゼントの交換のしかたは１通りです。

（健→桜　桜→父　父→健）

②の「健くんがお父さんにプレゼントを渡す場合」は，桜さんは［　ア　］にプレゼントを渡し，お父さんは［　イ　］にプレゼントを渡すことになります。

よって，プレゼントの交換のしかたは［　ウ　］通りです。

（健→父　桜→［ア］　父→［イ］）

①，②より，健くん，桜さん，お父さんの３人でプレゼントを交換する場合，プレゼントの交換のしかたは全部で［　エ　］通りです。

（次のページにも問題が続きます。）

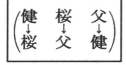

(2)　お母さんも加わった４人でプレゼントを交換する場合を考えます。

このとき，プレゼントの交換のしかたは全部で［ オ ］通りです。

5 次の□にあてはまる数，または記号を答えなさい。

正方形のマスをいくつか組み合わせた図形があります。
このうちの1マスを黒くぬり，その後は以下の【ルール】にしたがって，黒くぬるマスを増やしていきます。

【ルール】
① 1マスずつぬっていきます。
② たて・横ともに，2マスまでは続けてぬることができますが，3マス以上は続けてぬることができません。
③ 2マス連続してぬった場合は，その左右の2マス，またはその上下の2マスはぬることができません。
④ ぬることができるマスがなくなるまで続けます。

【ルール】②の説明

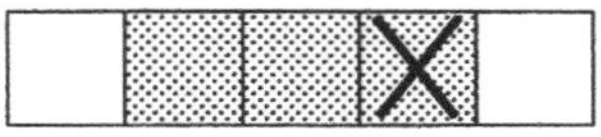

【ルール】③の説明

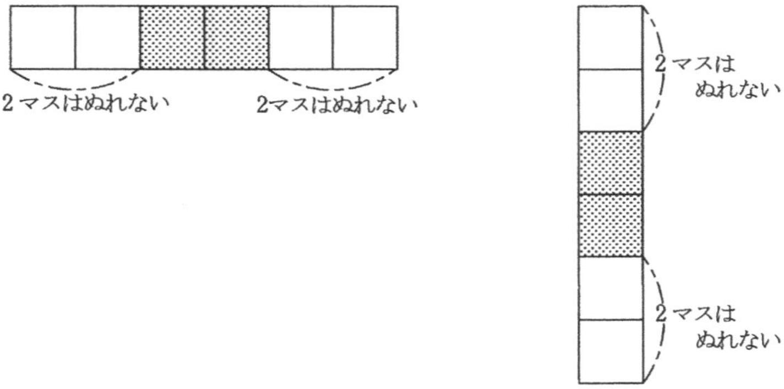

次の (1), (2) の問題は, □ にあてはまるアルファベットを答えなさい。
ただし, ぬれるマスがない場合は **「なし」** とかきましょう。

(1)　横に 5 マスを組み合わせた図形の場合を考えます。

下の図のように 2 マスを黒くぬった場合, あと ア のマスをぬることができます。

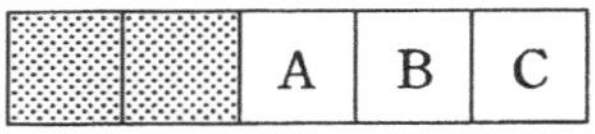

下の図のように 2 マスを黒くぬった場合, あと イ のマスをぬることができます。

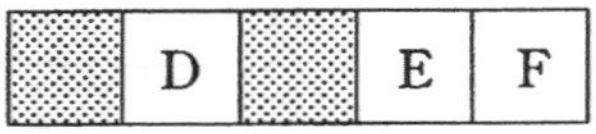

次に, 横に 6 マスを組み合わせた図形の場合を考えます。

下の図のように 2 マスを黒くぬった場合, あと ウ と エ のマスをぬることができます。

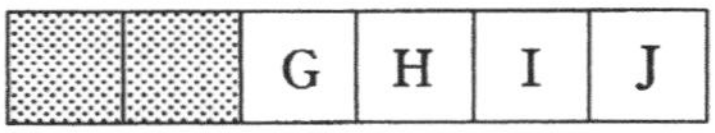

(2)　さつきさんとめいさんは, 右の図のように, たてと横に 3 マスずつ組み合わせた図形の場合を考え, 下のようにマスをぬりました。

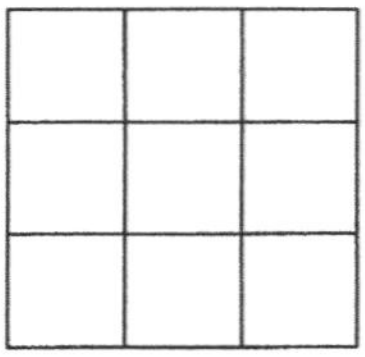

【さつきさんがぬった図】

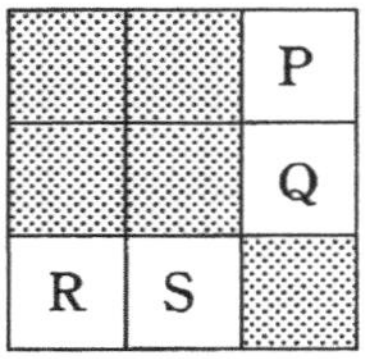

【めいさんがぬった図】

さつきさんがぬった図は, あと L と オ のマス, または K と カ のマスをぬることができます。

めいさんがぬった図は, あと キ のマスをぬることができます。

(次のページにも問題が続きます。)

次の (3) の問題は，［　］にあてはまる数字を答えなさい。

(3)　黒くぬることができるマスの数について考えます。

横に 6 マスを組み合わせた図形の場合，黒くぬることができるマスの数はもっとも多くて［ク］マス，もっとも少なくて［ケ］マスです。

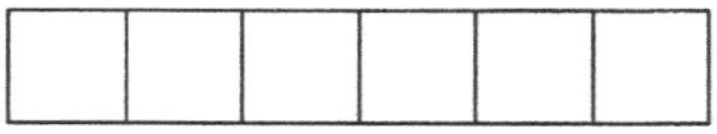

次に，たてと横に 5 マスずつ組み合わせた図形の場合，黒くぬることができるマスの数はもっとも多くて［コ］マス，もっとも少なくて［サ］マスです。

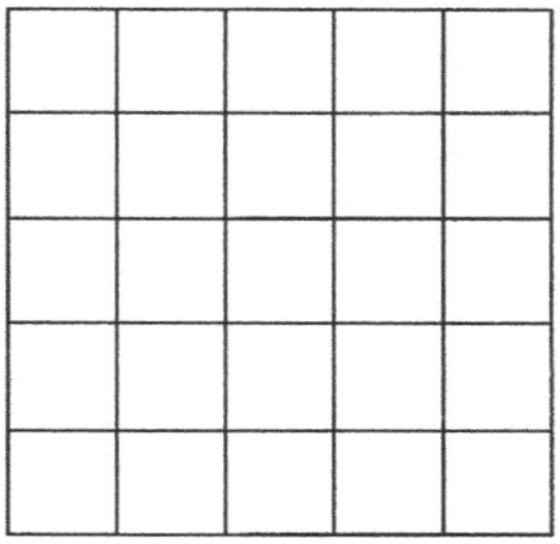

―下の図は，(3) の問題を考えるときに自由に使ってください―

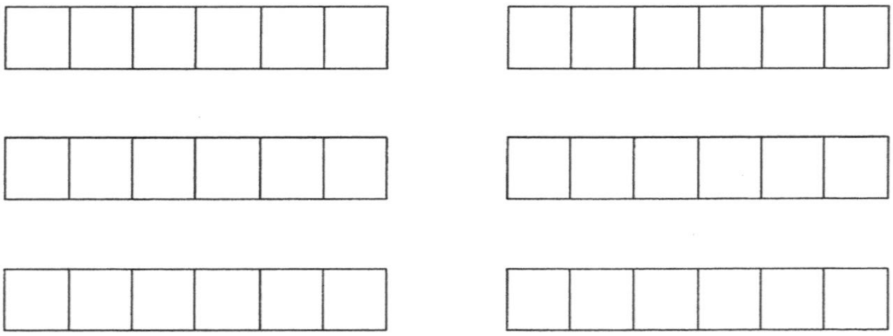

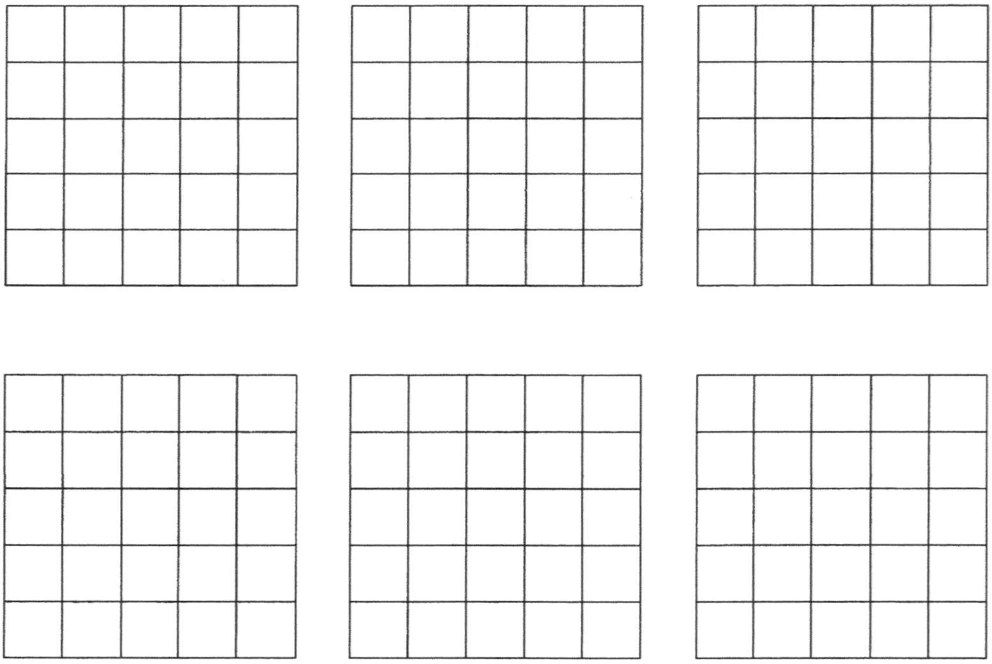

2022(R4) 盈進中
教英出版

5 次の問いに答えなさい。

問１　長さの単位は m（メートル）を用います。さらに補助単位をつけ、分かりやすい数値として表します。図の動物で、最も体長が大きいものはどれですか。次の**ア**～**ウ**から一つ選び、記号で答えなさい。ちなみに 1 mm（ミリメートル）=1000µm（マイクロメートル）です。

ア　　　　　　　　**イ**　　　　　　**ウ**

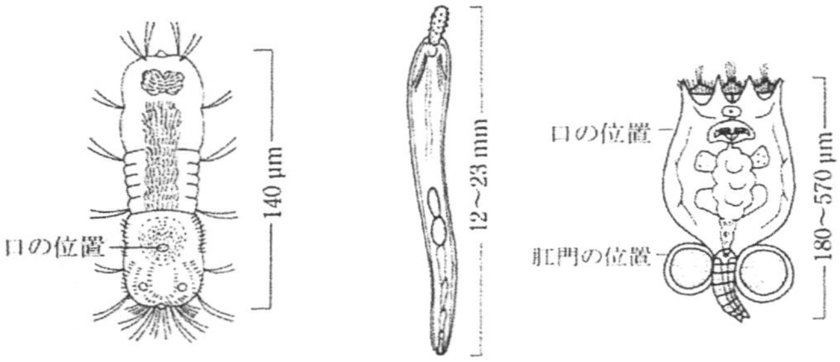

リムノグナシア　　　　コウトウチュウ　　　　ワムシ

問２　次の図は、1991 年から 2010 年の間に世界で地震《じしん》が起こった地点に点をえがいたものです。この図について述べた文として正しいものはどれですか。下の**ア**～**エ**から一つ選び、記号で答えなさい。

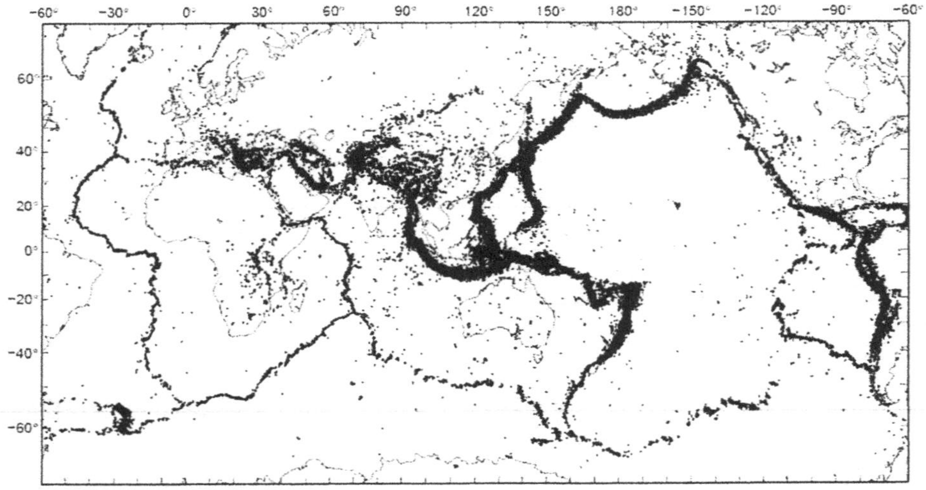

ア　世界のどの地点も平均的に地震が起こっていることが分かる。

イ　地震は標高の高い地点で起こりやすいことが分かる。

ウ　1991 年から 2000 年の間に起こった地震と、2001 年から 2010 年の間に起こった地震を比べると、2001 年から 2010 年の方が、地震が起こった回数が多いことが分かる。

エ　地震が起こりやすいところと、地震が起こりにくいところがあることが分かる。

問３　図１のように、斜面《しゃめん》と水平面がつながっている走行面に台車を置きました。台車の後ろには記録タイマーという装置をつけています。記録タイマーとは、図２のような１秒間に60回紙に点を打つ機械で、点と点の間隔《かんかく》によって台車の速さを測定することができます。

台車を図１のＡから転がしたところ、Ｅで台車は停止しました。Ａ～Ｅの走行面をそれぞれ観察すると、Ａ～Ｃはなめらかで摩擦《まさつ》がなく、Ｃ～Ｅはザラザラして摩擦《まさつ》がありました。最も台車が速く動くところはどこですか。次の**ア**～**カ**から一つ選び、記号で答えなさい。

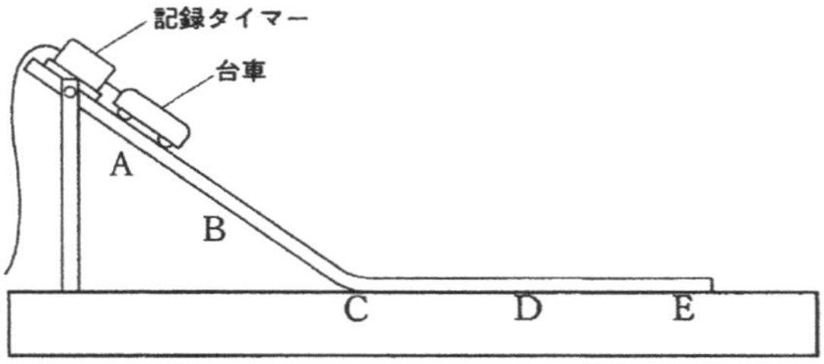

図１

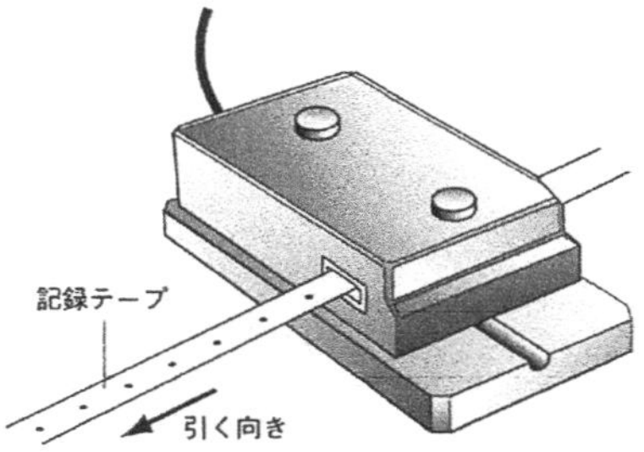

図２

ア　Ａ地点　　**イ**　Ｂ地点　　**ウ**　Ｃ地点　　**エ**　Ｄ地点　　**オ**　Ｅ地点
カ　どの地点も速さは同じ

問４　記録タイマーを用いて、図１のＡ～Ｃの傾斜《けいしゃ》における台車の速さを測定しました。１秒間に60回、紙に点を打つので、点を６回打ったときに0.1秒経過しています。測定した記録テープを0.1秒ごとに切り取りました。最も台車が速く動いているときの記録テープはどれですか。次の**ア**～**エ**から一つ選び、記号で答えなさい。

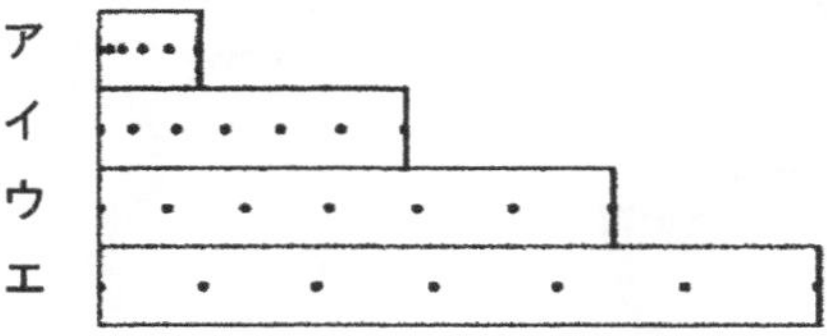

問５　水に「浮《う》く」「沈《しず》む」は、物体の密度が関係しています。物体の密度とは、「単位体積あたりの質量」のことで、簡単にいうと「１cm^3あたり何ｇか」という値です。水の密度は1.0g/cm^3と表され、「１cm^3あたり1.0g」であるということです。水より小さい密度の物体は水に浮き、水より大きい密度の物体は水に沈むと考えられます。この考えによると、次のＡ～Ｄの物体の中で水に浮かぶものはいくつありますか。下の**ア**～**オ**から一つ選び、記号で答えなさい。

Ａ　１辺10cmの立方体の形状のポリプロピレン0.9kg
Ｂ　１辺10cmの立方体の形状のアルミニウム2.7kg
Ｃ　１辺10cmの立方体の形状の鉄7.9kg
Ｄ　１辺10cmの立方体の形状の銅9.0kg

ア　浮かぶものはない　　**イ**　１つ浮かぶ　　**ウ**　２つ浮かぶ　　**エ**　３つ浮かぶ
オ　全て浮かぶ

6 次の文章を読んで、あとの問いに答えなさい。

8月のある日、ひろこさんは夏休みの自由研究に取り組もうと考えたのですが、暑すぎてやる気が起きません。天気予報を見ると、その日の広島県南部の予想最高気温は37℃になっています。「地球温暖化が進んでいるんだな」と、お父さんがつぶやいていたのを聞いたひろこさんは、インターネットで1980年以降の「各年の月平均気温（広島）」という表を見つけました。

表1　各年の月平均気温（広島）

	1月	2月	3月	4月	5月	6月	7月	8月	9月	10月	11月	12月	年
1980年	4.5	3.5	7.8	12.3	17.7	21.8	23.6	24.3	21.9	16.8	12.0	4.8	14.3
1981年	2.1	3.8	8.1	12.6	16.6	21.5	26.6	25.9	21.4	16.3	10.0	6.2	14.3
1982年	3.9	4.6	8.9	13.1	19.1	21.6	23.8	26.5	21.6	17.4	13.2	7.3	15.1
1983年	5.1	4.5	8.2	15.2	18.7	21.7	25.0	28.1	23.6	16.9	10.9	5.8	15.3
1984年	2.8	2.4	5.9	13.1	18.0	22.5	26.7	28.0	22.7	16.8	12.4	6.8	14.8
1985年	3.7	5.6	9.0	13.8	18.8	21.0	26.2	28.1	24.2	17.9	11.6	5.2	15.4
1986年	3.0	3.1	7.8	13.7	17.6	22.0	24.9	27.1	22.8	15.7	11.5	7.9	14.8
1987年	5.4	6.1	8.2	13.0	18.2	22.4	25.4	26.5	22.4	18.7	12.6	7.5	15.5
1988年	6.0	5.0	8.1	13.6	18.3	22.8	26.8	27.4	24.2	17.5	10.3	6.5	15.5
1989年	7.4	7.1	9.0	15.3	18.5	22.1	26.8	27.4	24.1	17.2	13.0	8.0	16.3
1990年	4.8	8.6	10.3	14.4	19.1	24.0	28.1	29.2	24.9	18.2	14.2	7.9	17.0
1991年	5.6	5.0	10.2	15.2	18.3	23.6	26.9	27.7	25.2	18.4	12.2	8.9	16.4
1992年	6.5	6.2	10.1	15.3	18.2	22.2	26.4	27.7	24.1	18.2	12.3	8.2	16.3
1993年	6.5	6.8	8.4	14.2	18.5	22.4	25.2	25.7	22.9	16.9	13.2	7.8	15.7
1994年	5.5	6.0	7.9	15.9	20.0	23.2	30.1	29.8	25.4	19.4	14.0	8.7	17.2
1995年	5.2	6.0	9.6	13.9	18.5	21.7	27.2	29.7	23.3	18.7	10.7	6.4	15.9
1996年	5.4	4.5	8.4	11.8	19.5	23.2	27.6	28.2	23.7	18.0	13.1	7.1	15.9
1997年	5.3	5.7	10.4	14.8	19.6	23.7	26.3	28.0	23.6	17.6	13.7	8.6	16.4
1998年	5.5	7.9	10.3	17.4	21.1	23.2	27.5	29.0	25.7	20.5	13.0	9.5	17.6
1999年	5.8	5.6	10.4	14.7	19.9	23.3	26.0	28.0	26.2	19.6	12.9	7.6	16.7
2000年	6.7	4.7	8.8	14.1	19.5	23.0	27.9	28.6	24.4	19.1	13.6	7.9	16.5
2001年	4.2	6.1	9.3	15.1	20.0	23.3	28.2	28.4	23.8	18.7	11.6	6.8	16.3
2002年	5.9	6.6	11.0	15.7	19.5	23.5	27.9	28.3	24.7	17.9	9.7	7.4	16.5
2003年	4.2	6.3	8.3	15.2	19.7	22.8	24.7	27.3	25.0	17.6	14.6	7.4	16.1
2004年	4.7	7.3	9.7	15.5	20.0	24.0	28.9	28.0	24.7	18.1	13.9	8.8	17.0
2005年	5.1	4.9	8.1	15.6	19.2	24.5	26.9	27.9	25.6	19.3	12.5	4.0	16.1
2006年	5.3	6.1	8.1	13.2	19.2	23.4	26.6	29.0	23.4	20.1	13.6	7.9	16.3
2007年	6.2	8.2	9.6	14.0	19.4	23.4	25.7	28.8	27.0	20.0	12.8	8.3	17.0
2008年	5.4	4.4	9.8	14.9	19.4	22.7	28.5	27.9	24.9	19.1	12.0	7.8	16.4
2009年	5.2	7.8	9.7	15.1	19.8	23.3	25.8	27.5	24.2	18.5	12.7	7.2	16.4
2010年	5.2	7.6	9.1	13.0	18.5	23.3	27.2	30.3	26.2	19.2	12.0	7.3	16.6
2011年	2.9	6.6	7.2	13.4	19.5	23.6	27.6	28.2	24.9	18.5	14.7	6.9	16.2
2012年	4.7	4.3	8.7	15.0	19.6	23.2	27.4	29.5	25.6	18.9	11.7	5.5	16.2
2013年	4.4	6.0	10.7	13.5	19.7	24.0	28.3	29.5	24.6	19.9	11.9	6.5	16.6
2014年	5.7	6.2	10.0	14.3	19.6	23.2	26.9	26.9	23.9	18.7	13.4	5.5	16.2
2015年	5.8	6.1	10.0	15.8	20.5	22.5	26.5	27.5	23.1	18.0	14.6	9.3	16.6
2016年	5.6	6.5	10.4	16.2	20.3	23.3	27.7	29.3	25.1	20.2	13.1	8.9	17.2
2017年	5.5	6.1	8.8	15.6	20.6	22.5	28.4	29.0	23.4	18.4	11.9	5.8	16.3
2018年	4.3	4.7	10.9	16.2	19.3	23.1	29.1	29.8	23.7	18.5	13.3	8.5	16.8
2019年	6.4	7.6	10.6	14.8	20.5	23.2	26.4	28.5	26.3	20.3	13.5	8.6	17.2

（単位：℃）

ひろこさんは表中の８月の月平均気温を見て「1980 年～1989 年の 10 年間では、28℃以上の年が［　A　］回あって、2010 年～2019 年の 10 年間では、28℃以上の年が［　B　］回あるのね。地球温暖化は本当なんだ……」と思いました。

さらに、ひろこさんはインターネットで図１、図２のグラフを見つけました。

図１　各都市の最高気温 30°C以上(真夏日)の年間日数

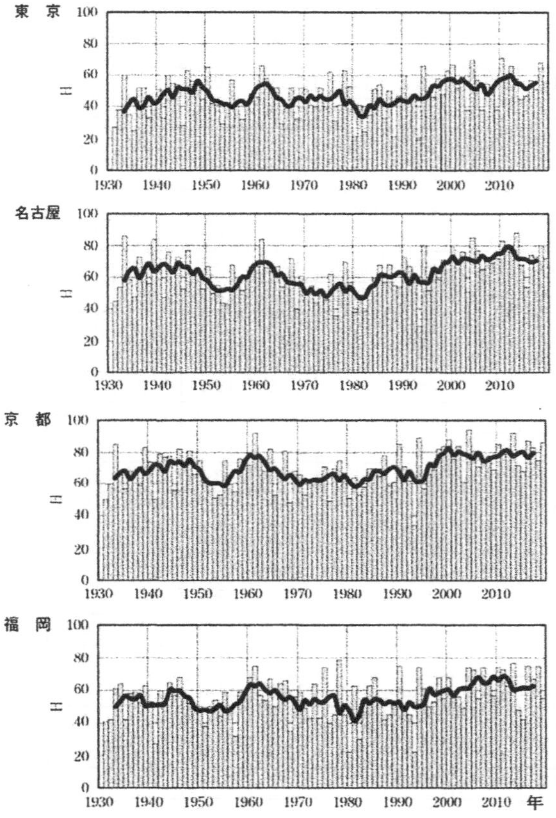

図２　各都市の最低気温 25°C以上(熱帯夜)の年間日数

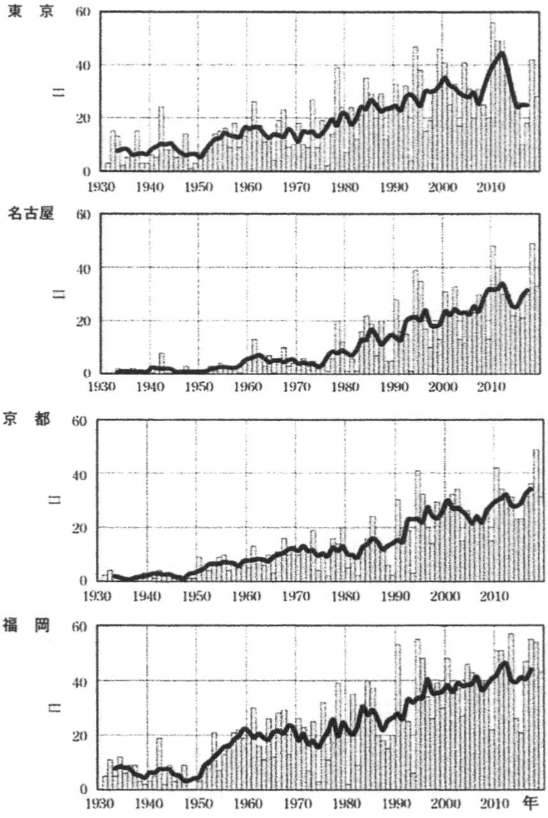

注１）　棒グラフは毎年の値を、折れ線グラフはおおよその変化を表したものである。

ひろこさんは「最高気温が［　C　］℃を超えた日を真夏日というって初めて知ったわ。真夏日の日数 と熱帯夜の日数を比べると、［　D　］の方が、日数の増加の割合が大きいってことが分かったわ。明日、学校に行って、理科のしげお先生に聞いてみよう！」と思いました。

「ひろこさん、よく調べてるね」としげお先生はひろこさんをほめました。しげお先生はすごく厚い本を持ってきて、「こんなデータもあるよ」と言って、図３のグラフを見せてくれました。

「地球温暖化の原因は、二酸化炭素と言われているけれど、他にもメタンという物質も影響《えいきょう》を与えているんだ。地球を暖める効果のことを『温室効果』といい、メタンは二酸化炭素より、空気中の濃度《のうど》は小さいけれど温室効果は大きく、二酸化炭素以上に地球温暖化に影響を与えているという学者もいる。一方で、地球温暖化はオゾン層の破壊《はかい》で起こっていると思っている小学生が多いのだが、オゾン層の破壊は地球温暖化との関係はほとんどないと言われているんだ。ただし、オゾンも温室効果がある。大気中のオゾンの量はここ 20 年大きく変化していないけれどね」

図３　綾里《りょうり》（岩手県）における３種類の気体①～③の大気中の濃度

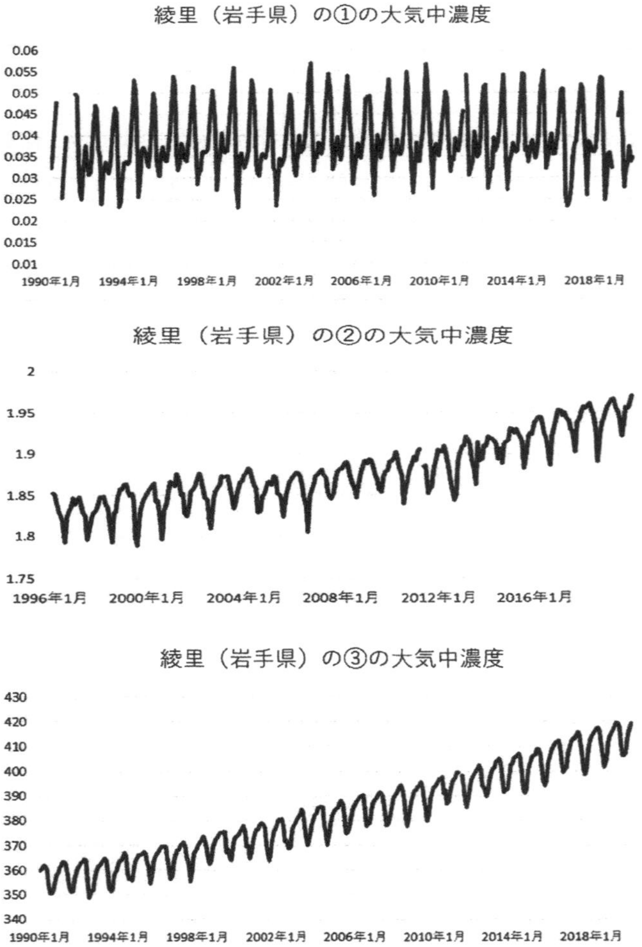

注１）　縦軸《たてじく》は全て濃度[ppm]を表す。[ppm]は[%]より小さい単位で、１ppm=0.0001%を表す。

しげお先生と話した後、ひろこさんは帰り道にヒマワリがさいているのを見つけました。「地球温暖化は植物にどんな影響を与えているのだろう」とひろこさんは思い、再びインターネットで調べてみると、図４、図５のグラフを見つけました。これらのグラフからひろこさんは次のように思いました。

「地球温暖化が進んでいるなら、サクラの開花日は［　Ｅ　］なって、イチョウの黄葉日は［　Ｆ　］なっていると思ったけど、広島では［　Ｇ　］の方はあまり地球温暖化が影響していないように見えるわ」

図４　広島におけるサクラの開花日の年ごとの変化

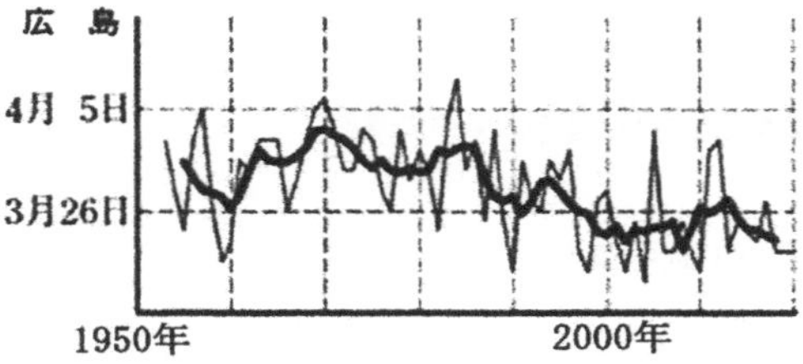

図５　広島におけるイチョウの黄葉日の年ごとの変化

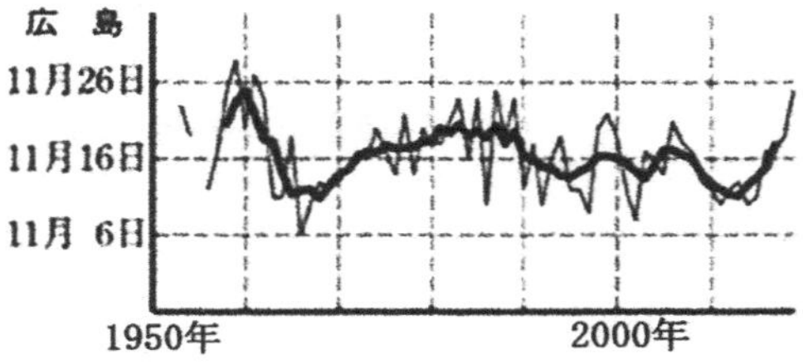

注１）　グラフの細い折れ線は毎年の値を、太い折れ線はおおよその変化を表したものである。

注２）　横軸《よこじく》は西暦《せいれき》、縦軸はサクラの開花日、あるいはイチョウの黄葉日を表している。

注３）　サクラの種類は「ソメイヨシノ」である。

注４）　イチョウの黄葉日は、葉の色の大部分が黄色系統の色に変わり、緑色系統の色がほとんど見られなくなった最初の日のことをいう。

問1　文中の［ A ］と［ B ］にあてはまる数字の組み合わせとして正しいものはどれですか。次の**ア**～**エ**から一つ選び、記号で答えなさい。

	A	B
ア	3	5
イ	3	8
ウ	5	5
エ	5	8

問2　文中の［ C ］と［ D ］にあてはまる語句の組み合わせとして正しいものはどれですか。次の**ア**～**カ**から一つ選び、記号で答えなさい。

	C	D
ア	25	真夏日の日数
イ	25	熱帯夜の日数
ウ	30	真夏日の日数
エ	30	熱帯夜の日数
オ	35	真夏日の日数
カ	35	熱帯夜の日数

問3　図３のグラフの「３種類の気体①～③」は二酸化炭素、メタン、オゾンのいずれかです。オゾンに当てはまるのはどれですか。①～③から一つ選びなさい。

問4　文中の［ E ］と［ F ］と［ G ］にあてはまる語句の組み合わせとして正しいものはどれですか。次の**ア**～**ク**から一つ選び、記号で答えなさい。

	E	F	G
ア	早く	早く	サクラの開花日
イ	早く	早く	イチョウの黄葉日
ウ	早く	遅く	サクラの開花日
エ	早く	遅く	イチョウの黄葉日
オ	遅く	早く	サクラの開花日
カ	遅く	早く	イチョウの黄葉日
キ	遅く	遅く	サクラの開花日
ク	遅く	遅く	イチョウの黄葉日

問５　広島と札幌《さっぽろ》の月平均気温を比較すると、1950 年以降札幌の月平均気温が高いことは一度もありません。そのことと、図５「広島におけるイチョウの黄葉日の年ごとの変化」を参考にすると、「札幌のイチョウの黄葉日の変化」を表したグラフとして正しいものはどれですか。次の**ア～ウ**から一つ選び、記号で答えなさい。

ア

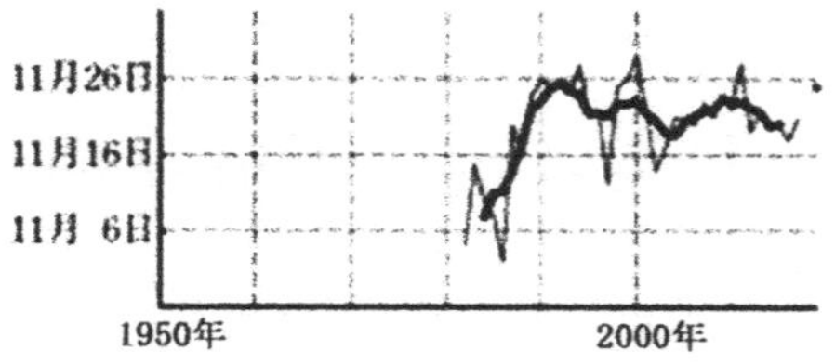

イ

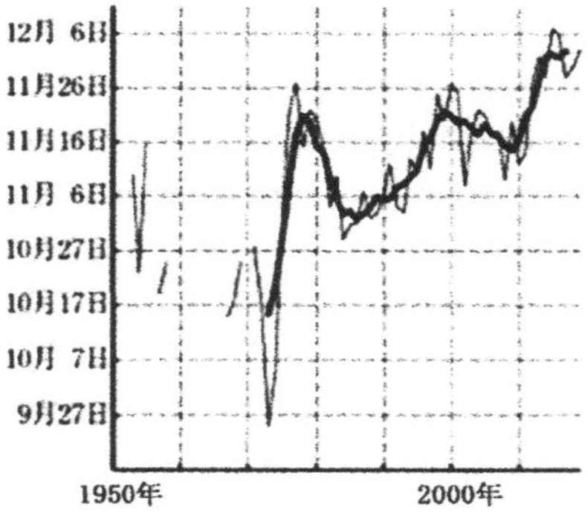

ウ

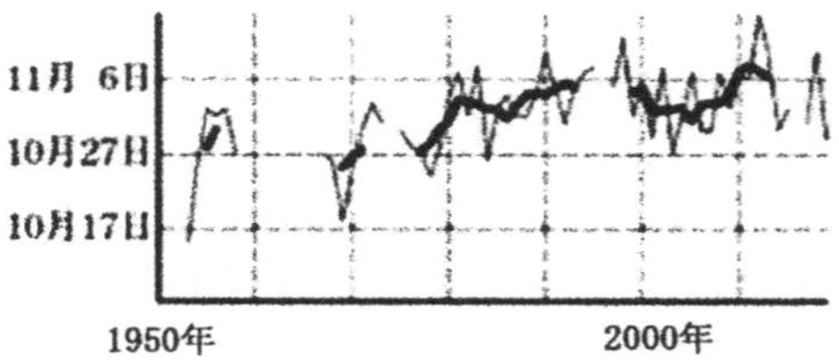

注１）　グラフの細い折れ線は毎年の値、太い折れ線はおおよその変化を表したものである。
注２）　横軸は西暦、縦軸はイチョウの黄葉日を表している。
注３）　グラフの折れ線がない年は、イチョウの黄葉日を観察していない。

出典）　国立天文台編「理科年表 2021」，丸善出版（2020).
理科年表オフィシャルサイト(国立天文台・丸善出版).
National Astronomical Observatory of Japan, Chronological Scientific Tables, Maruzen　(2020).

2022(R4) 盈進中
教英出版

問５　下線部⑤について、埼玉県の稲荷山《いなりやま》古墳と熊本県の江田船山《えたふなやま》古墳から、大和朝廷《やまとちょうてい》の大王《おおきみ》であった「ワカタケル大王」の名前が刻《きざ》まれた２つの鉄剣《てっけん》・鉄刀がみつかりました。このことから当時の大和朝廷の勢力についてわかることを、簡単《かんたん》に書きなさい。

問６　下線部⑥について、現在完全な形で伝えられている『風土記』はどこの国のものですか。下の**ア**～**エ**のうちから一つ選び、記号で答えなさい。

ア　常陸国《ひたちのくに》（今の茨城県）　　**イ**　播磨国《はりまのくみ》（今の兵庫県）
ウ　豊後国《ぶんごのくに》（今の大分県）　　**エ**　出雲国《いずものくに》（今の島根県）

Ｃ　豊臣秀吉《とよとみひでよし》は、尾張《おわり》（愛知県）に生まれ、織田信長《おだのぶなが》に仕えて有力な武将となりました。秀吉は、信長にそむいた明智光秀《あけちみつひで》をたおし、やがて朝廷から関白に任じられ、天下統一を成しとげました。秀吉は、大きな城を築いて政治の拠点《きょてん》とし、その場所を中心とした物資の流れをつくったり、金や⑦銀の鉱山を支配したりすることで、ばく大な財力をたくわえました。さらに秀吉は、⑧検地《けんち》と刀狩《かたながり》をおこないました。天下を統一した秀吉は、海外にも目を向け、中国（明《みん》）を征服《せいふく》しようと２度にわたって（　⑨　）に大軍を送りこみました。

問７　下線部⑦について、良質な銀を大量に産出した島根県にある銀山はどこですか。下の**ア**～**エ**のうちから一つ選び、記号で答えなさい。

ア　生野《いくの》　　**イ**　佐渡《さど》　　**ウ**　延沢《のべさわ》　　**エ**　石見《いわみ》

問８　下線部⑧について、検地と刀狩によって変化した社会について説明した文のうち、**誤っているもの**はどれですか。下の**ア**～**エ**のうちから一つ選び、記号で答えなさい。

ア　百姓《ひゃくしょう》は、刀や鉄砲《てっぽう》などの武器をさし出すことをこばみ、武士になっていった。
イ　武士と百姓に区別され、身分の固定化がはかられた。
ウ　百姓は、農業や林業などに専念するようになった。
エ　豊臣秀吉は、田畑の広さや耕作している人を調べ、ねんぐをおさめさせた。

問９　（　⑨　）にあてはまる国はどこですか。下の**ア**～**エ**のうちから一つ選び、記号で答えなさい。

ア　モンゴル　　**イ**　琉球《りゅうきゅう》　　**ウ**　朝鮮《ちょうせん》　　**エ**　台湾《たいわん》

D　明治政府は、政治の方針が日本中に広まるようにするために、1871 年に藩《はん》を廃止《はいし》し、新たに県や府を置き、政府が任命した役人に治めさせました。政府の中心となった大久保利通《おおくぼとしみち》や木戸孝允《きどたかよし》らは、ヨーロッパの国々に追いつくために、さまざまな⑩改革《かいかく》をしていきました。

問 10　下線部⑩について、下の各問いに答えなさい。

（1）　改革の内容として**誤っているもの**はどれですか。下の**ア**～**エ**のうちから一つ選び、記号で答えなさい。

ア　ヨーロッパ諸国に追いつくために工業をさかんにし、強い軍隊をもつことに力を入れた。
イ　20 才になった男子に、3 年間軍隊に入ることを義務づけた。
ウ　国の収入を安定させるために、土地に対する税のしくみを改めた。
エ　25 歳以上のすべての男子に選挙権があたえられた。

（2）　明治政府 1872 年に模範《もはん》的な工場を群馬県につくりました。その工場は全国各地から女子の労働者を募集《ぼしゅう》しました。次の文は、工場で働いていた女性の日記です。文中の（　　　）にあてはまる工場はどれですか。下の**ア**～**エ**のうちから一つ選び、記号で答えなさい。

（　　　）の門の前に来たときは、夢かと思うほどおどろきました。生まれてかられんがづくりの建物など、錦絵《にしきえ》で見ただけで、それを目の前に見るのですから、無理もないことです。

ア　八幡《やはた》製鉄所　　**イ**　札幌ビール醸造所《じょうぞうしょ》　　**ウ**　富岡製糸場　　**エ**　三菱《みつびし》造船所

（3）　改革によって変化した人びとのくらしを説明した文のうち、**誤っているもの**はどれですか。下の**ア**～**エ**のうちから一つ選び、記号で答えなさい。

ア　肉食が始まり、今のすき焼きのような牛鍋《ぎゅうなべ》が人気になった。
イ　新しいごらくとして映画がふきゅうし、ラジオ放送も始まった。
ウ　洋服やコート、ぼうしなどが流行し、ざんぎり頭が増えていった。
エ　道路にはガス灯がつくられ、夜も明るく照らされた。

E　明治政府による改革が進む中で、多くの士族は、武士として得ていた収入を失い、生活に困るようになりました。1877 年、西郷隆盛《さいごうたかもり》を中心とした鹿児島の士族たちが（⑪□□）戦争をおこしました。戦いは 8 か月にもわたって続きましたが、新式の武器で訓練された政府の軍隊によってしずめられました。

かつて政府の指導者だった板垣退助《いたがきたいすけ》は、政治は一部の政治家や役人たちだけで進めるのではなく、国民の意見を広く聞いて進めるべきであると主張しました。そして、政府に（⑫□□）を開

くように求める⑬自由民権運動を指導しました。この運動の結果、政府は 1890 年に（　⑫　）を開くことを約束しました。

問 11　（　⑪　）にあてはまる語句は何ですか。漢字で正しく答えなさい。（1つの□には、漢字一字が入ります。）

問 12　（　⑫　）にあてはまる語句は何ですか。漢字で正しく答えなさい。（1つの□には、漢字一字が入ります。）

問 13　下線部⑬について、1884 年に埼玉県で農民 3000 人余りが「自由自治元年」を唱え、「借金しはらいの延期、税金を安くすること」を求めて、役所や高利貸しをおそった事件は何ですか。下の**ア**～**エ**のうちから一つ選び、記号で答えなさい。

ア　秩父《ちちぶ》事件　　**イ**　米騒動《こめそうどう》　　**ウ**　足尾《あしお》銅山事件　　**エ**　大津《おおつ》事件

4　次の各問いに答えなさい。

問 1　行基《ぎょうき》について説明した次の文①・②の正誤の組み合わせとして、正しいものはどれですか。下の**ア**～**エ**のうちから一つ選び、記号で答えなさい。

①　人びとのために道路や橋・ため池などをつくった。
②　中国から6回目の渡航《とこう》で成功したが両目の視力を失った。

	ア	イ	ウ	エ
①	正	正	誤	誤
②	正	誤	正	誤

問 2　大塩平八郎《おおしおへいはちろう》について説明した次の文①・②の正誤の組み合わせとして、正しいものはどれですか。下の**ア**～**エ**のうちから一つ選び、記号で答えなさい。

①　国学の代表的な学者で、『古事記伝』を完成させた。
②　天保のききんのとき、貧しい人びとを救うために大阪で反乱を起こした。

	ア	イ	ウ	エ
①	正	正	誤	誤
②	正	誤	正	誤

問３　渋沢栄一《しぶさわえいいち》について説明した次の文①・②の正誤の組み合わせとして、正しいものはどれですか。下の**ア**～**エ**のうちから一つ選び、記号で答えなさい。

①　リトアニアにいた時、ナチスからのがれたユダヤ人約 6000 人に日本入国のビザを発行した。

②　明治天皇から初代内閣総理大臣に任命された。

	ア	**イ**	**ウ**	**エ**
①	正	正	誤	誤
②	正	誤	正	誤

問４　室町時代の文化の特徴《とくちょう》を説明した文のうち、正しいものはどれですか。次の**ア**～**エ**のうちから一つ選び、記号で答えなさい。

ア　書院造が広まり、床《とこ》の間に生け花などがかざられた。

イ　漢字をもとにして、日本独自のひらがなとかたかながつくられた。

ウ　人びとの楽しみとして隅田《すみだ》川の花火がはじまった。

エ　浄瑠璃《じょうるり》と人形劇が結びついた人形浄瑠璃がはじまった。

問５　次の①～③は、高度経済成長のころの出来事です。古いものから年代順に正しく並べかえたものはどれですか。下の**ア**～**カ**のうちから一つ選び、記号で答えなさい。

①　日本の国民総生産額（ＧＮＰ）が、アメリカについで世界第２位になった。

②　アジアで初となる東京オリンピックが開かれた。

③　日本は、国際連合への加盟が認められ国際社会に復帰した。

ア　①　→　②　→　③　　**イ**　①　→　③　→　②　　**ウ**　②　→　③　→　①

エ　②　→　①　→　③　　**オ**　③　→　①　→　②　　**カ**　③　→　②　→　①

5 次の文章を読んで、［　1　］・［　2　］にあてはまる語句の組み合わせとして、正しいものはどれですか。下の**ア**～**エ**のうちから一つ選び、記号で答えなさい。

問1 2021年1月20日、［　1　］元アメリカ合衆国副大統領が、ワシントンの就任式で宣誓《せんせい》し、第46代アメリカ合衆国大統領に就任しました。［　1　］氏は、［　2　］対策の国際枠組《わくぐ》み「パリ協定」への復帰など、国際協調路線に回帰する姿勢を明確にしました。

ア　［1］トランプ　　［2］地球温暖化
イ　［1］トランプ　　［2］新型コロナウイルス感染症《かんせんしょう》
ウ　［1］バイデン　　［2］地球温暖化
エ　［1］バイデン　　［2］新型コロナウイルス感染症

問2 2021年2月1日、［　1　］国軍はクーデターを起こし、政権与党《よとう》・国民民主連盟（NLD）を率いる［　2　］国家顧問《こもん》らを拘束《こうそく》しました。［　1　］では昨年11月の総選挙結果をめぐり、与党と国軍の緊張《きんちょう》が高まっていました。

ア　［1］ミャンマー　　［2］アウンサンスーチー
イ　［1］ミャンマー　　［2］マララ・ユスフザイ
ウ　［1］マレーシア　　［2］アウンサンスーチー
エ　［1］マレーシア　　［2］マララ・ユスフザイ

問3 2021年4月14日、アメリカ合衆国は［　1　］に駐留《ちゅうりゅう》するアメリカ軍を、［　2　］発生から20年がたつ今年の9月11日までに完全に撤退《てったい》させることを正式に表明しました。アメリカ合衆国は［　2　］をきっかけに［　1　］での軍事作戦に乗りだし、ピーク時には10万人規模の部隊を駐留させていました。

ア　［1］パキスタン　　［2］大使館人質事件
イ　［1］パキスタン　　［2］同時多発テロ事件
ウ　［1］アフガニスタン　　［2］大使館人質事件
エ　［1］アフガニスタン　　［2］同時多発テロ事件

問4 2021年7月26日、世界遺産委員会は「［　1　］、徳之島《とくのしま》、沖縄島北部及《およ》び西表島《いりおもてじま》（鹿児島・沖縄両県）」を［　2　］の世界自然遺産に登録すると決めました。世界的に希少な固有種や絶滅危惧種《ぜつめつきぐしゅ》が多く、豊かな生物多様性を守るために重要な地域であることが評価されました。これで、国内の自然遺産は5件目となりました。

ア　［1］奄美《あまみ》大島　　［2］ユニセフ
イ　［1］奄美大島　　［2］ユネスコ
ウ　［1］小笠原《おがさわら》諸島　　［2］ユニセフ
エ　［1］小笠原諸島　　［2］ユネスコ

問５　2021 年 11 月 10 日、特別国会で［　１　］党の［　２　］総裁は第 101 代首相に選出され、［　１　］・公明両党の連立による第 2 次［　２　］内閣を発足させました。首相は、新型コロナの第 6 波に備えた対応や経済の回復に取り組むほか、成長と分配の好循環を掲《かか》げています。

ア　［１］自由民主　　　［２］岸田文雄《きしだふみお》
イ　［１］自由民主　　　［２］枝野幸男《えだのゆきお》
ウ　［１］立憲民主　　　［２］岸田文雄
エ　［１］立憲民主　　　［２］枝野幸男

６　ある小学校のクラスでは、班ごとに公民について調べ学習を行いました。それぞれの調べ学習の発表の内容を読んで、次の問いに答えなさい。

問１　次の発表は 1 班が調べた「選挙」に関する発表です。発表中の［ A ］～［ C ］に入る数字の組み合わせとして、正しいものはどれですか。下の**ア**～**カ**のうちから一つ選び、記号で答えなさい。

> 国会議員や都道府県、市区町村の長や議員は選挙で選ばれます。選挙で投票する権利を選挙権といい、［ A ］才以上の国民に認められています。決められた年齢《ねんれい》になると選挙に立候補できる被《ひ》選挙権という権利もあたえられます。国会議員の場合、被選挙権は衆議院《しゅうぎいん》議員は［ B ］才以上、参議院《さんぎいん》議員は［ C ］才以上から与えられます。

ア　A．１８　　B．２０　　C．２５
イ　A．１８　　B．２５　　C．２５
ウ　A．１８　　B．２５　　C．３０
エ　A．２０　　B．２０　　C．２５
オ　A．２０　　B．２５　　C．２５
カ　A．２０　　B．２５　　C．３０

問２　次の会話は２班の「日本の平和主義」に関する発表後の会話です。この会話の（　X　）・（　Y　）・（　Z　）にあてはまる語句（**あ**～**か**）の組み合わせとして、正しいものはどれですか。下の**ア**～**ク**のうちから一つ選び、記号で答えなさい。

生徒　1945年（　X　）に原子爆弾を落とされた広島市の平和記念公園では、毎年の（　X　）に原子爆弾でなくなった人を慰霊《いれい》する式典が行われているのですね。

先生　そうですね。その式典では、平和宣言が読み上げられます。

生徒　今年(2021年)の平和宣言の骨子《こっし》を新聞で読みました。その記事には2021年1月22日に発行された（　Y　）について、日本政府に署名・批准《ひじゅん》を要請《ようせい》すると書いてありました。

先生　さらに、2022年1月にオーストリアの首都ウィーンで予定され、オブザーバーとしての参加が認められている第1回締約《ていやく》国会議に参加し、核《かく》保有国と非核保有国の橋渡し役を果たすよう求めていることも書いてありましたね。

生徒　日本は、核兵器を「もたない、つくらない、もちこませない」という（　Z　）を掲げていることを学びました。このことがあるから、第1回締約国会議に参加し、核保有国と非核保有国の橋渡し役を果たすよう求めているのですか。

先生　では、そのことについて、みんなで考えてみましょう。

（　X　）にあてはまる月日

あ　8月6日

い　8月8日

（　Y　）にあてはまる条約

う　核拡散防止条約

え　核兵器禁止条約

（　Z　）にあてはまる語句

お　核の傘

か　非核三原則

	ア	イ	ウ	エ	オ	カ	キ	ク
X	あ	あ	あ	あ	い	い	い	い
Y	う	う	え	え	う	う	え	え
Z	お	か	お	か	お	か	お	か

問3　次の発表は 3 班が調べた「行政権」に関する発表です。この発表中の（　　）にあてはまる語句を漢字で正しく答えなさい。（一つの□には、漢字一字が入ります。）

> 新型コロナウイルス感染予防対策として「緊急事態《きんきゅうじたい》宣言」が複数回出されています。その「緊急事態宣言」を可能にした法律は、内閣総理大臣《ないかくそうりだいじん》をはじめとする内閣を構成する大臣が集まる（□□）で決定され、国会で定められたものです。このように国会は、国民の生活に関わる法律を定める重要な役割があることを学びました。

問4　次の通信は「災害」に関して生徒会が発行した通信です。4 班はこの通信について発表しました。この発表中の（ａ）・（ｂ）にあてはまる語句を漢字で正しく答えなさい。

通信の一部抜粋《ばっすい》

> **3月11日「思いを寄せる日」（ａ）大震災から10年**
>
> （ａ）大震災から 10 年を迎える 3 月 11 日、震災《しんさい》発生時刻の 14 時 46 分には校内にいる全生徒・職員が黙《もく》とうを捧《ささ》げました。朝には、生徒会を中心に有志の生徒が全校生徒へ呼びかけました。
>
> 「おはようございます。3 月 11 日を忘れない！今日で（ａ）大震災から 10 年。奪《うば》われた命の重みと震災を乗り越え今を生きている方々がいることを忘れず、思いを寄せましょう。」
>
> 毎月 11 日、10 年間欠かさず続けてきた活動は、これからも引き継《つ》ぎ、思いを繋《つな》ぎ続けます。

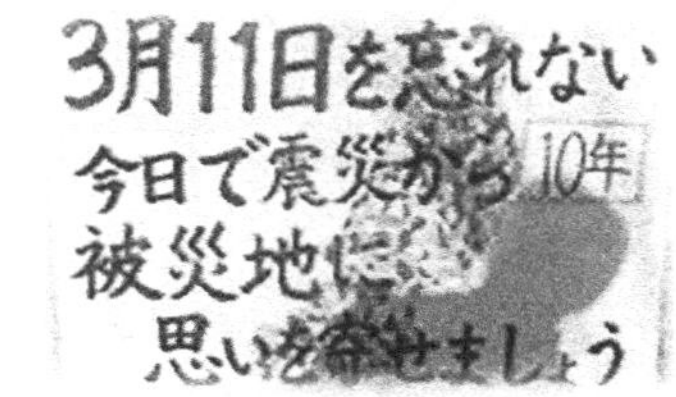

発表

> 2011 年 3 月 11 日におこった（ａ）大震災から 2021 年で 10 年目を迎えました。岩手県陸前高《りくぜんたか》田《た》市など、大きな被害《ひがい》をうけた市では震災復興《ふっこう》計画を作成し、まちの整備を進めています。
>
> 同様に、大きな被害をうけた（ｂ）県では、（ｂ）第一原子力発電所の爆発《ばくはつ》事故により、10 万人もの人びとが長期間ふるさとを離《はな》れなければならなくなりました。震災から 6 年後の 2017 年 4 月に富岡《とみおか》町の一部でひなん指示が解除されましたが、あれ果てて働く場所も失われたまちで、人びとが生活を立て直すためには、まだ多くの課題があることを知りました。

2022(R4) 盈進中
教英出版

60

80

点

三

問一

A

B

C

問二

20

問三

問四

主語（主部）

述語（述部）

問五

問六 i

問六 ii

30

20

問七

i

ii

1

2

3

4

点

四

①バッタ

②糸瓜（ヘチマ）

③社会（しゃかい）

④不思議（ふしぎ）

⑤座布団（ざぶとん）

受験番号

2022(令和4)年度　算数入学試験　盈進中学校

解 答 用 紙

1

小計

(1)	
(2)	
(3)	
(4)	
(5)	

2

小計

(1)	人
(2)	円
(3)	ページ
(4)	日間
(5)	：　：
(6)	%

3

小計

(1)		度
(2)		cm^3
(3)		cm^2
(4)	①	秒後
	②	分　秒後
	③	分　秒後
	④	m^2

受験番号	

2022(令和4)年度　　理科　入学試験　　盈進中学校

解答用紙

1

小計

問1		問2		問3		問4	
問5		問6		問7		問8	
問9		問10					

2

小計

問1		問2		問3		問4	
問5		問6		問7		問8	
問9		問10					

3

小計

問1		問2		問3		問4	
問		問		問		問	

【解答用

受験番号	

2022(令和4)年度　　社会　入学試験　　盈進中学校

解答用紙

1

小計

問1	(1)	(2)		(3)		(4)	
問2	(1)	(2)		問3		問4	
問5		問6		問7	(a)	(b)	

2

小計

問1	(1)	(2)	(3)	問2	
問3	(1)	(2)	問4		問5	

3

小計

問1		問2		問3		問4	
問5							
問6		問7		問8		問9	

【解答用

問12			問13	

4

小計

問1		問2		問3		問4	
問5							

5

小計

問1		問2		問3		問4	
問5							

6

小計

問1		問2		問3			問4	(a)
問4	(b)							

合計

※100点満点
（配点非公表）

9		10	

4

小計

問1		問2		問3		問4	
問5		問6		問7		問8	
問9		問10					

5

小計

問1		問2		問3		問4	
問5							

6

小計

問1		問2		問3		問4	
問5							

合計

※100点満点
（配点非公表）

受験番号	

4

小計

(1)	ア	
	イ	
	ウ	通り
	エ	通り
(2)	オ	通り

5

小計

(1)	ア	
	イ	
	ウとエ	と
(2)	オ	
	カ	
	キ	
(3)	ク	マス
	ケ	マス
	コ	マス
	サ	マス

合計

※100点満点
（配点非公表）

二〇二二（令和四）年度　国語　入学試験　盈進中学校

解答用紙

一

①	②	③	④ く
⑤	⑥	⑦ ねる	⑧ く
⑨	⑩	⑪ せ	⑫ める
⑬	⑭	⑮	⑯
⑰	⑱	⑲ う	⑳

点

二

点

問一　Ⅰ　Ⅱ　Ⅲ　Ⅳ

問二　a　b

問三　A　B　C

問四

長所　新エネルギーは（20）（30）

短所　新エネルギーは（20）（30）

私（僕）が取り組みたいことは、目標［　］番の、［　］です。

合計

※100点満点
（配点非公表）

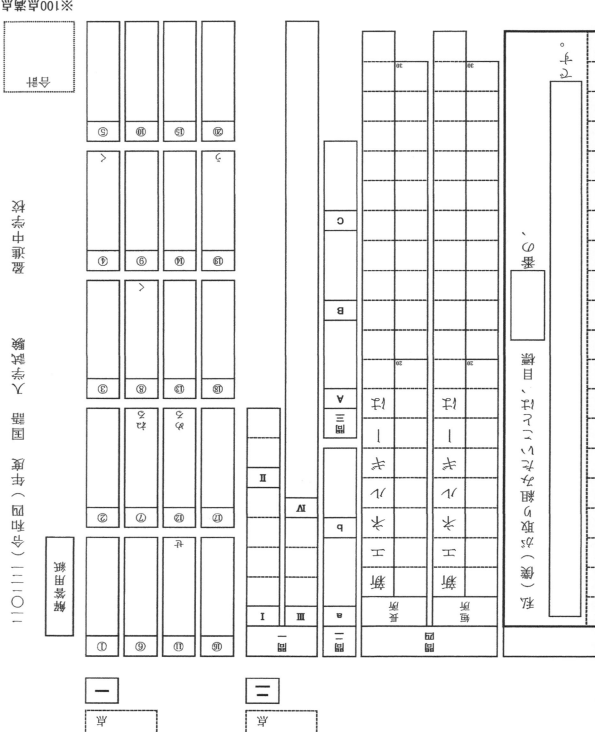

1　次の各問いに答えなさい。

問１　次の３人の会話文を読み、下の各問いに答えなさい。

きょうこさん　昨年は①東京でオリンピックが開催《かいさい》され日本選手が活躍《かつやく》したね。

ニコラスさん　前回のオリンピックはブラジルだったよ。（ａ）大陸で初めて開かれたんだ。１年中暑い国だけど、リオデジャネイロの８月は（ｂ）にあたるので、平均気温が22度前後になるんだ。

ジャンヌさん　2024年は②パリオリンピックです。ぜひ私の国に来てください。

（１）　下線部①について、次の図は東京（羽田）空港からの主な国内路線の旅客輸送量を示しています。図中の**ア**～**エ**は、新千歳《しんちとせ》（札幌《さっぽろ》）、大阪、福岡、那覇《なは》のいずれかです。福岡にあてはまるものはどれですか。下の図中の**ア**～**エ**のうちから一つ選び、記号で答えなさい。

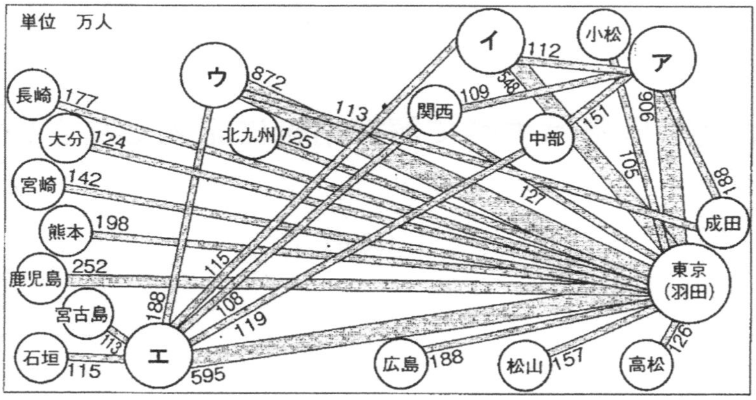

（日本国勢図会）

（２）　次の地図を見て、東京からもっとも遠い大陸はどこですか。下の**ア**～**エ**のうちから一つ選び、記号で答えなさい。

ア　南アメリカ大陸　　**イ**　南極大陸　　**ウ**　オーストラリア大陸　　**エ**　アフリカ大陸

（3） 会話文中の（a）・（b）に入る語句の組み合わせとして、正しいものはどれですか。下の**ア**～**エ**のうちから一つ選び、記号で答えなさい。

ア （a）-アフリカ （b）-冬 **イ** （a）-アフリカ （b）-夏
ウ （a）-南アメリカ （b）-冬 **エ** （a）-南アメリカ （b）-夏

（4） 下線部②について、パリオリンピックが開催される国はどこですか。下の地図中の**ア**～**エ**のうちから一つ選び、記号で答えなさい。

問2 次の地図を見て、下の各問いに答えなさい。

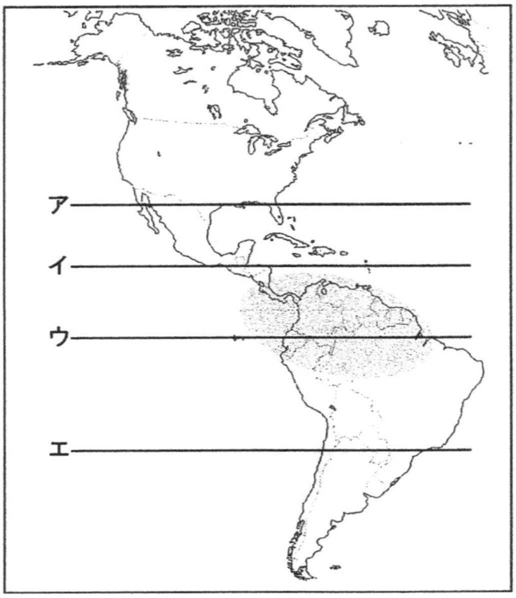

（1） 赤道の位置を正しくあらわしているのはどれですか。地図中の**ア**～**エ**のうちから一つ選び、記号で答えなさい。

（2）　地図中の　　　　で示した地域では、ある環境破壊《かんきょうはかい》が問題になっています。その問題とは何ですか。もっともふさわしいものを、下の**ア**～**エ**のうちから一つ選び、記号で答えなさい。

ア　砂漠化《さばく》　　**イ**　オゾン層の破壊　　**ウ**　酸性雨《さんせいう》　　**エ**　森林（熱帯雨林）の減少

問３　次の絵は、ある工業製品ができるまでをえがいたものです。その工業製品をつくっている主な工場の分布を示したものはどれですか。下の地図の**ア**～**ウ**のうちから一つ選び、記号で答えなさい。

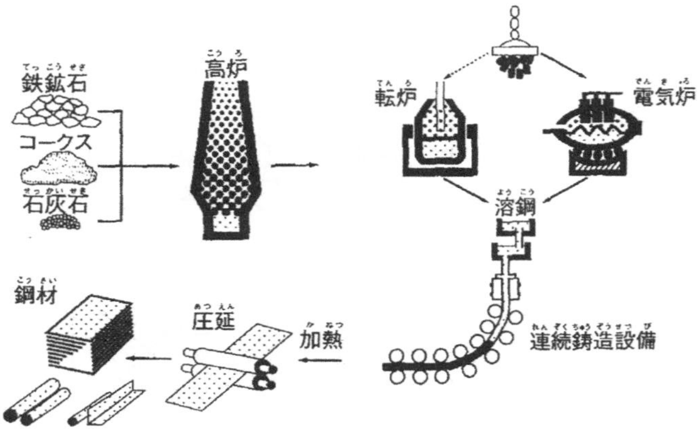

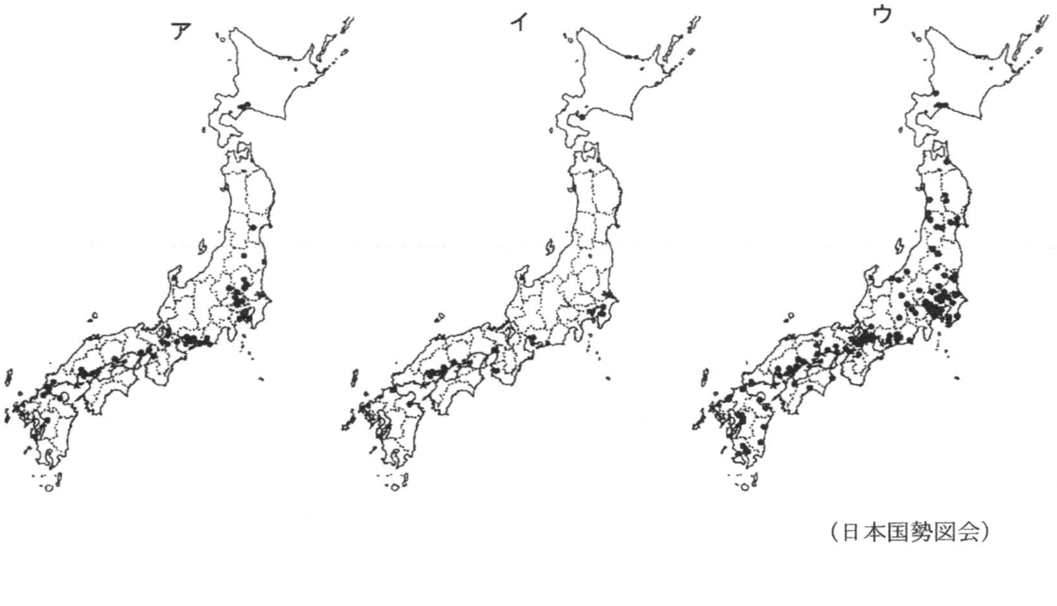

（日本国勢図会）

問４　日本の工業地帯・地域の特色について説明した文のうち、阪神工業地帯にあてはまるものはどれですか。下の**ア**～**エ**のうちから一つ選び、記号で答えなさい。

ア　金属工業や化学工業の割合が高く、中小工場が多い。
イ　自動車工業などの機械工業がさかんで、陶磁器《とうじき》の生産額も多い。
ウ　機械工業を中心に重化学工業が発達し、印刷業の生産額が多い。
エ　かつては鉄鋼業を中心に発達したが、最近は低迷している。

問５　次の〔図Ⅰ〕は、日本における発電電力量の割合を示したもので、**Ａ**～**Ｃ**は、火力、原子力、水力のいずれかです。また、下の〔図Ⅱ〕の**あ**と**い**は、火力発電所と水力発電所のいずれかを示したものです。〔図Ⅰ〕の火力と〔図Ⅱ〕の火力発電所との組み合わせとして、正しいものはどれですか。下の**ア**～**カ**のうちから一つ選び、記号で答えなさい。

〔図Ⅰ〕日本における発電電力量の割合

Ａ（%）	Ｂ（%）	Ｃ（%）	新エネルギー（%）
8.7	82.3	6.2	2.7

（日本国勢図会）

〔図Ⅱ〕国内の主な発電所

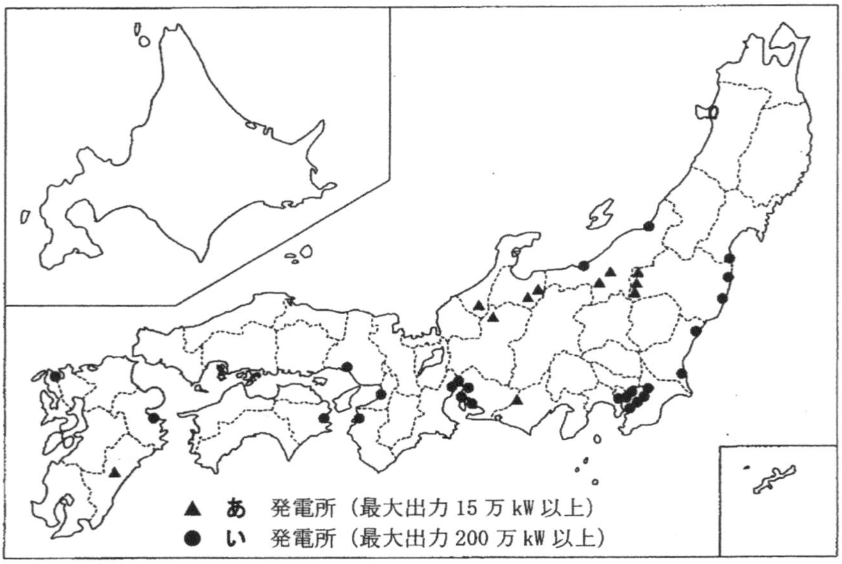

（日本国勢図会）

	ア	イ	ウ	エ	オ	カ
火　力	Ａ	Ａ	Ｂ	Ｂ	Ｃ	Ｃ
火力発電所	あ	い	あ	い	あ	い

問６　日本の地方の農業の特色について説明した文のうち、根釧《こんせん》台地にあてはまるものはどれですか。下の**ア～エ**のうちから一つ選び、記号で答えなさい。

ア　火山灰地のため、稲作《いなさく》に向かず酪農《らくのう》や畑作がさかん。
イ　温暖な気候をいかし、きゅうりなどの促成栽培《そくせいさいばい》がさかん。
ウ　日本の穀倉《こくそう》地帯といわれ、米作りがさかん。
エ　火山灰が降り積もったシラス台地が広がり、さつまいもなどの栽培がさかん。

問７　下の表の**ア～カ**は、北海道、東京、長野、広島、高知、福岡の各都道府県のデータです。長野県にあてはまるものを（ａ）に、福岡県にあてはるものを（ｂ）に、表中の**ア～カ**のうちからそれぞれ選び、記号で答えなさい。

	第１次産業の割合(％)	第２次産業の割合(％)	第３次産業の割合(％)	面積(k㎡)	人口(千人)	農業産出額(億円)	海面漁かく量(千ｔ)	工業産出額(億円)
ア	0.4	17.5	82.1	2,194	13,921	240	47	79,116
イ	2.9	21.2	75.9	4,987	5,104	2,124	29	98,040
ウ	3.2	26.8	70.0	8,480	2,804	1,187	16	101,047
エ	7.4	17.9	74.7	78,421	5,250	12,593	877	62,126
オ	9.3	29.2	61.6	13,562	2,049	2,616	—	62,316
カ	11.8	17.2	71.0	7,104	698	1,170	73	5,919

（日本国勢図会）

２　次の各問いに答えなさい。

問１　まことさんはおじいちゃんが住んでいる静岡県の焼津《やいづ》漁港について調べました。下の各問いに答えなさい。

（１）　焼津漁港は、遠洋漁業のみならず沿岸漁業の基地にもなっています。沿岸漁業の説明文として、正しいものはどれですか。下の**ア～エ**のうちから一つ選び、記号で答えなさい。

ア　10t 以上の船を使って、日本の近くの海で数日がかりで漁をする。
イ　10t 未満の船や定置《ていち》あみ、地引《じび》きあみを使って漁をする。
ウ　大型の船を使って、遠くの海で長い期間にわたって漁をする。
エ　稚魚《ちぎょ》になるまで人工の施設《しせつ》で育て、大きく育ってからとる。

（2） 焼津漁港の水揚げ量が多い理由として、**誤っているもの**はどれですか。下の**ア～エ**のうちから一つ選び、記号で答えなさい。

ア 漁港の中の波が静かなため、安全に水揚げができるから。

イ 漁港の近くには冷蔵庫や加工場が多いため、たくさんの魚を受け入れられるから。

ウ 近くに高速道路が通っているため、東京や名古屋などの消費地に運ぶのに便利だから。

エ 沖合に暖流の親潮が流れているため、よい漁場がたくさんあるから。

（3） 次の〔写真〕は焼津市が防災のためにつくった施設です。〔地図〕はその施設が建設された箇所《かしょ》を示したものです。その施設の説明文として、正しいものはどれですか。下の**ア～エ**のうちから一つ選び、記号で答えなさい。

〔写真〕

〔地図〕

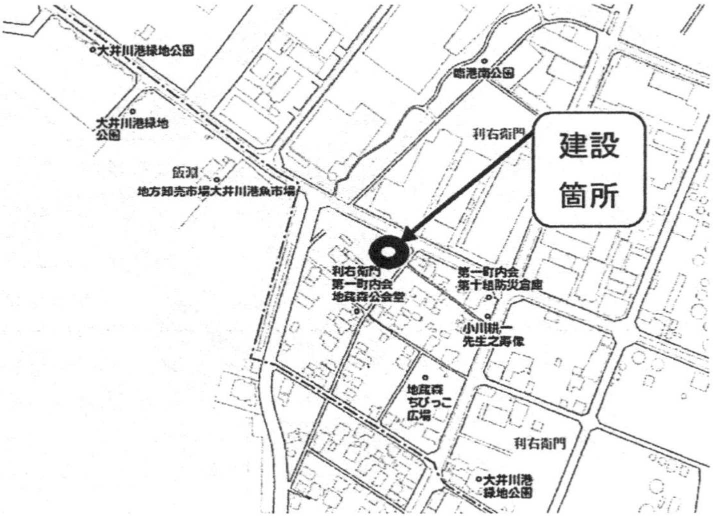

（焼津市ホームページより）

ア 地震《じしん》による液状化を防ぐためにつくられた。

イ 洪水《こうずい》による浸水を防ぐためにつくられた。

ウ 津波《つなみ》からひなんするためにつくられた。

エ 土石流《どせきりゅう》からひなんするためにつくられた。

問２　次の図は、日本の漁業種類別生産量の推移をあらわしたものです。**ア～エ**は、遠洋漁業、沖合漁業、沿岸漁業、海面養殖《ようしょく》業のいずれかです。海面養殖業にあてはまるものはどれですか。図中の**ア～エ**のうちから一つ選び、記号で答えなさい。

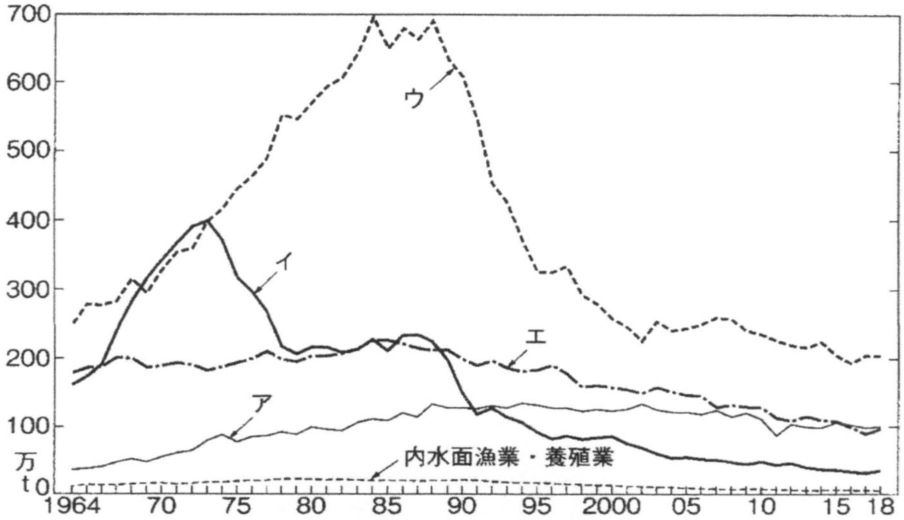

（日本国勢図会）

問３　みずきさんは千田町《せんだちょう》について調べました。次の地図を見て、下の各問いに答えなさい。

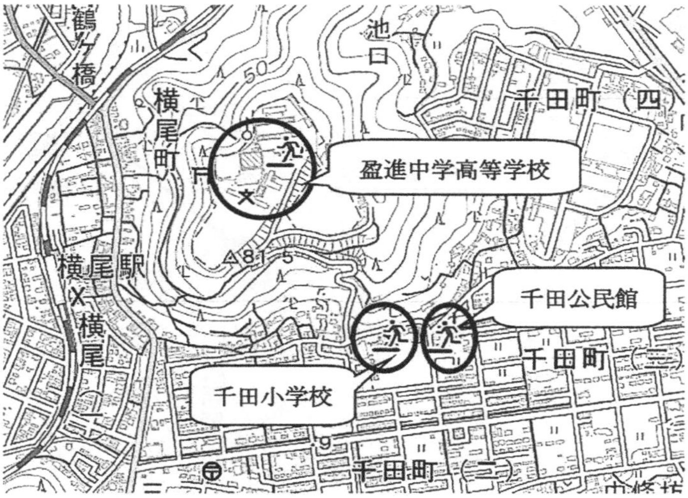

（１）　盈進《えいしん》中学高等学校からみて横尾駅はどの方角にありますか。正しいものを、下の**ア～エ**のうちから一つ選び、記号で答えなさい。

ア　北西　　　**イ**　北東　　　**ウ**　南西　　　**エ**　南東

（2） 次の表中の**ア**～**ウ**は、千田町にある３つのひなん場所・ひなん所（盈進中学高等学校、千田小学校、千田公民館）についてまとめたものです。盈進中学高等学校にあてはまるものはどれですか。表中の**ア**～**ウ**のうちから一つ選び、記号で答えなさい。

名称	ひなん場所				ひなん所	入所可能人員（人）
	土砂	洪水	津波	地震		
ア	●体育館	●体育館	●グラウンド	●グラウンド	●施設	2044
イ	●施設				●施設	65
ウ	●校舎（南棟３階）	●校舎（南棟３階）	●グラウンド	●グラウンド	●施設	400

（福山市ホームページより）

問４ 地図記号  は「自然《しぜん》災害《さいがい》伝承《でんしょう》碑《ひ》」です。2018 年 7 月の西日本豪雨《ごうう》災害がきっかけで導入されました。導入された理由として、もっともふさわしいものはどれですか。下の**ア**～**エ**のうちから一つ選び、記号で答えなさい。

ア ひなん場所までの道のりを地域住民に確認してもらうため。
イ ある出来事や人の功績《こうせき》などを記念し後世《こうせい》に伝えるため。
ウ 自然災害で亡くなった人の霊《れい》をなぐさめるため。
エ 地図にのせることで過去の教訓《きょうくん》を伝え防災意識を高めてもらうため。

問５ 日本全体の自然災害と防災対策について説明した次の文①・②の正誤の組み合わせとして、正しいものはどれですか。下の**ア**～**エ**のうちから一つ選び、記号で答えなさい。

① 日本は地震や大雨が多く、自然災害をうけやすい。
② 地震や大雨などが発生すると、必ずどの地域でも同じ大きさの被害がおきる。

	ア	**イ**	**ウ**	**エ**
①	正	正	誤	誤
②	正	誤	正	誤

3 次の**A**～**E**の文章を読んで、下の各問いに答えなさい。

A 今から1万2000年ほど前、人びとは、貝や木の実を集めたり、石や骨《ほね》などでつくった道具を使って、シカやイノシシなどの動物や魚などをとって食料とするくらしをしていました。同じころ人びとは、①土器をつくりはじめました。人びとは、川や海などが近くにある場所に、竪穴《たてあな》住居を建てて住んでいました。住居の近くでは、貝がらや木の実、魚の骨などが捨《す》てられて積もった（　②　）が見つかることがあります。青森県の（　③　）遺跡《いせき》のように、長期間にわたって、多くの人がくらしていた集落跡《あと》も発見されています。

問1　下線部①の土器について説明した文のうち、正しいものはどれですか。下の**ア**～**エ**のうちから一つ選び、記号で答えなさい。

ア　高温で焼かれ、厚くてもろい。
イ　高温で焼かれ、うすくてかたい。
ウ　低温で焼かれ、厚くてもろい。
エ　低温で焼かれ、うすくてかたい。

問2　（　②　）にあてはまる語句は何ですか。

問3　（　③　）にあてはまる語句は何ですか。下の**ア**～**エ**のうちから一つ選び、記号で答えなさい。

ア　板付《いたづけ》　　**イ**　三内丸山《さんないまるやま》　　**ウ**　吉野ヶ里《よしのがり》　　**エ**　登呂《とろ》

B 日本各地には、小山のように大きな④古墳《こふん》とよばれる遺跡が残っています。これらは、3～7世紀ごろに各地で勢力《せいりょく》を広げ、くにをつくりあげた⑤王や豪族《ごうぞく》の墓です。大阪府堺市の大仙《だいせん》（仁徳陵《にんとくりょう》）古墳は、5世紀につくられた日本最大の古墳です。今の近畿《きんき》地方には、大きな前方《ぜんぽう》後円墳《こうえんふん》がつくられたことがわかっています。8世紀ごろ、『古事記《こじき》』や『日本書紀《にほんしょき》』といった書物が天皇の命令でつくられました。また、各地の人びとの生活の様子や地域の自然などを記した⑥『風土記《ふどき》』も8世紀ごろにつくられました。

問4　下線部④について、古墳のまわりに並べられていた右の写真のものは何ですか。ひらがな三字で答えなさい。

2022(令和 4)年度入学試験問題

社　会

(注意) 解答はすべて解答用紙に記入しなさい。

(50分)

盈 進 中 学 校

1 次の問いに答えなさい。

問１ 1872 年（明治５年）に出版され西洋料理を紹介《しょうかい》した『西洋料理指南』という本に書かれているカレーの作り方は、「ネギ・ショウガ・ニンニクをみじん切りし、バターで炒《いた》めて水を加え、ニワトリ・エビ・タイ・カキ・カエルなどを入れて煮込《にこ》む」とあります。『西洋料理指南』に書かれているカレーに入れる動物の中で、冬になるとしめった土の中や石の下などでじっとしているものはどれですか。動物の名前を答えなさい。

問２ 私たちは生きるのに必要な栄養分を食べものからとりこんでいます。この栄養分のとりこみに関わっているのが消化管です。とりこんだ栄養分はすぐにエネルギー源として使われるものもあれば、体をつくる成分として利用されるものもあり、その一部は一時的にたくわえられます。栄養分をたくわえるのは体のどの部分ですか。次の**ア**～**エ**から一つ選び、記号で答えなさい。

ア じん臓　**イ** 肝《かん》臓　**ウ** すい臓　**エ** 心臓

問３ ヒトは肺で空気から酸素をとりいれ二酸化炭素を出していますが、水中にすむメダカに肺はありません。メダカは何という部分で水中から酸素をとりいれ、二酸化炭素を出していますか。体の部分の名前を答えなさい。

問４ 人の血液はどのような順で体をめぐっていきますか。次の**ア**～**エ**から一つ選び、記号で答えなさい。

ア 全身→心臓→肺→全身　**イ** 全身→肺→心臓→全身

ウ 全身→肺→心臓→肺→全身　**エ** 全身→心臓→肺→心臓→全身

問５ 「うるさい」という言葉を漢字で書くと「五月蠅」となります。「蠅」はハエを表す漢字です。梅雨《つゆ》時だった旧暦《きゅうれき》の五月ころにハエは活動的になり、その音が非常にうるさいことから「うるさい」を「五月蠅」と表すことになったようです。ハエの育ち方はチョウと同じで、トンボやバッタの育ち方には見られないある状態の時期があります。その状態を何といいますか。

問６ ヒトの卵は受精してから、約何週かけて子として生まれてきますか。次の**ア**～**エ**から一つ選び、記号で答えなさい。

ア 約 28 週　**イ** 約 38 週　**ウ** 約 48 週　**エ** 約 58 週

問７ 植物は、体内に生じた気体を空気中に放出したり、空気中の気体を体内にとりこんだりするため、どこにどのような構造がありますか。次の**ア**～**エ**から一つ選び、記号で答えなさい。

ア 花の中心部に、先がふくれた細長い管がたくさんある。

イ くきの内部に、細長い管がたくさんある。

ウ 葉のうらに、小さなあながたくさんある。

エ 根の先に、綿のような細かい毛がたくさんある。

問8　植物に光を当てると、葉であるものがつくられます。葉でつくられるものが何かを調べるために使われるものは何ですか。次の**ア**～**エ**から一つ選び、記号で答えなさい。

ア　リトマス紙　　**イ**　石灰水　　**ウ**　ヨウ素液　　**エ**　ＢＴＢよう液

問9　ヘチマのくきの長さと葉の数を１週間ごとに調べてみると、次の表のような結果になりました。この結果から考えられることとして正しいものはどれですか。下の**ア**～**エ**から一つ選び、記号で答えなさい。

調べた日	6月1日	6月8日	6月15日	6月22日	6月29日
朝9時の気温	18℃	21℃	20℃	24℃	26℃
くきの長さ	19cm	24cm	33cm	54cm	98cm
葉の数	9枚	11枚	16枚	24枚	36枚

ア　気温が高くなると、くきののびは大きくなり、葉の数は増えていく。
イ　気温が高くなると、くきののびは大きくなるが、葉の数は変化しない。
ウ　気温が高くなると、くきののびは変化しないが、葉の数は増えていく。
エ　気温が高くなっても、くきののびも葉の数も特に変化しない。

問10　インゲンマメの種子をだっし綿を入れたプラカップにまき、いろいろな条件にして発芽するかどうかを調べてみると、次の表のような結果になりました。この結果から考えられるものとして正しいものはどれですか。下の**ア**～**エ**から**すべて**選び、記号で答えなさい。

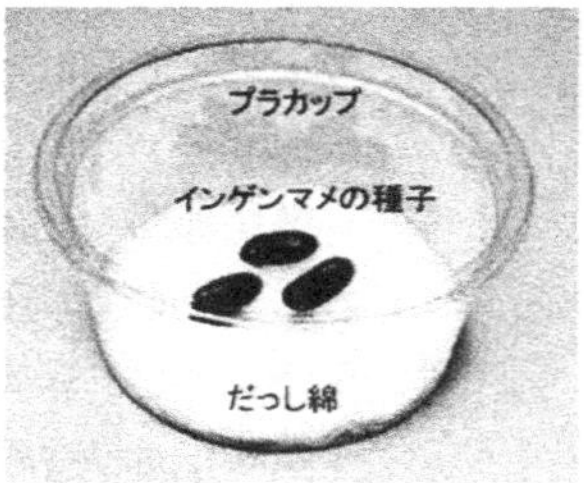

温度	20℃	20℃	20℃	20℃	6℃
だっし綿の状態	かわいた	水でしめらせた	水でしめらせた	水の中に沈《しず》めた	水でしめらせた
明るさ	明るい	明るい	暗い	明るい	暗い
発芽の有無	無	有	有	無	無

ア　インゲンマメの種子が発芽するには、暗さが必要である。
イ　インゲンマメの種子が発芽するには、空気が必要である。
ウ　インゲンマメの種子が発芽するには、20℃くらいの適した温度が必要である。
エ　インゲンマメの種子が発芽するには、しめりけが必要である。

2 次の問いに答えなさい。

問１　日没《ぼつ》直後に月を観察したところ、月は南の空にありました。このときに見える月の形として正しいものはどれですか。次の**ア**～**オ**から一つ選び、記号で答えなさい。

ア　　**イ**　　**ウ**　　**エ**　　**オ**

問２　私たちのすむ地球は、水が液体の状態で存在できる太陽系で一つだけの惑星《わくせい》です。地球より太陽に近い惑星では水は水蒸気となり、地球より太陽から遠い惑星では水は氷となってしまいます。月の表面にある多数のくぼみには水が見られないことから、月の表面には液体の水はないと考えられています。月の表面のくぼみを何といいますか。

問３　地球の水に関して書かれた次の文章中の（　A　）～（　D　）に入る語句の組み合わせとして正しいものはどれですか。下の**ア**～**オ**から一つ選び、記号で答えなさい。

地球表面の水は、おもに太陽のエネルギーにより水蒸気となって大気中に蒸発していきます。大気中の水蒸気は、上向きの大気の流れなどで上空に運ばれ冷やされると、液体の水や氷の小さなつぶとなります。これがたくさん集まったものが（　A　）です。（　A　）の中の水や氷のつぶはくっつきあって成長し、大きくなって、ついに空気中に浮くことができなくなります。これが（　B　）です。（　B　）が激しく降ると、川を流れる水の量が増え、勢いが強くなり、大地をけずって下流に流してしまいます。大地をけずることを（　C　）、下流に流すことを（　D　）といいます。

	A	B	C	D
ア	霧《きり》	ひょう	侵食《しんしょく》	運搬《うんぱん》
イ	雲	雨	土砂崩《どしゃくず》れ	洪水《こうずい》
ウ	雨	ひょう	土砂崩《どしゃくず》れ	洪水《こうずい》
エ	雨	あられ	津波《つなみ》	侵食《しんしょく》
オ	雲	雨	侵食《しんしょく》	運搬《うんぱん》

問４　空全体を 10 としたとき、雲が空をおおう割合がどれくらいのときの天気を「晴れ」といいますか。次の**ア**～**エ**から一つ選び、記号で答えなさい。

ア　0～5　　**イ**　0～6　　**ウ**　0～7　　**エ**　0～8

問５　近年、大量で激しい雨が長時間同じ地域に降り続くことで大きな被害《ひがい》が生じています。その原因として正しいものはどれですか。次の**ア～オ**から一つ選び、記号で答えなさい。

ア　フェーン現象　　**イ**　エルニーニョ現象　　**ウ**　線状降水帯　　**エ**　台風

オ　アメダス

問６　台風は大雨に加え暴風による被害をもたらします。台風はどこで発生しますか。次の**ア～オ**から一つ選び、記号で答えなさい。

ア　日本の東方　　**イ**　日本の西方　　**ウ**　日本の南方　　**エ**　日本の北方

オ　日本周辺の海で温度の低いところ

問７　川原が最も大きくなるのはどのような場所ですか。次の**ア～オ**から一つ選び、記号で答えなさい。

ア　川の源流　　**イ**　まっすぐに流れる川の右岸　　**ウ**　まっすぐに流れる川の左岸

エ　曲がって流れる川の内側　　**オ**　曲がって流れる川の外側

問８　土砂が海や湖の底に堆積《たいせき》することをくり返してできる図のような岩石の層を何といいますか。

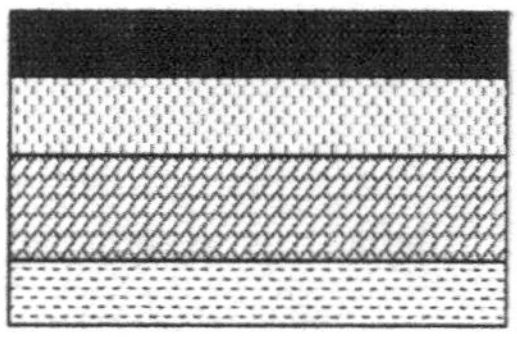

問９　アンモナイトは中生代に生きていた殻《から》をもつタコやイカのなかまです。世界一高いエベレスト山があるヒマラヤ山脈からアンモナイトの化石が見つかっています。このことから、アンモナイトが生きていた時代には、ヒマラヤ山脈はどんな場所だったといえますか。次の**ア～オ**から一つ選び、記号で答えなさい。

ア　砂漠《さばく》　　**イ**　高山　　**ウ**　湖　　**エ**　海　　**オ**　大河

問10　地震によって起こることはどれですか。次の**ア～オ**から<u>すべて</u>選び、記号で答えなさい。

ア　かみなりが鳴る。　　**イ**　建物や道路がこわれる。

ウ　地面が下がり、海の中に沈《しず》む。　　**エ**　津波《つなみ》が発生する。

オ　地下の熱で、温泉がわく。

3 次の問いに答えなさい。

問１　モーターを利用した道具はどれですか。次の**ア**～**エ**から一つ選び、記号で答えなさい。

ア　電気自動車　　**イ**　石油ストーブ　　**ウ**　けい光灯　　**エ**　かん電池

問２　電流計を 50mA のマイナスたんしにつないだとき、針が図のようになりました。電流の大きさはいくらですか。単位もつけて答えなさい。

問３　巻き数が 50 回のコイルにかん電池を図のようにつなぎ、電磁石の強さを調べました。電磁石の強さが一番強いのはどれですか。次の**Ａ**～**Ｃ**から一つ選び、記号で答えなさい。

Ａ　　　　　Ｂ　　　　　Ｃ

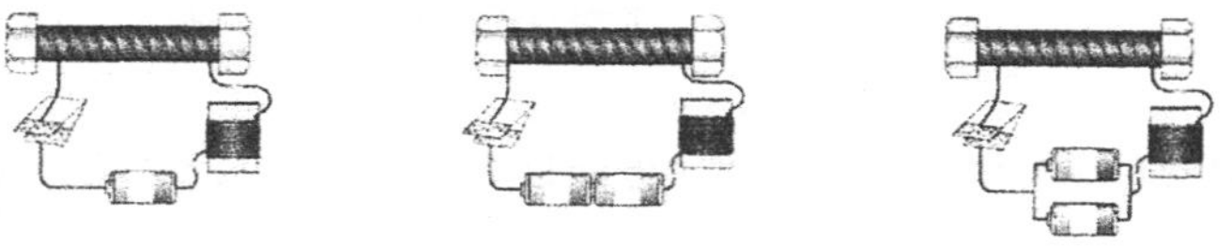

問４　問３の図の電磁石を強くするには、どのようにすればよいですか。次の**ア**～**オ**から**すべて**選び、記号で答えなさい。

ア　Ａのコイルの巻き数を減らす。

イ　Ａのコイルの巻き数を増やす。

ウ　Ｂの電池の数を２つから３つに増やす。

エ　Ｃの電池の数を２つから１つに減らす。

オ　Ｃの電池の向きを逆にして電流を流す。

問５　ふりこが往復する時間に関係するものはどれですか。次の**ア**～**ウ**から一つ選び、記号で答えなさい。

ア　ふりこの重さ　　**イ**　ふりこの長さ　　**ウ**　ふりこのふれはば

問６　糸電話の糸を指でつまむと、声は伝わらなくなりました。つまんでいた指をはなすと声はどうなりますか。次の**ア**～**エ**から一つ選び、記号で答えなさい。

ア　指をはなしても、声は伝わらない。

イ　声はつまむ前と同じ大きさで伝わるようになる。

ウ　声は小さくなって伝わるようになる。

エ　声は大きくなって伝わるようになる。

問７　図のようなてこが水平になるとき、Ａのおもりの重さは何ｇですか。

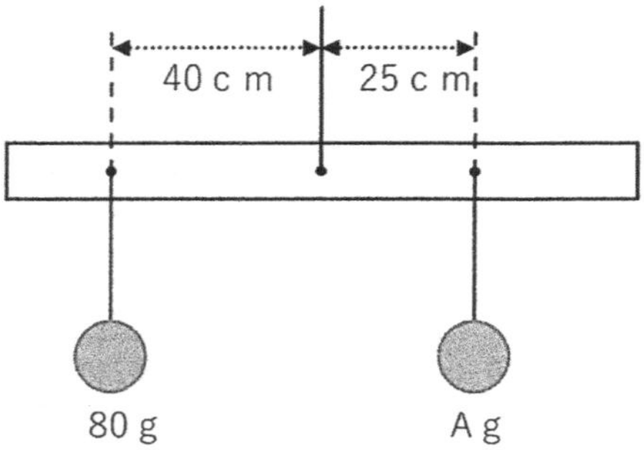

問８　図のようなてこが水平になるとき、Ｃのおもりの重さは何ｇですか。

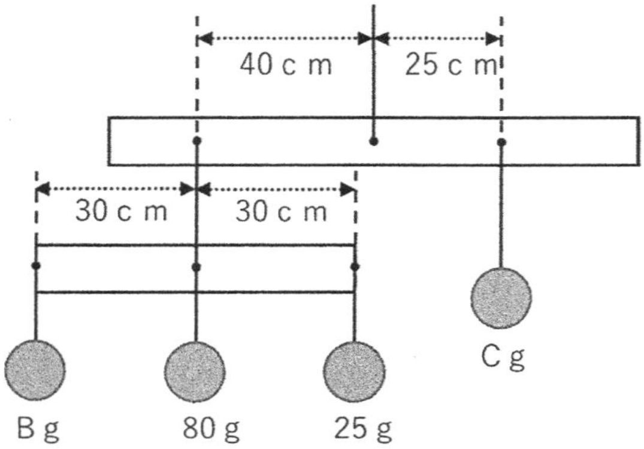

問９　積み木を少しずつずらしながら積み上げたらどこまでずらすことができるでしょうか。図のように積み木をずらしたとき、２段目の積み木は左端から（　Ａ　）ｍまでずらしてもくずれません。（　Ａ　）に入る数字はどれですか。次の**ア**～**エ**から一つ選び、記号で答えなさい。ただし、今回使う積み木は、長さが１ｍで形も材質もすべて同じものとします。また、積み木の数え方は下から１段、２段と数えるものとします。

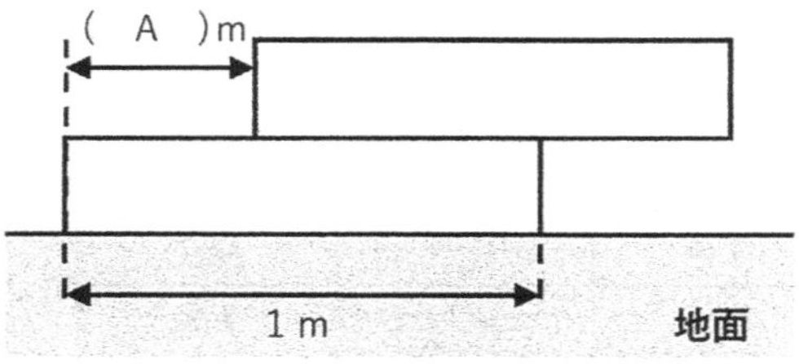

ア　0.25　　**イ**　0.5　　**ウ**　0.75　　**エ**　0.8

問 10　図のように、積み木を３段積んだとき、２段目は最大（　Ｂ　）ｍずらせます。（　Ｂ　）に入る数字はどれですか。次の**ア**～**エ**から一つ選び、記号で答えなさい。

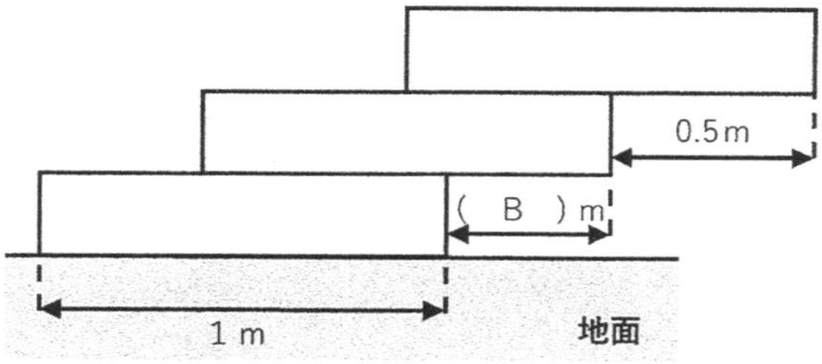

ア　0.25　　**イ**　0.5　　**ウ**　0.75　　**エ**　0.8

4　次の問いに答えなさい。

問１　図のように、丸くくりぬいた金属の板にろうをぬり×のところを熱しました。このとき、Ａ～Ｄのろうはどのような順番でとけますか。次の**ア**～**エ**から一つ選び、記号で答えなさい。

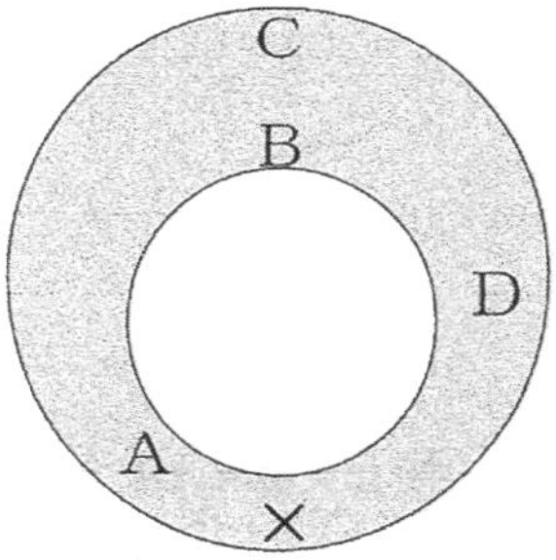

ア　Ａ→Ｂ→Ｃ→Ｄ
イ　Ａ→Ｃ→Ｂ→Ｄ
ウ　Ａ→Ｄ→Ｂ→Ｃ
エ　Ａ→Ｄ→Ｃ→Ｂ

問２　蒸発すると何も残らない水よう液はどれですか。次の**ア**～**エ**から二つ選び、記号で答えなさい。

ア　食塩水　　**イ**　塩酸　　**ウ**　炭酸水　　**エ**　砂糖水

問３　水よう液の性質を調べるものとして、リトマス紙のほかにＢＴＢよう液があります。酸性、中性、アルカリ性でのＢＴＢよう液の色の組み合わせとして正しいものはどれですか。次の**ア**～**カ**から一つ選び、記号で答えなさい。

	酸性	中性	アルカリ性
ア	黄色	青色	緑色
イ	黄色	緑色	青色
ウ	緑色	黄色	青色
エ	緑色	青色	黄色
オ	青色	黄色	緑色
カ	青色	緑色	黄色

問４　酸性の液体はどれですか。次の**ア**～**オ**から二つ選び、記号で答えなさい。

ア　アンモニア水　　**イ**　塩酸　　**ウ**　水　　**エ**　石灰水　　**オ**　炭酸水

問５　写真の金属でできた像には、表面に白いすじが見られます。これは酸性の雨がふったことが原因の一つと考えられています。酸性の雨は、金属の表面をどのようにしたと考えられますか。次の**ア**～**ウ**から一つ選び、記号で答えなさい。

ア　冷きゃくした　　**イ**　とかした　　**ウ**　発火させた

問６　食塩とミョウバンをそれぞれ水にとかしました。図１は水温 20℃での「水の量」と「もののとける量」との関係を示したものです。図２は水の量 50 g での「水の（　Ａ　）」と「もののとける量」との関係を示したものです。（　Ａ　）に当てはまる適切な言葉を漢字２文字で答えなさい。

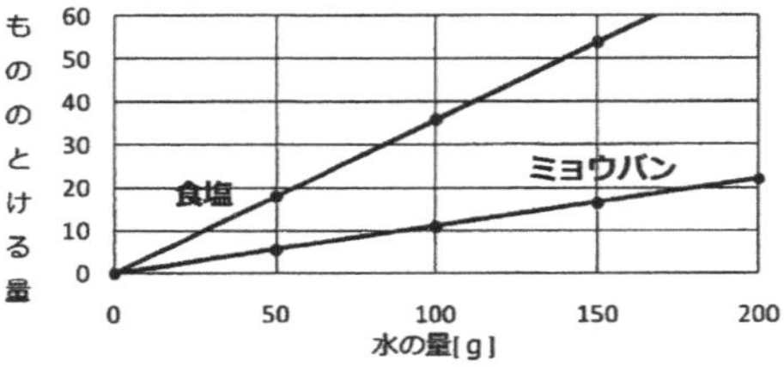

図１

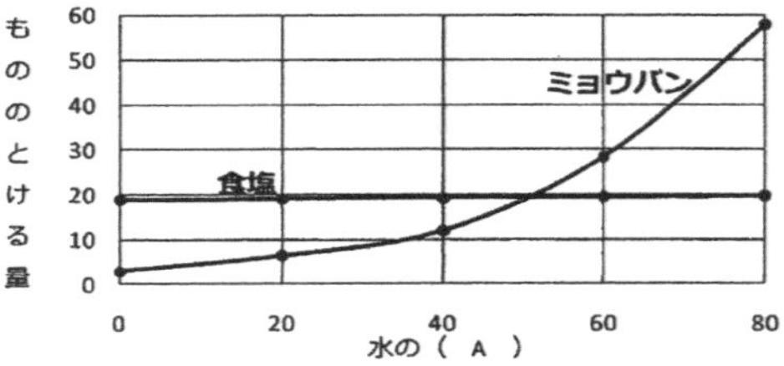

図２

問７　とけ残った食塩やミョウバンを取り出す方法として、ろ過があります。図は食塩水をろ過している様子を表したものです。図の操作には誤りがあります。誤っている部分はどこですか。次の**ア**～**エ**から二つ選び、記号で答えなさい。

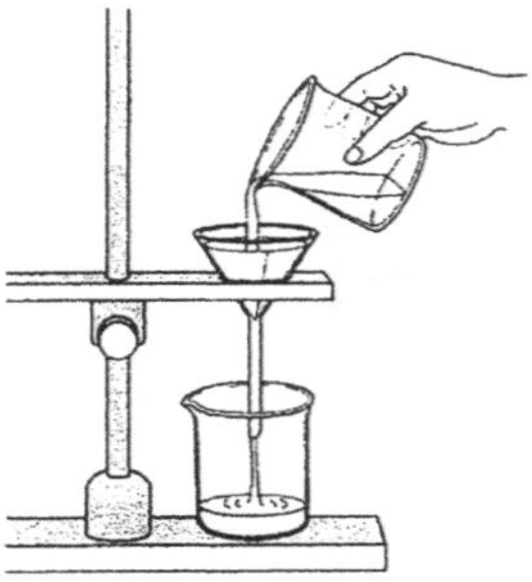

ア　ガラス棒を使って食塩水をろうとに流していない。

イ　下のビーカーを手で支えていない。

ウ　ろうとを下のビーカーの内側のかべに当てていない。

エ　食塩水をろうとに流すとき、ピペットを使っていない。

問８　海水の塩分濃度《のうど》はおよそ 3.4％です。これは海水 100ｇに 3.4ｇの塩分がとけているという意味で、海水の重さは水と塩分を合わせた重さになります。水 150ｇにミョウバンをとかしたところ、ミョウバンは15ｇとけました。このときミョウバン水の濃度は何％になりますか。次の**ア**～**エ**から一つ選び、記号で答えなさい。

ア　9.1％　　**イ**　10.0％　　**ウ**　11.1％　　**エ**　15.3％

問９　10℃の食塩水の中に氷を入れました。氷周辺の食塩水の流れとして正しいものはどれですか。次の**ア**、**イ**から一つ選び、記号で答えなさい。

ア

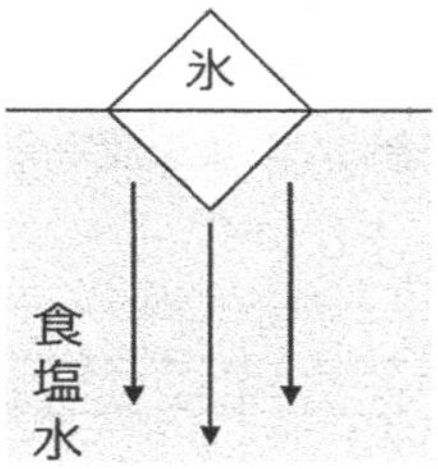

イ

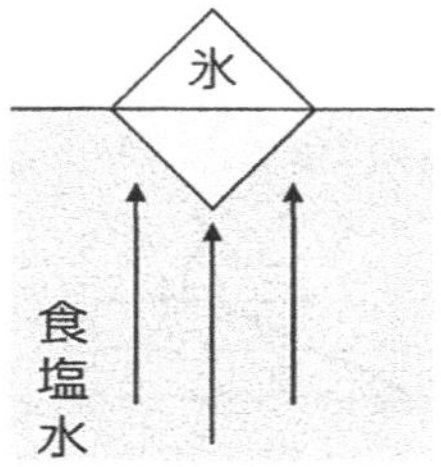

問10　海洋では、海水の水温と塩分濃度によって海水が重くなって海底に沈《しず》み込んだり、上昇して海水面に戻ったりという運動を長い時間をかけて行い、地球全体を循環《じゅんかん》しています。これを深層循環といいます。海水が沈み込む場所として正しいものはどれですか。次の**ア**～**エ**から一つ選び、記号で答えなさい。

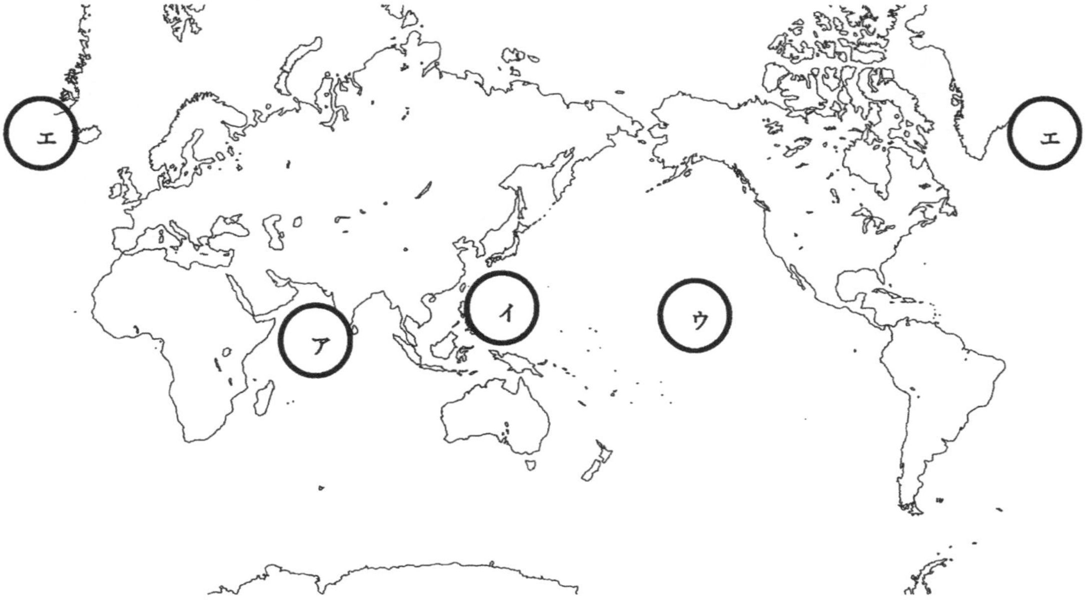

ア　インド沖　　**イ**　フィリピン沖　　**ウ**　ハワイ諸島沖　　**エ**　グリーンランド沖

2022(令和 4)年度入学試験問題

理　科

（注意） 解答はすべて解答用紙に記入しなさい。

（50分）

盈 進 中 学 校

4 次の□にあてはまる数，または言葉を答えなさい。

健くんは，クリスマスに家族でプレゼント交換をしようと提案しました。全員が1つずつプレゼントを用意し，プレゼントをもらわない人や2つ以上もらう人がいないように，他の人にプレゼントを渡します。

健くんと妹の桜さんの2人でプレゼントを交換する場合を考えます。健くんが桜さんにプレゼントを渡し，桜さんが健くんにプレゼントを渡す場合しかないので，プレゼントの交換のしかたは1通りしかありません。

下の図は，健くんが桜さんに，桜さんが健くんにプレゼントを渡したことを表しています。

（健 桜
↓ ↓
桜 健）

自分にプレゼントを渡すことはできないので，下の図はできません。

（健 桜
↓ ↓
健 桜）

(4)　はづきさんとななさんは，下の図のようなランニングコースを走ります。2人はS地点を同時にスタートし，はづきさんは秒速3 m の速さで，ななさんは秒速2 m の速さで，反対の方向に走り始めました。

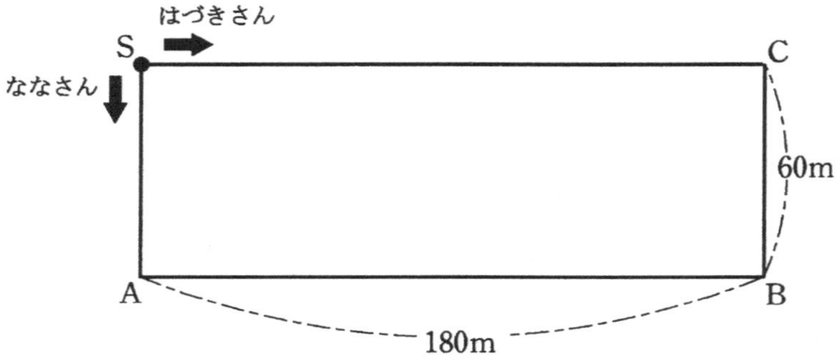

①　ななさんがはじめてA地点に到着するのは，スタートから□秒後です。

②　はづきさんが1周してはじめてS地点に戻ってくるのは，スタートから□分□秒後です。

③　2人がはじめてすれ違うのは，スタートから□分□秒後です。

④　スタート後にはづきさんがいる地点をP，ななさんがいる地点をQとします。スタートから70秒後の三角形SPQの面積は□ m^2 です。

3 次の □ にあてはまる数を答えなさい。

(1)　下の五角形の5つの角の大きさの和は □ 度です。

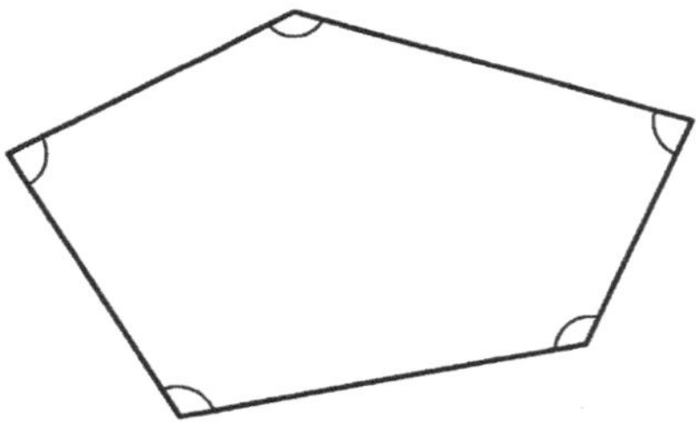

(2)　下の直方体から三角柱を切り取った立体の体積は □ cm^3 です。

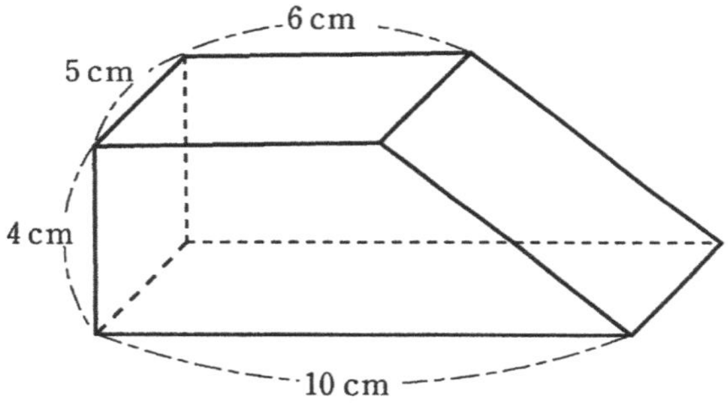

(3)　下の図のように，直角をはさむ2辺の長さが3 cm と5 cm の直角三角形に，その直角三角形のもっとも長い辺を1辺とする直角二等辺三角形がくっついています。このとき，直角二等辺三角形の面積は □ cm^2 です。

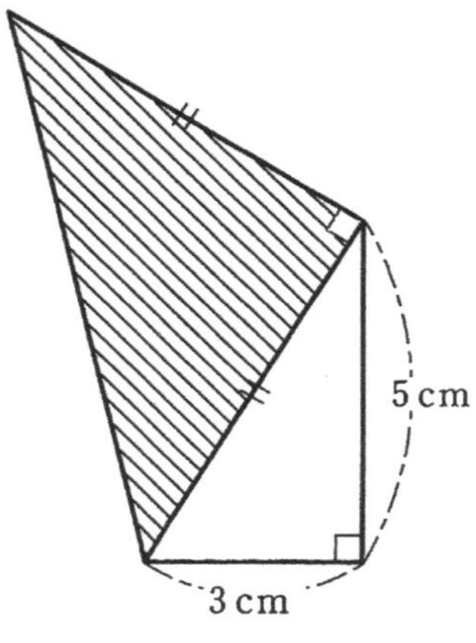

計 算 用

—自由に使ってください—

2 次の□にあてはまる数を答えなさい。

(1)　りゅうくんが通う中学校の1年生の生徒84人のうち，その$\frac{1}{3}$にあたる□人の生徒が，家でペットを飼っています。

(2)　しょうたくんは，貯金をしていた□円の3割5分にあたる2450円でお弁当箱を買いました。

(3)　こうすけくんは，ある本を1日目に37ページ，2日目に□ページ，3日目に41ページ読んだので，3日間で読んだ本のページ数の平均が40ページになりました。

(4)　りんかさん，ゆきさんの2人ですると12日間かかる仕事を，りんかさんが1人ですると20日間かかります。この仕事をゆきさんだけですると□日間かかります。

(5)　A : B = 2 : 3，A : C = $\frac{2}{3}$: $\frac{4}{5}$ のとき，A : B : C をもっとも簡単な整数の比で表すと，A : B : C = □ : □ : □ です。

(6)　5 % の濃度の食塩水 100 g と 8 % の濃度の食塩水 200 g を混ぜ合わせると，□%の濃度の食塩水ができます。

計算用

—自由に使ってください—

1 次の $\square$ にあてはまる数を答えなさい。

(1) $(4+8)\times4-40=\square$

(2) $12\times\left(\dfrac{2}{3}-0.25\right)-5=\square$

(3) $7\times\left(\square-4\right)=77$

(4) $2021-11\times11+4=\square$

(5) $\dfrac{2}{3}\times2022+0.5\times2022-\dfrac{1}{6}\times2022=\square$

2022(令和 4)年度入学試験問題

算　数

(注意) 解答はすべて解答用紙に記入しなさい。

(50分)

盈 進 中 学 校

そして、わたしはカオ先輩から、今日まだ一度も口を開いていない人物に目を移した。
九島《くしま》さん。
賛成に手を上げてくれたけど、本心は分からない。
実況《じっきょう》をするために必要なこと。それはまずその人を知ることだ。

「ねえ、九島さん、夏休みどこか遊びに行かない？」
その日の帰り道、わたしの急な誘《さそ》いに、九島さんは目を［　B　］。今日、九島さんに一緒《いっしょ》に帰ろうと初めて声をかけた。
無理もない。今まで二人で帰ったこともなかったんだもん。
実況のためには、九島さんの取材も必要だから。
「わたし、明後日《あさって》から日本にいないから……」
「海外旅行？　いいなあ、わたしなんて外国行ったことないよ。どこ行くの？」
「……ベトナム」
「へえ、ベトナムって暑そうだね。日本も超《ちょう》暑いけど。ベトナムで何するの？」
「……おばあちゃんの家に行くの」
「えっ、九島さんのおばあちゃんってベトナム人なの？」
「……お母さんも」
「九島さん、ハーフだったの!?　知らなかった」
「……特に、誰《だれ》にも言ってないから」
『驚《おどろ》きの事実がここに判明です。今まじまじと見つめてみると……。
わたしより小柄《こがら》でボブヘア。濃《こ》いまつ毛で黒い瞳《ひとみ》。ひかえめな鼻。肌《はだ》はやや白めです。

たとえ目の前で生春巻きを食べていてもベトナム人とのハーフだと気づかなかったでしょう』

「九島さんって、下の名前何だっけ」

『わーバカ！　綿野あみ、痛恨《つうこん》のミス！

同じ部活なのにフルネームも覚えてないなんて、しかもそれを本人にきいちゃうなんて……大、失、敗』

「麻衣《まい》。九島麻衣」

「へえ、日本の名前なんだね」

九島さんがふつうの調子で答えてくれたことに胸をなで下ろす。

「マイは、ベトナムの花の名前なの。テトのころに咲《さ》く黄色い花」

「テトって？」

「旧正月のこと……」

わたしはどこかで聞いた記憶《きおく》を手繰《たぐ》り寄《よ》せる。旧正月は、確か一月後半とか二月くらいにある、昔の暦《こよみ》のお正月だ。

「そうなんだ。明後日からベトナムなら、明日遊ぼうよ。どこか行きたい場所ある？　この駅の近くのショッピングモールとか、ゲーセンとか」

「…………」

①難しい顔で黙《だま》り込んでしまった。

「あー、ごめん。旅行の準備とかあるよね、明日なんて急だったかな」

あきらめかけたわたしは、あることをふっと思いついた。※七夕の準備のときのこと。

ダメもとできいてみよう！

「九島さん、カラオケは？」

その単語を聞いて、九島さんの表情がぱっと変わった。

「……行く」

「うん、行こう行こう、カラオケ」

『やった！

取材の約束、成功です。

九島麻衣、やっぱりカラオケ好きでした。

さあ、ここで連絡先交換《れんらくさきこうかん》と思いきや？　おっと、九島さんスマホを持っていませんでした。

イエ電の番号をメモしてくれている九島さん。当日はどんな歌を聴《き》かせてくれるのでしょう』

もちろん実況のための情報収集なんだけど、何だかわたしは九島さんのことをもっと知りたくなってきていた。

「いえぇーいっ！」

『こちらカラオケポンポンの三〇八号室です！　ご覧ください、信じられない光景が目の前に広がっています。

ベトナム生まれのヤマトナデシコ九島麻衣、ソファの上で熱唱です。

その隣《となり》、楽し気にマラカスを振っているのは、何と九島さんのお母さんですっ。

②まさかまさかお母さんがついてくるとは！　中一だけのカラオケが、よっぽど心配だったのでしょうか』

途中《とちゅう》、九島さんがトイレに席を立ったとき、

「あみちゃん、ありがとうね」

蛍光塗料《けいこうとりょう》が光る部屋で、九島さんのお母さんがふと真顔になった。

「何がですか？」

「麻衣は小学校に上がるまで、父親の仕事でベトナムに住んでたの。私たち両親とおばあちゃんの四人で。麻衣はおばあちゃん子だから、日本語よりベトナム語のほうが得意だった。日本の学校に入ったとき、日本語がなまってるっていじめられて、小学校ではほとん

どしゃべらなかったの。だから、中学でお友達ができてよかった」

大学時代、日本に留学していたというお母さんは、なめらかな日本語でそう言った。

「今日一緒に来たのは、お礼が言いたかったの。麻衣と友達になってくれてありがとう。これからもよろしくね」

「いや、そんな……」

『綿野あみ、お礼を言われるようなことはしていません。

実況の取材で誘っただけなのに。純粋《じゅんすい》な友達じゃない。ほんのりとした後ろめたさを感じます……』

カラオケを出た後、「二人で甘《あま》いものでも食べていったら」と九島さんのお母さんがくれたおこづかいで、ドーナツショップに入った。

「九島さんってほんとに歌がうまいね！　ビックリした」

「ううん、そんなことない。歌うの好きなだけだよ。お母さんまで一緒に来ちゃってすごく恥《は》ずかしい」

『九島さん、自分で気づいているでしょうか。

学校ではほとんど単語しか話さなかったのに、カラオケから出てきた九島さんは、ふつうに話してくれてます』

「そんなに歌がうまいなら合唱部とか軽音楽部でもやっていけそう。どうして生け花部に入ったの？」

取材を兼《か》ねてきいてみると、

「…………」

う、沈黙《ちんもく》。何か別の質問にしなきゃと焦《あせ》っていると、九島さんが小さな声で答えた。

「……しゃべらなくてすむから」

九島さんは目を［　C　］まま、ジュースのストローの袋《ふくろ》を小さく折りたたみながら言った。

ああ、そうか。九島さんのお母さんの言葉が耳元で蘇《よみがえ》った。

「九島さん、全然なまってないよ。小学校のころはどうだったか分からないけど、今しゃべってる発音は全然変じゃない」

本心だった。九島さん本人がなまっていると感じるならきっと気のせいだ。

「……ほんと？」

「ほんと！」

③わたしは気づかないうちに前のめりになっていた。もう実況のためだけじゃない。

「もっと聞かせて。マイちゃんの話。もっと知りたい」

思わず名前で呼んでしまった。何だか熱すぎて引かれてしまったかな。そう思っていると、テーブルにポタッとしずくが落ちた。

「……ありがとう」

目をごしごしとこすりながら、マイちゃんがつぶやいた。

「綿野さんたちが話してるの、楽しそうだなって思ってた。でも勇気なくて。……ほんとは、わたしもしゃべりたかった」

涙目《なみだめ》で微笑むマイちゃんは、水が上がった花みたいにうるおって見えた。

ただの大人しい子だと思ってた。包み隠《かく》さず言えば、ただの暗い子だと思ってた。

カオ先輩とばっかりしゃべっていたわたしは、マイちゃんが黙っている理由なんて考えたことがなかった。

ごめん。マイちゃん。

④「ただの」の一言で片づけられる人なんていないのかもしれない。

（こまつあやこ『ハジメテヒラク』より）

※七夕の準備のときのこと…七夕の準備中に九島さんが歌を口ずさんでいるのをあみは聞いていた。

問一　空らん［A］～［C］にあてはまる最も適切な言葉を次の中からそれぞれ選び、記号で答えなさい。ただし、同じ記号は一度しか使えません。

ア　丸くした　　イ　配った　　ウ　伏《ふ》せた　　エ　まわした　　オ　輝《かがや》かせた

問二　――線部①「難しい顔で黙り込んでしまった」とありますが、このときの九島さんの心情を説明した次の文の（　　）にあてはまる表現を二十字程度で答えなさい。

一緒に遊びに行ったら会話をしなければならず、（　　**二十字程度**　　）が嫌《いや》だったから。

問三　――線部②「**まさかまさかお母さんがついてくるとは！**」とありますが、このときのあみの心情として最も適切なものを次の中から一つ選び、記号で答えなさい。

ア　自分たちが九島さんのお母さんに信用されていないことを知って、悲しい気持ちになっている。
イ　中学一年生になってもカラオケについてくる九島さんのお母さんの過保護ぶりにおどろいている。
ウ　中学一年生だけでカラオケに行くことは許されないことだと気づき、気まずい気分になっている。
エ　カラオケについてくるほどお母さんに大切にされている九島さんをうらやましく思っている。

問四　〜〜〜線部の「主語（主部）」と「述語（述部）」にあたる部分を次の中からそれぞれ選び、記号で答えなさい。

「ア大学時代、イ日本にウ留学していたというエお母さんは、オなめらかなカ日本語でキそう言った。」

問五 ——線部③「わたしは気づかないうちに前のめりになっていた」とありますが、このときのあみの心情として最も適切なものを次の中から一つ選び、記号で答えなさい。

ア　小学校のころの九島さんのつらかった体験話を聞いて、二度と彼女に悲しい思いはさせないと強く決意している。

イ　自分の言葉を素直に受け取らない九島さんがいらだたしく、何とかして自分の言葉を信じさせようとしている。

ウ　小学校のころにつらい思いを経験した九島さんに同情し、どのようにしたらなぐさめられるかなやんでいる。

エ　九島さんのこれまでの体験を知り、九島さんに強い関心を持ち、もっと親しい関係になりたいと思っている。

問六 ——線部④「『ただの』の一言で片づけられる人」について、あとの問いに答えなさい。

(ⅰ) 本文中から九島さんを「『ただの』一言で片づけている」表現を、二つ抜き出して答えなさい。

(ⅱ) 実際の九島さんはどのような人だといえるでしょうか。本文中の表現を使って、二十字以上三十字以内で説明しなさい。

問七　本文の表現に関して、次の問いに答えなさい。

（ⅰ） 本文中の**太字**の**『会話』**部分は、本文中では何と表現されていますか。抜き出して答えなさい。

（ⅱ） 本文に関する説明として合っているものには○、間違っているもの（本文中に記述がないもの）には×を答えなさい。

1　本文の途中に、過去のできごとが述べられていて、あみと九島さんの人間関係がわかりやすくなるようにしている。

2　「**太字の『会話』**」は、あみの気持ちがそのまま表現されており、それによって他の登場人物たちの気持ちも分かりやすく読み取れるようになっている。

3　呼び方が途中から「九島さん」から「マイちゃん」に変化しているのは、あみの九島さんに対する親近感が増していることを表している。

4　「涙目《なみだめ》で微笑むマイちゃんは、水が上がった花みたいにうるおって見えた。」とあるが、これは九島さんの強いよろこびの気持ちを表している。

四

次の言葉を**例**にならってローマ字（ヘボン式）に直して答えなさい。なお、書き出しはすべて小文字とします。

① バッタ

② 糸瓜（ヘチマ）

③ 社会（しゃかい）

④ 不思議（ふしぎ）

⑤ 座布団（ざぶとん）

例 盈進（えいしん）

eishin

2021（令和3）年度入学試験問題

国　語

（50分）

（注意）解答はすべて解答用紙に記入しなさい。

盈進中学校

2021(R3) 盈進中
K 教英出版

一

次の――線部の漢字の読みをひらがなに、カタカナは漢字に直して書きなさい。

① 市民のエコ意識が向上する。

② 綿花をつみ取る農作業。

③ 車の往来が多い通り。

④ 対岸の火事とかろんじてはいけない。

⑤ 日本とベトナムの貿易がさかんになる。

⑥ モネの絵画を展示する。

⑦ 定規を使ってまっすぐに線をひく。

⑧ 神社の入り口で手を清める。

⑨ 父に算数の問題を教わる。

⑩ 国を治める王様。

⑪ 商品を高額でバイバイする。

⑫ 二十セイキに生きた人々。

⑬ フクスウの人が同じ意見だ。

⑭ 弟が野球にキョウミを持った。

⑮ ノートに友達のニガオエをえがく。

⑯ 車の乗りごこちがカイテキだ。

⑰ ねる前に火の元をテンケンする。

⑱ 列車がテッキョウをわたる。

⑲ 図書館でカし出し禁止の本を読む。

⑳ 庭で落ち葉ヒロいをする。

二　次の文章を読んで、あとの問いに答えなさい。

わたしが、NC旋盤《エヌシーせんばん》という便利な機械を使いはじめた経験から、機械の便利さにたよって楽ばかりしていると進歩が止まってしまうのではないか、と心配したのは一九七〇年代から八〇年代にかけてのことでした。その不安を文章に書いたり話したりすると、賛成してくれるのはわたしと同じように小さな工場の人たちで、大きな工場の人たちにはなかなか理解してもらえないと思っていました。【Ⅰ】

しかしそうではなくて、やがてわたしの知らないうちに、大きな工場で働いている人たちも、だんだんとその①不安を大きくしていったのでした。

わたしが最初にそれを知ったのは、自動車メーカーのトヨタという会社でのことでした。【Ⅱ】

わたしがトヨタの本社工場に招かれて、そこで働く人たちに「技能を持つよろこび」という講演をしたのは、一九九四年のことです。技能とは、ものづくりの知恵《ちえ》と技のことです。わたしはそこで自分の体験や、知り合いの工場の人たちのすばらしい工夫の話をしました。最初は、日本でも最も早くから新しい機械を入れ、ロボットが活躍《かつやく》しているトヨタだからわたしの経験なんか役に立たないのではないか、と不安でした。【Ⅲ】

実はトヨタの人たちの間では、わたしが心配したように技術の進歩が止まるという不安だけではなくて、自動車工場で働く若い人たちが、働いて自動車をつくっているのに、自分が自動車をつくっているのだという誇《ほこ》りも情熱もなくなって、ただ給料をもらうために会社に来ているにすぎないような気持ちになってしまう、ということを心配していたのでした。【Ⅳ】

トヨタは、それからしばらくして、ひとつの自動車組み立て工場からロボットをほとんど取りのぞいて、人の手で組み立てるように工場の設備を変えてしまいました。そのようすをテレビ放送で見たわたしは、さすがはトヨタだと思いました。トヨタは、もとをたどれば発明王の豊田佐吉《とよださきち》がつくった豊田自動織機《しょっき》からスタートして、技術研究には特に熱心だからこそ、日本一の自動車メーカーになった会社なのです。【Ⅴ】

そのころからは日本のあちこちの工場で、まだコンピュータ制御《せいぎょ》の機械ができる前の、旧式の機械でものづくりをしてきた人たちの知恵や技を、もう一度見なおそうという②運動がさかんになりました。いっときはもう時代おくれだと退職させられたり、機械から離《はな》されて草むしりをさせられたりしていたような人たちさえいました。今度はそういう人たちから、新しい機械しか知らないような若い人たちが学ぶために、工場のなかに技能塾《じゅく》をつくったり、マイスター（親方とか師匠《ししょう》のこと）制度をつくってその人たちを先生にしたりする会社が、次から次へと現れました。

日本ってすごい、とわたしは思いました。なにがすごいかというと、工場の現場で働いている人たちがすごいんです。これではいけないと思う人たちが、ではどうすればいいかを考えて、それを実行して、働きかたを変えるために努力をするところがすごいんです。

これは、ことばを変えると次のように言いあらわすことができるのではないでしょうか。旋盤でも溶接《ようせつ》や塗装《とそう》のような仕事でも、自分の手で機械を使って削《けず》ったり溶《と》かしたり塗《ぬ》ったりしていたときには、それを「自分がつくっている」と自覚することができました。できあがった製品を見たときに「これはわたしがつくったんだ」と思うことができました。ところがNC旋盤でつくったものは、「自分がつくった」とは思えなくて、「つくれてしまった」とか「つくらされた」という感じになってしまうのです。働いているのに、つくっていると思えるのと、つくらされているとしか思えないのとでは、まるでちがうと思うのです。

働くと動くとでは③ニンベンがつくかつかないかのちがいですが、仕事をしていて「つくっている」のと「つくらされている」のとでは、まるでちがいます。ものづくりは人の役に立つものをつくる仕事ですが、ニンベンをとってしまうと、お金をかせぐためだけの仕事になってしまうのです。ものをつくって働く人たちが、ただお金をかせぐためだけに会社に来ているとなったら、いいものをつくろうという情熱をなくしてしまいます。

それではいけないと反省して、日本中のものづくりをする人たちが「ものづくりは X づくり」だと考えるようになったのです。

もちろんわたしは、NC旋盤やロボットという機械が悪いなんてすこしも考えていません。機械の進歩によって、以前よりもずっといいものがたくさん、しかも安くつくれるようになったからです。いまではほとんどの町工場も新しい機械を使って仕事をしています。産業用ロボットはいまでは一年間に約十万台もつくられて、日本は世界一のロボット大国と言われています。十万台のうちの約三分の一は自動車工場で溶接や塗装のためのロボットとして活躍しています。

技術の進歩は、だれも止めることはできません。産業用ロボットをつくる技術を発展させて、災害のときに活躍するレスキューロボットや、体の不自由な人のための介護《かいご》ロボット、危険な場所、深海や宇宙で活躍するロボットなどがこれからもっともっとできるでしょう。

ただわたしは、技術の進歩にたよるあまり人間がなまけ者になってはならないと思うのです。そのためには、新しい機械を使う人たちも、ただ機械の「お守《も》り」をしているだけではなくて、その機械の能力をもっとよくするために勉強したり工夫をしたりするべきではないだろうか、と思うのです。

みなさんが大人になって、社会人として働くようになるころには、いまよりもっともっと便利な機械や道具ができるでしょうが、どんなに機械が発達しても主人公は X だということを忘れないでください。

（小関智弘《こせきともひろ》『町工場のものづくり ――生きて、働いて、考える――』による）

問一　本文からは次の一文が抜けています。もとの位置にもどすとすればどこがよいか、【Ⅰ】～【Ⅴ】の中から選びなさい。

しかし、トヨタの工場の人たちは、わたしの話をとてもよろこんで聞いてくれたのです。

問二　――線部①「その不安」とありますが、それはどのような不安ですか。解答らんに合うように、本文の語句を用いて三十字以上三十五字以内で答えなさい。

問三　――線部②「運動」とありますが、その内容として適切でないものを次から選びなさい。

ア　旧式の機械でものづくりをしてきた、先人たちの技術を学ぼうという取り組み。
イ　昔ながらの技術をもつ社員に、機械とは直接関係のない業務をさせる取り組み。
ウ　工場の中に技能塾を作って、若手がベテランから技術を習おうとする取り組み。
エ　新しい機械だのみではなく、人の手によるものづくりを高く評価し直す取り組み。

問四　――線部③「ニンベンがつくかつかないか」について、次の問いに答えなさい。

(1)　次の四字熟語の中から□に「ニンベン」のつく漢字が入るものを二つ選びなさい。

ア　一石二□　　イ　以心□心　　ウ　空前絶□　　エ　弱肉強□　　オ　絶□絶命　　カ　意味□長

(2)　筆者は「ニンベンがつく」とどうなると述べていますか。最も適切なものを次から選びなさい。

ア　ものづくりの仕事をしているという自覚がめばえ、仕事に対するプライドや熱意を持てるようになる。
イ　ものづくりの仕事に尊敬の念がわいて、すぐに新しい機械を導入してはならないという意識が生まれる。
ウ　ものづくりの仕事に対する満足感が高まった結果、お金を得るために働くことへの意欲が増してくる。
エ　ものづくりの仕事を通して人の役に立っているという実感が得られ、機械をより大切に使うようになる。

問五　二か所の X に共通して入ることばを、本文から漢字一字で抜き出しなさい。

問六　～～～線部の「主語」と「述語」にあたる部分を、次からそれぞれ選びなさい。

ア ただ　イ わたしは、　ウ 技術の　エ 進歩に　オ たよるあまり　カ 人間が　キ なまけ者に　ク なっては　ケ ならないと　コ 思うのです。

問七　次の文章は、新聞に掲載《けいさい》された、この本の書評（書物について、その内容を紹介《しょうかい》した文章）です。

2014年10月4日(土)　中国新聞　夕刊

(1) この書評について、二人の生徒が話し合いをしました。次のAさんとBさんの発言を読み、空らんに入るBさんの発言内容を考えて書きなさい。

Aさん　これを見て。中国新聞夕刊の書評だよ。小関智弘さんが二十年も前に書いた、『ものづくりに生きる』という本について紹介してあるんだ。

Bさん　へえ、小関さんは、こんな経歴をもっていたんだね。小関さんの仕事への熱い思いが、この書評のおかげで改めて理解できたよ。

Aさん　ぼくはよく新聞の書評を読むんだ。新聞には、最新のニュースが取り上げられているだけではないんだよね。

Bさん　新聞に書評が掲載されていることは、ぼくたちの役に立っているね。なぜなら、［　　　　　］からね。

(2) ――線部「働くとは何か。仕事とは…。」とありますが、あなたは大人になったら何の仕事をしたいですか。また、その仕事をすることは、私たちの暮らす社会の中でどのような意味を持つと思いますか。八十字以上百字以内の文章を書きなさい。

ただし、次の二つの条件を満たすこととします。

① 字数は八十字以上百字以内で、二文以上に分けて書きなさい。
一文目に「したい仕事」を、二文目以後に「社会の中でその仕事が持つ意味」を書くこととします。
書き出しは一マス空けて、以後段落は変えないこととします。

② 文字は濃く、大きく、ていねいに書きなさい。

三　次の文章を読んで、あとの問いに答えなさい。

小倉祐也《おぐらゆうや》は小学三年生で将棋《しょうぎ》に出会い、またたく間にのめり込《こ》んでいった。小学五年生からは、少年少女と女流棋士《きし》のための「研修会」に入り、プロ棋士の養成機関である「奨励会《しょうれいかい》」への入会を目指して腕《うで》をみがく毎日である。

今年の4月、祐也は中学生になった。兄の秀也《しゅうや》は東北大学医学部に進学した。医学部は合格するのも大変だが、入学してからがさらにいそがしくなるという。じっさい、仙台《せんだい》での慣れない独り暮らしで、兄はかなり苦労しているようだった。それでも兄は祐也のことを気にかけて、電話のたびに、将棋も勉強もがんばるようにと励《はげ》ましてくれた。

祐也は、勉強ではとても兄にかなわなかった。父も母も、①それはしかたがないと思っているようなのが悔《くや》しかった。

「絶対に棋士になってやる」

祐也は毎日のように誓《ちか》ったが、負けたくない気持ちが先に立ち、思いきった将棋が指せなくなっていた。とくに自分より実力が上のCクラスが相手だと、ほとんど勝てない。これでは、まぐれで奨励会試験に合格しても、そこから先はさらに険しい道のりになる。※金剛《こんごう》さんも、※江幡《えばた》さんも、奨励会の途中《とちゅう》でプロになるのを断念していた。

しかし、プロの棋士になる以外に、国立大学の医学部に現役《げんえき》で合格した兄と肩《かた》を並べる方法はない。棋士になれば、兄に対して引け目を感じなくて済む。

中学生になってから、祐也は夜中に目をさますことが増えた。授業中も、ふと気がつくと将棋のことを考えている。反対に、将棋を指しているときには、学校の勉強をおろそかにしていることが気になってしまう。

それでも、1学期の成績はそこそこ良かった。がんばれば、もっと点を取れたはずだが、8月半ばに2度目の奨励会試験をひかえていたので、祐也は期末テストの前日もネット将棋を5局も指した。

それだけに、奨励会試験には万全の態勢でのぞんだ。初日の研修会員どうしでの対局はなんとか勝ち越《こ》したが、2日目の奨励会員との対戦では1勝もあげられなかった。技術よりも気魄《きはく》で圧倒《あっとう》されて、祐也は落ちこんだ。

「みんな、鬼《おに》のようだった。おれは、とてもあんなふうにはなれない」

内心で［ａ］旗をあげながらも、祐也は両親と兄にむかい、来年こそは奨励会試験に合格してみせると意気込みを語った。両親と兄も、がんばるようにと言ってくれた。しかし、②将棋にうそはつけない。祐也は研修会の対局でさっぱり勝てなくなった。

中学校の勉強もしだいに難しくなり、2学期の中間テストではどの教科も10点以上点数をさげた。数学と理科にいたっては※赤点に近かった。驚いた両親はテストの解答用紙を見て、祐也がいかに勉強していなかったかを見抜《みぬ》いた。二人とも教師だけに、感情にまかせて怒鳴《どな》ることはなかったが、祐也は立つ瀬《せ》がなかった。

「将棋と勉強を両立させてみせるというおまえのことばを信じてきたが、あれはうそだったのか」

「将棋のプロになれるかどうかが不安で勉強が手につかなかったというなら、もう将棋はさせられないぞ」

おもに父が話し、母は悲しそうな顔でじっと考えこんでいた。2学期の期末テストで点数がさらに落ちるようなら将棋はやめると、祐也は誓った。

しかし、［ｂ］の陣《じん》を敷《し》いても、なにも変わらなかった。あいかわらず、授業中には将棋のことを考えてしまい、研修会での対局中に苦手な数学や理科のことが頭をよぎる。まさに［ｃ］で、なんでもない局面なのに迷いが生じ、つまらないミスをおかして、負けを重ねた。10月の第2日曜日には、ついに初の4連敗をきっして二度目の降級点を取り、祐也はC2からD1に降級した。

その後は持ち直したが、前回、11月第4日曜日の研修会で再び4連敗して、気持ちが折れた。今日も、正直に言えば、研修会にくるのがこわかった。自信を失った状態で勝てるほど、研修会の将棋は甘《あま》くない。

悪い予感は当たり、祐也は午前中の2局に連敗して降級点がついた。立ち直りのきっかけすらつかめない、最悪の内容だった。

これまでは、午前中の対局で2連敗しても、お昼に父と電話で話すうちに気力がわいた。しかし、祐也はもはや虚勢《きょせい》を張ることすらできなかった。

鳩森八幡《はとのもりはちまん》神社の電話ボックスから将棋会館に戻《もど》り、祐也は4階の桂《かつら》の間で幕の内弁当を食べた。胃が痛いし、まるで味がしないのに、どんどん食べられるのがふしぎだった。

「小倉君。持ち時間なしの一手10秒で一局指さない?」

今日の2局目に対戦した野崎君が声をかけてくれたが、祐也は首を横に振《ふ》った。1年前、野崎君は将棋を始めてわずか2年で研修会に入ってきた。入会試験の1局目を祐也が指したので、よくおぼえていた。朝霞《あさか》こども将棋教室に通っていて、二段になったばかり、歳《とし》は祐也よりひとつ上だという。

「中1で二段？　それで、どうやってプロになるんだよ。こいつ研修会をなめてるだろ」

むやみに腹が立ち、祐也は野崎君を容赦《ようしゃ》なく叩《たた》きつぶした。じっさい、野崎君は入会試験の8局を3勝5敗の成績で、E2クラスでの入会となった。

「あんなやつはE2が最高で、あとは落ちていくだけさ」

祐也がいつになくイジワルな気持ちになったのは、野崎君と同じ朝霞こども将棋教室に通っていた山沢貴司《やまさわたかし》君にまったく歯が立たなかったからだ。祐也より4ヵ月あとに入会してきた山沢君は小学3年生にして四段だった。評判通り、破格の強さで、8月の奨励会試験に合格して小学4年生での奨励会入りとなり、ちょっとしたニュースになった。

一方、野崎君も派手さはないが、着実に自力をつけていた。祐也の予想に反してE2からE1へ、そしてさらにD2へと昇級《しょうきゅう》し、2ヵ月ほど前から祐也とも対局が組まれるようになった。もっとも祐也のほうが力は上で、最初の試験対局と合わせて3連勝していたが、今日の2局目でついに初黒星を喫《きっ》してしまったのである。

③祐也は、野崎君に密《ひそ》かに感心していた。D2では、奨励会試験に合格するのはかなり難しい。野崎君はもう中学2年生なのだから、かりにこのままのペースで昇級したとしても、合格ラインであるC2にあがるのは1年後だ。奨励会へは6級で入会するのが普通《ふつう》だから、高校1年生での入会では、20歳の誕生日までに初段というハードルはまず越えられない。

つまり野崎君は祐也以上に焦《あせ》らなければならないはずなのに、いまもひとりで黙々《もくもく》と※詰《つ》め将棋を解いている。その落ち着いた態度は、祐也がまねしたくても、まねようのないものだった。

やがて1時15分が近づき、ひとりまたひとりと対局場である大広間にむかっていく。祐也も桂の間を出て盤《ばん》の前にすわったが、とたんに緊張《きんちょう》しだして、呼吸が浅くなるのがわかった。

3局目の将棋も、まるでいいところがなかった。※飛車《ひしゃ》を振る位置を二度も変える体《てい》たらくで、かつてなくみじめな敗戦だった。

4局目も、中盤の入り口で、※銀をタダで取られるミスをした。祐也は大広間から廊下《ろうか》に出て、頭を抱《かか》えた。

(4)　あやこさんの誕生日は1月12日、アイザックくんの誕生日は1月4日です。
離れた場所に住んでいる2人は、1年に1度会うことにしています。
おととしはあやこさんの誕生日の1月12日、去年はアイザックくんの誕生日の1月4日に会いました。
今年は、1月12日と1月4日から2つの分数 $\frac{1}{12}$ と $\frac{1}{4}$ をつくり、この2つの分数を足し合わせ、その結果を日にちに直して1月3日に会いました。
求めた分数が約分できる場合には、約分をした形を日にちに直します。

来年は、去年と今年の2人が会った日にちから同じ操作を行い、7月12日に会うことに決めました。
2年後以降も、その年の1年前と2年前の2人が会った日にちから、会う日を決めていきます。

おととし		去年		今年		来年		2年後
1月12日	→	1月4日	→	1月3日	→	7月12日	→	…
$\frac{1}{12}$	→	$\frac{1}{4}$	→	$\frac{1}{3}$	→	$\frac{7}{12}$	→	…

①　2年後に2人が会う日は、□月□日です。

②　4年後に2人が会う日を計算してみると、まず□という分数になります。

③　②の分数は日にちに直すことができないので、この分数ともっとも近い分数となる日にちである□月□日に会うことに決めました。

5 次の［　　］にあてはまる数を答えなさい。

○月△日から$\frac{○}{△}$という形の分数をつくります。
ただし、約分できる場合は約分をした形で表します。

たとえば、1月5日なら$\frac{1}{5}$、2月4日なら$\frac{2}{4}=\frac{1}{2}$、3月1日なら$\frac{3}{1}=3$となります。
3月7日なら［　ア　］、6月8日なら［　イ　］、10月5日なら［　ウ　］となります。

(1)　1年の中で、$\frac{1}{3}$となる日は［　エ　］日あります。

(2)　4月の中で、整数となる日は［　オ　］日あります。
また、整数となる日が最も多い月は［　カ　］月です。

(3)　5月1日～7月31日の中で、$\frac{1}{2}$以上$\frac{5}{3}$以下となる日のうち、整数となる日を除いた日は［　キ　］日あります。

5月

日	月	火	水	木	金	土
						1
2	3	4	5	6	7	8
9	10	11	12	13	14	15
16	17	18	19	20	21	22
23	24	25	26	27	28	29
30	31					

6月

日	月	火	水	木	金	土
		1	2	3	4	5
6	7	8	9	10	11	12
13	14	15	16	17	18	19
20	21	22	23	24	25	26
27	28	29	30			

7月

日	月	火	水	木	金	土
				1	2	3
4	5	6	7	8	9	10
11	12	13	14	15	16	17
18	19	20	21	22	23	24
25	26	27	28	29	30	31

(2)［図4］の図形について考えます。

［図4］

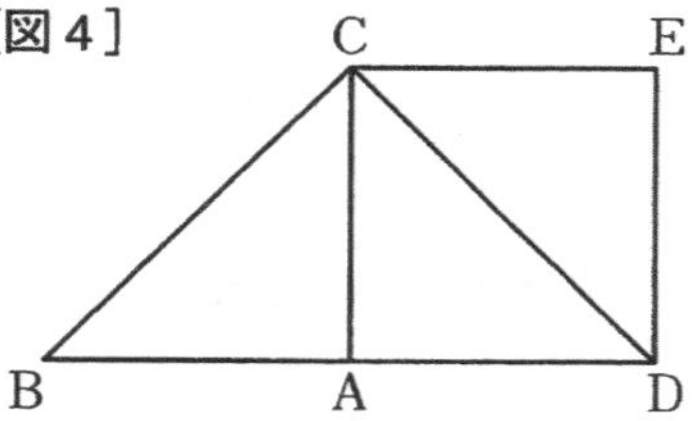

(あ) 点Aを出発し、まず点Dに進んだ場合、求める経路が何通りあるかを考えます。

点Dの次は点Cと点Eに進む経路が考えられます。

点Cに進んだ場合、考えられる経路は、

『A→D→C→A→B→C→E→D』

『A→D→C→［　オ　］』

の2通りあります。

点Eに進んだ場合、考えられる経路は、

『A→D→E→C→A→B→C→D』

『A→D→E→［　カ　］』

の2通りあります。

よって、点Aを出発し、まず点Dに進んだ場合、求める経路は4通りあります。

(い) つぎに、点Aを出発し、まず点Cに進んだ場合、求める経路が何通りあるかを考えます。

点Cの次は点B、点D、点Eに進む経路が考えられ、それぞれの経路は［　キ　］通りずつあります。

よって、点Aを出発し、まず点Cに進んだ場合、求める経路は［　ク　］通りあります。

(う) さらに、点Aを出発し、まず点Bに進んだ場合、求める経路は［　ケ　］通りあります。

(あ)～(う)より、［図4］の場合、点Aを出発し、すべての辺を1度だけ通る経路は全部で［　コ　］通りあります。

4 次の［　　］にあてはまる数、または記号を答えなさい。

いくつかの三角形を組み合わせた図形について、点Aを出発し、すべての辺を１度だけ通る経路が何通りあるか考えます。ただし、同じ点は何度通ってもかまいません。
たとえば、下の［図１］の場合、求める経路は、［図２］①、②のように２通りあります。

［図１］

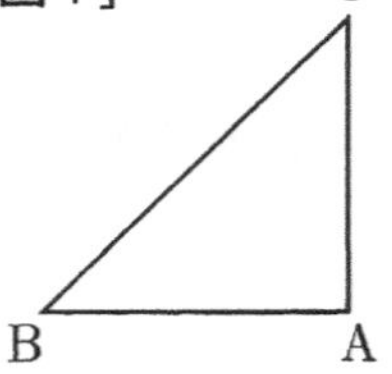

［図２］①

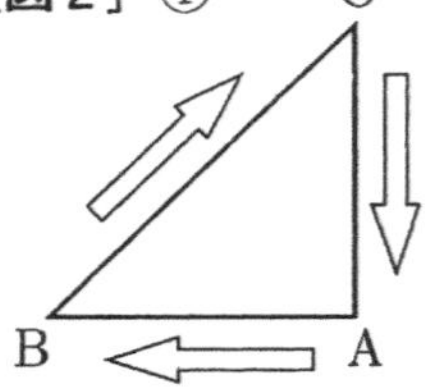

［図２］②

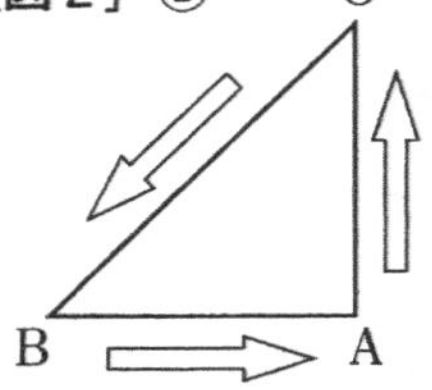

また、［図２］①の経路を『A→B→C→A』、②の経路を『A→C→B→A』と表すことにします。

(1)　［図３］の図形について考えます。

［図３］

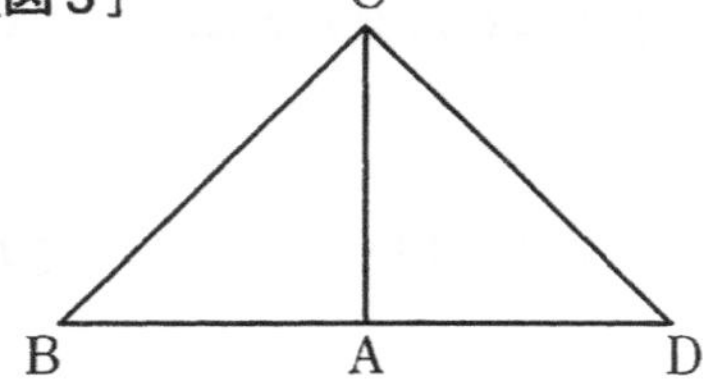

点Aを出発し、まず点Bに進んだ場合、求める経路は［　ア　］通りあります。
点Aを出発し、まず点Dに進んだ場合、求める経路は［　イ　］通りあります。
点Aを出発し、まず点Cに進んだ場合、求める経路は［　ウ　］通りあります。

よって、［図３］の場合、点Aを出発し、すべての辺を１度だけ通る経路は全部で［　エ　］通りあります。

2021(R3) 盈進中
教英出版

問３　[F]に入る言葉として正しいものを、次のア～オから１つ選び、記号で答えなさい。

ア．熱線　　イ．紫外線《しがいせん》　　ウ．赤外線　　エ．死線　　オ．放射線《ほうしゃせん》

問４　下線部(G)について、事故の原因として正しいものを、次のア～エから１つ選び、記号で答えなさい。

ア．地震のゆれによって、地面から有毒なガスが発生したから。

イ．地震の発生によって、水を加熱することができなくなったから。

ウ．地震による大規ぼな停電で、原子の分裂で発生する熱を冷やすことができなくなったから。

エ．地震の発生によって地面がさけ、発電所の建物がこわれてしまったから。

問５　下の文章は、下線部(H)について、日本の川と海外の川の特徴をまとめたものです。文中の①～③に入る語の組み合わせとして正しいものを、次のア～クから１つ選び、記号で答えなさい。

日本の川は、海外の川とくらべて河口から源流（川の始まりの場所）の距離《きょり》が[①]く、[②]いところから流れてくるので、流れが[③]になることがわかる。

	①	②	③
ア	短	高	急
イ	短	高	ゆるやか
ウ	短	低	急
エ	短	低	ゆるやか
オ	長	高	急
カ	長	高	ゆるやか
キ	長	低	急
ク	長	低	ゆるやか

問６　下線部(I)について、現在では、新しい大きなダムが作られていません。その理由について問５を参考にしながら、次のア～エから１つ選び、記号で答えなさい。

ア．源流から河口までのきょりが長い川が多いため、ダムをつくっても水がたまりにくいから。

イ．平らな土地が多いため、ダムをつくるのにふさわしい場所が少ないから。

ウ．ダムをつくると、その川の下流に水が流れなくなるため、農家の人たちが困るから。

エ．高くてけわしい山の中にダムをつくるため、建設にかかる費用が高額になるから。

問７　環境《かんきょう》にやさしい発電の方法として、様々な方法が考えられています。自分の家にも置くことができ、多くの屋根で見ることができる発電の方法を答えなさい。

4 次の問いに答えなさい。

問１ 物の形や重さ、体積について述べた下のア～エのうち、もっとも正しいものを選び、記号で答えなさい。

ア．同じ大きさのアルミニウムはくを２枚用意し、片方は細かく切り、もう片方はそのままにして、てんびんに乗せて重さをくらべると、細かく切られたほうが軽くなる。

イ．同じ大きさの入れ物を２つ用意し、それぞれに砂糖と塩をすき間なく入れて、電子てんびんを使って重さを比べると、２つは同じ重さになる。

ウ．10ｇの鉄と10ｇの発泡スチロールの大きさをくらべると、鉄のほうが小さくなる。

エ．同じ人が片足で体重計に乗った時と、両足で体重計に乗った時では、片足で乗った時のほうが、体重が軽くなる。

問２ 下図のようにてんびんを使って、はさみ、のり、消しゴム、えんぴつの重さをくらべました。これらの中で、最も軽いものはどれですか。

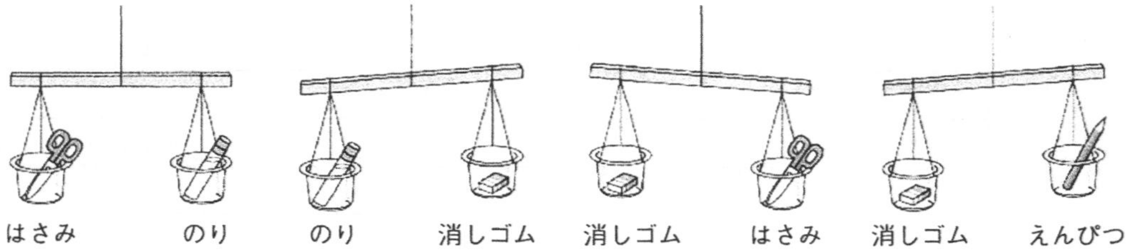

問３ 右図のように、同じ大きさの４枚の鏡ではね返した日光をかべに当てている様子を模式的《もしきてき》に表しました。これについて、次の問いに答えなさい。

(1) 図中のア～エのうち、もっとも明るい部分はどこですか。記号で答えなさい。

(2) 図中のア～エのうち、同じ明るさの部分はどことどこですか。記号で答えなさい。

(3) ★の部分は、何枚の鏡ではね返した光が重なっていますか。鏡の枚数を答えなさい。

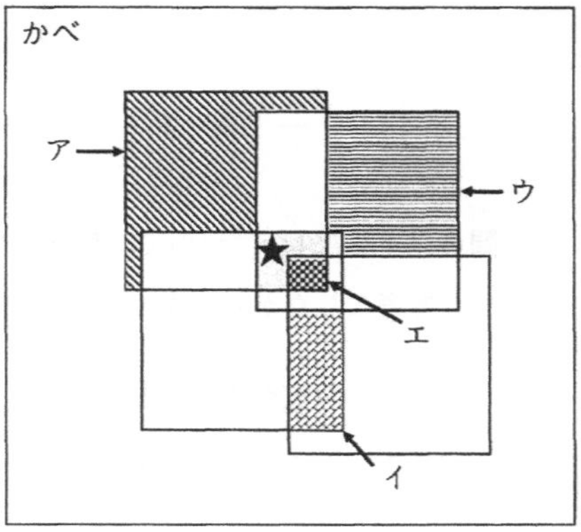

2021(R3) 盈進中
教英出版

問４　右図ア～カのように、豆電球とかん電池と導線を使って回路を作り、豆電球が光る明るさを調べました。これについて、下の問い(1)(2)に答えなさい。

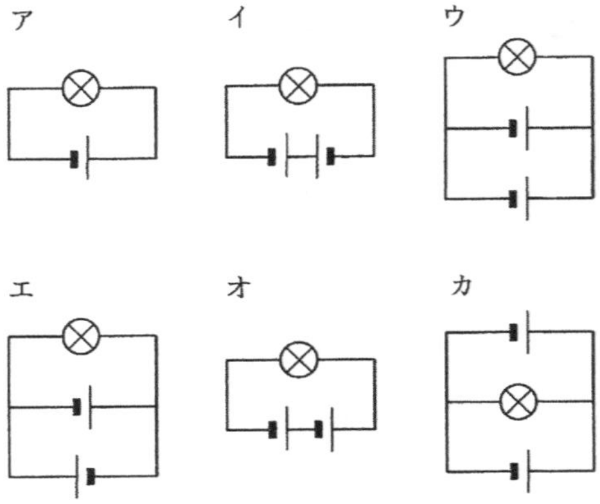

(1)　豆電球がアと同じ明るさで光るものはどれですか。同じ明るさで光るものをすべて選び、記号で答えなさい。

(2)　豆電球が光らないものはどれですか。光らないものをすべて選び、記号で答えなさい。

問５　ふりこの実験で、ふりこの長さ、おもりの重さ、ふれはばを変えて、ふりこの周期をはかると、下の表のようになりました。これについて、下の問い(1)(2)に答えなさい。

	A	B	C	D	E	F	G
ふりこの長さ [cm]	25	25	50	50	100	100	250
おもりの重さ [g]	10	20	20	20	10	30	40
ふれはば [度]	10	30	10	30	30	30	30
周期 [秒]	1.0	1.0	1.6	1.6	2.4	2.4	3.4

(1)　ふりこの周期と糸の長さの関係を確かめるには、表のA～Gのどの結果をくらべればよいですか。A～Gから２つ選び、記号で答えなさい。

(2)　ふりこの周期とふれはばの関係を確かめるには、表のA～Gのどの結果をくらべればよいですか。A～Gから２つ選び、記号で答えなさい。

問６　ふりこが10往復する時間を４回はかったところ、右のような結果になりました。このふりこの周期は何秒ですか。小数第２位を四捨五入して求めなさい。

１回目	２回目	３回目	４回目
23.6秒	23.7秒	23.9秒	23.7秒

5 次の文を読んで、後の問いに答えなさい。

和子さんは、初めて肉料理を作ってみました。初めてなので、簡単でおいしい料理がいいなあと思いながらインターネットで調べていると「(A)ニワトリの手羽先《てばさき》のコーラ煮《に》」が目にとまりました。「コーラは飲み物で調味料ではないのに、料理に使うのはおもしろいな」と思い、レシピ通りにつくってみたら、とってもおいしくて、「やったあ」という気持ちになりました。そこで(B)ニワトリについて、くわしく調べてみました。

ニワトリの祖先は(C)東南アジアに生息するセキショクヤケイという鳥で、オスが早朝に鳴くことから時間を告げる鳥として飼い始めたと考えられています。雑食性で、(D)植物の実や種子、(E)こん虫を食べます。(F)オスとメスでは見た目がちがい、オスの体は赤や暗緑色などのあざやかな色で、トサカ（頭の上）と、ニクスイ（のど）という大きく発達した赤い肉質の突起《とっき》を持ちます。一方メスは地味な色で、トサカなどは発達しませんし、尾羽も短く、体も小さいです。繁殖《はんしょく》シーズンは１年に１度で、枯《かれ》葉や草で巣をつくり、４～６個の(G)卵《たまご》を産みます。メスが卵をだいて18～20日経つとヒナが誕《たん》生します。オスはメスの気を引いたり、他のオスに自分がいることを示すため、「コケコッコー」という大きな声で鳴きます。

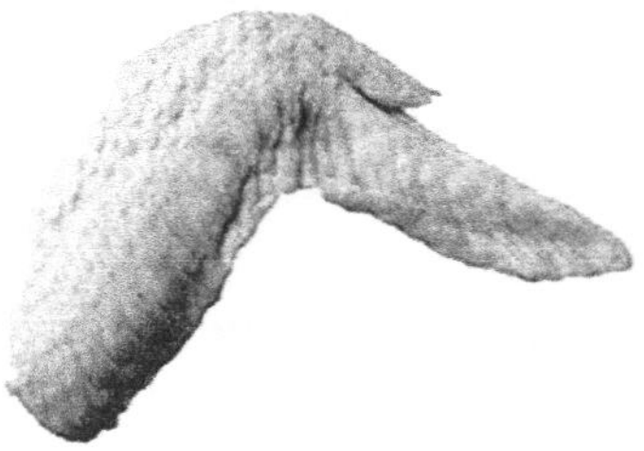
図：ニワトリの手羽先

和子さんは、オスが早朝に鳴くことが気になり、さらに詳しく調べてみました。すると自宅の庭で、メス約60羽・オス１羽のニワトリを放し飼いにしている方によって、オスがその日最初に鳴いた時刻を１年間記録したグラフを見つけました。この方は、(H)グラフからオスの鳴き始めについて考えられることをまとめていましたが、和子さんは、『ナショナルジオグラフィック』という科学雑誌のネット記事（National Geographic News 2013.03.21）を読んで、その原因が体内時計だったことを知りました。

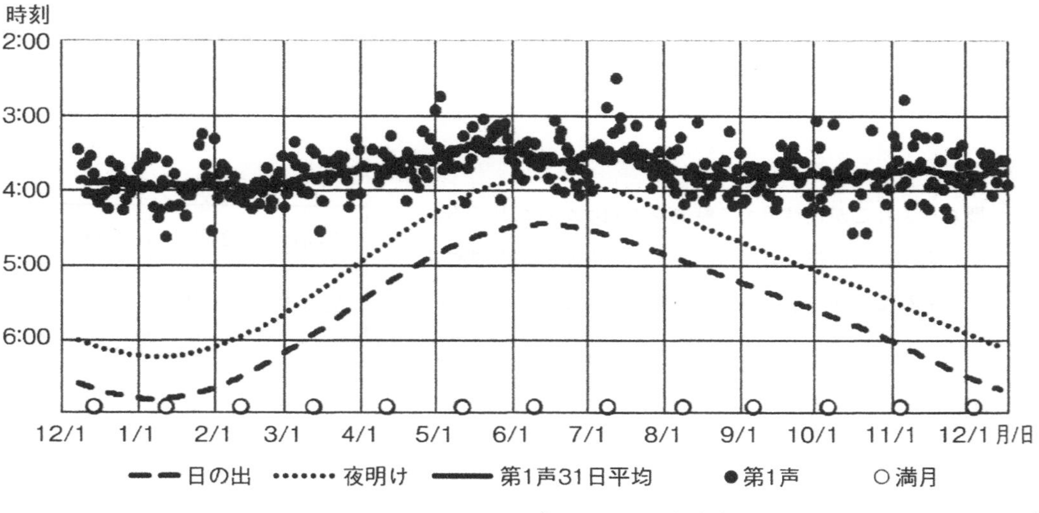

(http://www13.plala.or.jp/oosimakisyou/crow.html)

2021(R3) 盈進中
教英出版

問１　下線部(A)について、ニワトリの手羽先とはどの部分ですか。解答用紙のニワトリの骨格図《こっかく》で手羽先の部分の骨《ほね》をえん筆で黒くぬりなさい。

問２　下線部(A)について、ヒトの体でニワトリの手羽先に相当する部分はどこですか。解答用紙のヒトの骨格《こっかく》図で手羽先に相当する部分の骨《ほね》をえん筆で黒くぬりなさい。

問３　下線部(B)について、キンギョ、カエル、カメ、コウモリにはなくて、ニワトリだけに見られる特徴は何ですか。次のア～カから１つ選び、記号で答えなさい。

ア．あしにうろこがある　　イ．背骨《せぼね》がある　　ウ．クチバシがある
エ．羽毛がはえている　　オ．卵をうむ　　カ．体温が常に一定である

問４　下線部(C)について、春に東南アジアからやってきて日本で繁殖《はんしょく》し、秋に東南アジアにもどっていく鳥は何ですか。次のア～カから１つ選び、記号で答えなさい。

ア．ツバメ　　イ．ハクチョウ　　ウ．スズメ
エ．ウグイス　　オ．カラス　　カ．ツグミ

問５　下線部(D)について、植物の花が実になるためには何が必要ですか。**漢字２文字で答えなさい。**

問６　下線部(D)について、植物の種子が発芽するときに必要な条件が３つあります。それは水と温度ともう１つは何ですか。**漢字で答えなさい。**

問７　下線部(E)について、こん虫は幼《よう》虫から成虫になる過程で２つのグループに分けられます。次のア～カのうち他のこん虫と違うグループに属するものを１つ選び、記号で答えなさい。

ア．モンシロチョウ　　イ．カブトムシ　　ウ．コオロギ
エ．アリ　　オ．テントウムシ　　カ．ミツバチ

問８　下線部(F)について、ニワトリと同じようにカブトムシやライオンなど、動物のオスとメスは姿形がちがうものが多いですが、メダカではしりびれの形が違います。解答用紙のメダカのイラストにしりびれを書き加えてオスとメスのちがいを示しなさい。（書くのはひれの形だけでよく、ひれのすじなどは書かなくてもよい）

問９　下線部(G)について、カマキリのなかまは、気温の低い冬を厚いスポンジ状の卵鞘《らんしょう》と呼ばれるものに守られて、卵の状態ですごします。オオカマキリの卵鞘を見つけるにはどこをさがしたらよいですか。次のア～カから１つ選び、記号で答えなさい。

ア．草のくきや低木の枝　　イ．ため池の水の中　　ウ．日当たりのよい建物のかべ
エ．河原の石の上　　オ．林の木の幹　　カ．森の落ち葉の中

問10　下線部(H)について、和子さんがインターネットでみつけたグラフからニワトリの一日の第１声（鳴き始め）の時刻についてどのようなことが言えますか。次のア～オから１つ選び、記号で答えなさい。

ア．ニワトリの第１声の時刻は、日の出（地平線から太陽が現れる）時刻から２～３時間前である。
イ．ニワトリの第１声の時刻は、夜明け（東の空が明るくなる）時刻から２～３時間前である。
ウ．ニワトリの第１声の時刻は、日の出や夜明けの時刻に関係なく３時過ぎから４時ごろである。
エ．ニワトリの第１声の時刻は、満月の日が一番早い時刻で、それからだんだんおそくなり新月ごろに最もおそくなって、以後満月まで再び早まっていく。
オ．ニワトリの第１声の時刻は、夏は早い時刻となり、冬は遅い時刻になる。

問5　下線部⑤について、次の文は隋の皇帝《こうてい》に差し出した国書です。(　　)の中にあてはまる語句は何ですか。下の**ア**～**エ**から１つ選び、記号で答えなさい。(２つの（　　）には同じ言葉が入ります。)

「日がのぼる国の（　　）が、国書を日がしずむ国の（　　）に届けます。」

ア．皇帝　　**イ**．天子《てんし》　　**ウ**．大王　　**エ**．王族

問6　（　⑥　）にあてはまる語句は何ですか。漢字で正しく答えなさい。(１つの□には、漢字一字が入ります。)

C　都が平城京から平安京に移された平安時代になると、朝廷の政治を一部の有力な（　⑦　）が進めるようになりました。なかでも中臣鎌足の子孫は、むすめを天皇のきさきとし、生まれた子が天皇となることで大きな力をもち、⑧天皇にかわって政治を進めていました。

９世紀の終わりには、遣唐使《けんとうし》がとりやめになり、中国文化をもとにした新しい文化が生まれました。たとえば、漢字をもとにして、日本独自のひらがなとかたかながつくられ、ひらがなは、おもに女性のあいだで使われていました。紫式部《むらさきしきぶ》は、かな文字を使って、『(　⑨　)』を書きました。これは、貴族のくらしや登場人物の心の動きをこまやかにえがいた、世界的に有名な小説です。

問7　（　⑦　）にあてはまる語句は何ですか。下の**ア**～**エ**から１つ選び、記号で答えなさい。

ア．豪族　　**イ**．貴族　　**ウ**．武士　　**エ**．皇族《こうぞく》

問8　下線部⑧について、右の歌をよんだ人物は誰ですか。下の**ア**～**エ**から１つ選び、記号で答えなさい。

ア．平清盛《たいらのきよもり》　　**イ**．藤原頼通《ふじわらのよりみち》
ウ．源頼朝《みなもとのよりとも》　　**エ**．藤原道長《ふじわらのみちなが》

この世をば
わが世とぞ思う
望月《もちづき》の
欠けたることも
なしと思えば

問9　『(　⑨　)』にあてはまる小説は何ですか。下の**ア**～**エ**から１つ選び、記号で答えなさい。

ア．源氏物語《げんじものがたり》　　**イ**．枕草子《まくらのそうし》　　**ウ**．土佐日記《とさにっき》　　**エ**．竹取物語《たけとりものがたり》

D　政府は、国会開設に備えて伊藤博文《いとうひろぶみ》らをヨーロッパに送り、皇帝の権力が強い（⑩□□□）の憲法を学んで帰国しました。伊藤が中心となって、憲法草案をつくりました。1889年、大日本帝国憲法《ていこくけんぽう》が発《はっ》布《ふ》されました。この憲法では、（　⑪　）が国を治める主権をもつことや、軍隊を率いたり、条約を結んだりするのも、（　⑪　）の権限《けんげん》でした。

国会は、貴族院《きぞくいん》と衆議院《しゅうぎいん》からなり、⑫衆議院議員だけが国民の選挙《せんきょ》で選ばれました。

問10　（　⑩　）にあてはまる国はどこですか。カタカナで正しく答えなさい。（1つの□には、カタカナ一字が入ります。）

問11　（　⑪　）にあてはまる語句は何ですか。下の**ア～エ**から１つ選び、記号で答えなさい。

ア．国民　　**イ**．将軍　　**ウ**．内閣総理大臣《ないかくそうりだいじん》　　**エ**．天皇

問12　下線部⑫について、次の文にあてはまる数字や語句の組み合わせとして、正しいものはどれですか。下の**ア～エ**から１つ選び、記号で答えなさい。

「選挙権《けん》は、（　a　）才以上の（　b　）で、一定額の税金を納めたものだけにあたえられたため、有権者は人口の1.1％にすぎませんでした。」

ア．a　20　b　男女　　**イ**．a　20　b　男子
ウ．a　25　b　男女　　**エ**．a　25　b　男子

E　1931年9月、満洲《まんしゅう》にいた日本軍は、南満州鉄道の線路を爆破《ばくは》し、これを中国軍のしわざだとして攻撃をはじめました（満州事変《じへん》）。当時の政府は、満州の日本軍の動きを止めることができず、1932年には、「満州国」をつくって、軍の考えにそった政治を進めていきました。

中国は、この動きを侵略であるとして（　⑬　）にうったえました。（　⑬　）が、調査団を送って、調べた結果、「満州国」を認めない決議をしました。満州事変後の国内では、議会や政党による政治をやめて、天皇を中心とする政治のしくみをつくろうとする軍人などによって、⑭政治家を暗殺《あんさつ》する事件がひきおこされました。

問13　（　⑬　）にあてはまる語句は何ですか。下の**ア～エ**から１つ選び、記号で答えなさい。

ア．国際連合　　**イ**．国連貿易開発会議　　**ウ**．国際連盟　　**エ**．安全保障理事会

問14　下線部⑭について、右の新聞記事は首相暗殺を伝えたものです。暗殺された首相は誰ですか。次の文を参考にし、下の**ア～エ**から１つ選び、記号で答えなさい。

「満州国」は、満州に駐留していた日本軍が建国を進めたものであり、当時の首相は建国に反対でした。1932年５月15日、首相官邸《かんてい》に押し入ってきた軍人に暗殺されました。

ア． 吉田茂《よしだしげる》　　**イ．** 田中角栄《たなかかくえい》　　**ウ．** 犬養毅《いぬかいつよし》　　**エ．** 東条英機《とうじょうひでき》

問15　満州事変後のできごとについて年表にまとめました。年表中の（　　）にあてはまる語句の組み合わせとして、正しいものはどれですか。**ア～カ**から１つ選び、記号で答えなさい。

年	できごと
1931年	満州事変がおこる
1937年	（　a　）がおこる
1939年	（　b　）がおこる
1940年	日本はドイツ・イタリアと軍事同盟を結ぶ
1941年	（　c　）がはじまる
1945年	原爆が投下される 昭和天皇が、ラジオで日本の降伏を国民に伝える

ア． a　第二次世界大戦　　b　日中戦争　　c　太平洋戦争
イ． a　第二次世界大戦　　b　太平洋戦争　　c　日中戦争
ウ． a　太平洋戦争　　b　第二次世界大戦　　c　日中戦争
エ． a　太平洋戦争　　b　日中戦争　　c　第二次世界大戦
オ． a　日中戦争　　b　太平洋戦争　　c　第二次世界大戦
カ． a　日中戦争　　b　第二次世界大戦　　c　太平洋戦争

4 A～Eの写真や絵に関して、次の各問いに答えなさい。

問１ 次の**ア～エ**は、右の写真の人物に関係する文です。**あやまっているもの**はどれですか。下の**ア～エ**から１つ選び、記号で答えなさい。

A　徳川家康

ア． 三河（愛知県）の小さな大名の家に生まれました。

イ． 豊臣秀吉の命令で、江戸（東京）に移って関東を治めました。

ウ． 1590年、「天下分け目の戦い」といわれる長篠《ながしの》の戦いで自分に反対する大名を破りました。

エ． 1603年、朝廷から征夷大将軍《せいいたいしょうぐん》に任じられ、江戸に幕府を開きました。

問２ 次の**ア～エ**は、右の写真が使われていた時代に関係した文です。正しいものはどれですか。下の**ア～エ**から１つ選び、記号で答えなさい。

B　ふみ絵

ア． 九州の島原《しまばら》や天草《あまくさ》で、約３万数千人の人々が年《ねん》貢《ぐ》の取り立てに反対して一揆《いっき》を起こしました。

イ． 伝統芸能である能は、観阿弥《かんあみ》・世阿弥《ぜあみ》の父子によって、大成されました。

ウ． 武士の裁判の基準となる御成敗式目《ごせいばいしきもく》がつくられ、幕府の支配力は、いっそう強くなっていきました。

エ． 人々の間に政治参加を求める声が出てきて、国会を開き、憲法をつくることを求める動きが出てきました。

問３ 次の**ア～エ**は、右の写真の人物に関係する文です。**あやまっているもの**はどれですか。下の**ア～エ**から１つ選び、記号で答えなさい。

C　野口英世

ア． 15才のときに、やけどのため不自由だった左手の手術をしたのをきっかけに医師になる決意をしました。

イ． 大学入学のとき、「太平洋《たいへいよう》の橋になりたい」といい国際連盟《こくさいれんめい》の事務局次長《じちょう》を６年間務《つと》めました。

ウ． 南米のエクアドルやアフリカのガーナに行き、原因不明の黄熱病《おうねつびょう》を調査研究しました。

エ． 2004年より千円札にかかれています。

問4　次の**ア**～**エ**は、右の写真の人物に関係する文です。正しいものはどれですか。下の**ア**～**エ**から１つ選び、記号で答えなさい。

D　小村寿太郎

ア．内閣制度をつくり、初代内閣総理大臣になりました。

イ．輸入品にかける税金を、日本が決めることができるようにしました。

ウ．欧米《おうべい》に３度旅行し、慶應《けいおう》義《ぎ》塾《じゅく》大学を創立しました。

エ．1949年、日本人初のノーベル物理学賞を受賞《じゅしょう》しました。

問5　次の**ア**～**エ**は、右のグラフの特徴《とくちょう》を説明したものです。もっともふさわしいものはどれですか。下の**ア**～**エ**から１つ選び、記号で答えなさい。

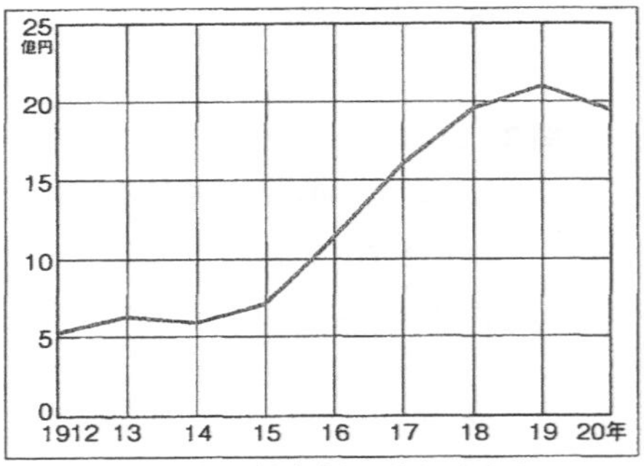

E　日本の輸出額の移り変わり

ア．第一次世界大戦のために、ヨーロッパの国々の生産力が低下すると、日本は、ヨーロッパやアジアへの輸出をのばしました。

イ．韓国と北朝鮮の間で戦争がおこり、連合国軍総司令部の指令によって、朝鮮半島への輸出をのばしました。

ウ．「三種の神器《じんぎ》」とよばれたテレビ、電気洗濯《せんたく》機《き》、電気冷蔵《れいぞう》庫《こ》などの電化製品は、世界中で使われるようになり、輸出をのばしました。

エ．「国民所得倍増計画」が発表され、鉄鋼や自動車などの重化学工業が発達し、世界への輸出をのばしました。

5 次の文章を読んで、[　1　]・[　2　] にあてはまる語句の組み合わせとして、正しいものはどれですか。下の**ア**～**エ**から1つ選び、記号で答えなさい。

問1　2020年4月7日、新型コロナウイルス感染症《かんせんしょう》拡大を抑えるために、[　1　] が7都府県に出されました。16日には対象地域を [　2　] に拡大されることが決定されました。

ア.［1］スポーツ宣言日本　　［2］47都道府県
イ.［1］スポーツ宣言日本　　［2］49都道府県
ウ.［1］緊急事態宣言　　［2］47都道府県
エ.［1］緊急事態宣言　　［2］49都道府県

問2　2020年6月、[　1　] の全国人民《じんみん》代表大会（国会に相当）において、[　2　] で反体制的な言動を取り締まる「[　2　] 国家安全維持《こっかあんぜんいじ》法」が成立しました。1997年の返還《へんかん》時に約束された「一国二《いっこくに》制度《せいど》」が大きく揺《ゆ》さぶられることとなりました。

ア.［1］中国　［2］北京《ぺきん》　　**イ**.［1］中国　［2］香港《ほんこん》
ウ.［1］韓国　［2］北京　　**エ**.［1］韓国　［2］香港

問3　2020年6月23日、沖縄は戦没《せんぼつ》者を悼《いた》む「慰霊《いれい》の日」を迎えました。糸満《いとまん》市摩文仁《まぶに》の平和祈念《きねん》公園では、コロナ禍《か》により規模を縮小して沖縄全戦没者追悼《ついとう》式が開かれました。日米で約20万人が亡くなった沖縄戦から [　1　] 年。[　2　] 知事は平和宣言で「忌《い》まわしい戦争の記憶を風化《ふうか》させない」と誓《ちか》いました。

ア.［1］75　［2］玉城《たまき》　　**イ**.［1］75　［2］湯崎《ゆざき》
ウ.［1］100　［2］玉城　　**エ**.［1］100　［2］湯崎

問4　2020年7月、政府の観光支援《しえん》策「Go To [　1　]」事業が、スタートしました。このキャンペーンは、9月末日までは [　2　] 内宿泊や [　2　] 内在住《ざいじゅう》者は対象外でした。

ア.［1］ジャパン　［2］京都府　　**イ**.［1］ジャパン　［2］東京都
ウ.［1］トラベル　［2］京都府　　**エ**.［1］トラベル　［2］東京都

問5　2020年8月、インド洋の島国 [　1　] 沖で、商船三井が運航する貨物船が座礁《ざしょう》し、燃料が大量に流出しました。船内に残った燃料の大半は回収されており、これ以上、燃料が流出するという事態は回避《かいひ》されましたが、付近の [　2　] は広範囲に汚染《おせん》されており、回復まで20～30年かかるとの指摘《してき》も出ています。

ア.［1］モーリシャス　［2］リアス海岸
イ.［1］モーリシャス　［2］サンゴ礁《しょう》
ウ.［1］ハワイ　［2］リアス海岸
エ.［1］ハワイ　［2］サンゴ礁

6 次の各問いに答えなさい。

問1　次のメモは、えいとさんが地域の人口について、調べてわかったことや考えたことをまとめたものです。メモ中の空欄《らん》[A]～[C]に入る語句の組み合わせとして、もっとも正しいものはどれですか。下の**ア～カ**から１つ選び、記号で答えなさい。

> **●調べてわかったこと**
> ・地域に住む子どもが[A]なり、小学校や中学校が統合されている。
> ・核《かく》家族化が進み、ひとりぐらしの高齢者《こうれいしゃ》が[B]いるので、高齢者のための施設が増えている。
>
> **●わたしの考え**
> ・高齢者の数は、今後も[C]続けることが予想されるので、高齢者の福祉《ふくし》を充実《じゅうじつ》させる必要がある。

ア.　A　少なく　　B　増えて　　C　減り
イ.　A　少なく　　B　減って　　C　増え
ウ.　A　少なく　　B　増えて　　C　増え
エ.　A　多く　　B　増えて　　C　減り
オ.　A　多く　　B　減って　　C　減り
カ.　A　多く　　B　減って　　C　増え

問2　次の先生と生徒の会話文を読み、会話文中の[X]・[Y]に入る語句の組み合わせとして、正しいものはどれですか。下の**ア～エ**から１つ選び、記号で答えなさい。

生徒：わたしたちが、選挙で投票ができるようになるのは何才からですか？
先生：18才からですよ。18才になると、市区町村や都道府県、国の議員を選ぶことができる選挙権という権利が与えられるよ。
生徒：早く選挙で投票してみたいです。
先生：いいですね。一人一人が政治に関心をもち、投票することで、政治に参加していくことはとても大切なことですね。
生徒：先日、「[X]が選挙に大きな影響を与える」とニュースでみたのですが、どういうことですか？
先生：社会や政治の問題について、多くの人々がもっている意見のことを[X]といい、大きな力になって政治を動かすことがあるんだよ。
生徒：なるほど。
先生：近ごろは、テレビだけでなく、[Y]も[X]に大きな影響をあたえ、国民の声を直接届《とど》ける新しい方法としての役割を果たしているね。
生徒：そういえば、「2013年からは、[Y]を利用した選挙運動ができるようになった」と授業で習いました。
先生：そうですね。これから、もっと政治に関心をもつ人が増えて、選挙の投票率があがるといいですね。

ア.　X　政治献金《けんさん》　Y　新聞　　　**イ.**　X　政治献金　Y　インターネット
ウ.　X　世論《せろん》　Y　新聞　　　**エ.**　X　世論　Y　インターネット

問３　次のレポートは、みどりさんが裁判所のある制度について、調べたことをまとめたものです。（　　　）にあてはまる語句は何ですか。漢字で正しく答えなさい。（１つの□には、漢字一字が入ります。）

（□□□）制度は、2009年から、国民の普段《ふだん》の生活の感覚を裁判に取り入れ、国民の裁判に対する理解と信頼《しんらい》を深めようとはじまりました。くじで選ばれた６名の国民が、３名の裁判官とともに、関係者に質問したり、おたがいの意見を交わし合ったりして、有罪か、無罪かを判断します。

問４　次のカード①～③は、えいとさんが授業で日本国憲法について発表するために、調べたことをまとめたものです。このカードについて、先生が**あやまり**を指摘《してき》しました。先生が指摘したものはどれですか。下の**ア～キ**から１つ選び、記号で答えなさい。

①　すべての人は生まれながらにして、自由で平等であることや、だれもが幸せにくらす権利が保障されています。

②　国の政治のあり方を最終的に決める権限が国民にあり、国民は国会が選んだ内閣総理大臣を任命します。

③　軍隊をもたず、外国との争いを絶対に戦争によって解決しないことを、憲法第６条で定めています。

ア．①のみ　　**イ**．②のみ　　**ウ**．③のみ　　**エ**．①と②

オ．①と③　　**カ**．②と③　　**キ**．①と②と③

問5　みどりさんのクラスでは、新聞を用いて災害について学びました。次の文章は、みどりさんが発表用にまとめたものです。文章中の空欄[A]～[C]に入る語句の組み合わせとして、もっともふさわしいものはどれですか。下の**ア～カ**から１つ選び、記号で答えなさい。

[A] 豪雨 死者22人

著作権に関係する弊社の都合により省略致します
教英出版編集部

(2020年７月５日 朝日新聞記事)

日本は災害の多い国です。特に近年、大雨による水害が全国各地でおこっています。2020年７月上旬、記録的豪雨により[A]県南部を流れる球磨川《くまがわ》が氾濫《はんらん》し、流域の[A]県人吉市《ひとよしし》や球磨地方など広い範囲で浸水《しんすい》被害が出ました。

2018年には、[B]を中心に多くの地域で河川の氾濫や浸水害、土砂《どしゃ》災害が発生し、死者数が200人を超える甚大《じんだい》な災害となりました。

このような災害が、いつおこるのか分かりません。そこで、土砂災害や津波などについて被害の想定範囲や避難《ひなん》場所、避難経路《けいろ》などを示した[C]を確認しました。洪水により最大どの程度の深さまで浸水する可能性があるのかが分かりました。また、安全なエリアや避難場所等も示されているので、災害時にどのような行動をとればよいのかがよく分かりました。

災害に備えて、「もし災害が発生したらどう行動すべきか」、「どのような対策の準備をしておく必要があるのか」を家族で話し合う必要があると感じました。

ア． A　沖縄　B　東日本　C　地域安全マップ
イ． A　沖縄　B　西日本　C　地域安全マップ
ウ． A　沖縄　B　東日本　C　ハザードマップ
エ． A　熊本　B　西日本　C　地域安全マップ
オ． A　熊本　B　西日本　C　ハザードマップ
カ． A　熊本　B　東日本　C　ハザードマップ

問五

ii

問六

さん

問七

問八

問九

問十

小計

四

①着物（きもの）

②地図（ちず）

③積み木（つみき）

④楽器（がっき）

⑤だるま

受験番号

2021(令和3)年度　算数入学試験問題　　　盈進中学校

解答用紙

1

小計

(1)		(4)		(7)	
(2)		(5)			
(3)		(6)			

2

小計

(1)	%		
(2)	分		
(3)	分　秒		
(4)	g		
(5) ア	人	イ	点

3

小計

(1)		cm^2		
(2)	①	時　分	④	時　分
	②	時　分	⑤	分　秒後
	③	分速　m		

受験番号	

2021(令和3)年度　理科入学試験問題　　　　盈進中学校

解答用紙

1

小計

問1		問2		問3		問4		問5	℃
問6		問7		問8		問9		問10	

2

小計

問1		問2		問3		問4		問5	
問6		問7		問8		問9		問10	

3

小計

問1	A		B		C		
問2	D		E		問3		問4	
問5		問6		問7			

4

【解答用

受験番号	

2021(令和3)年度　社会入学試験問題　　盈進中学校

解答用紙

1

小計

問1		問2	(1)		(2)	問3	
問4		問5			問6	問7	

2

小計

問1		問2	(1)(Ⅰ)		(1)(Ⅱ)	(2)	
問3		問4			問5	問6	
問7		問8			問9	問10	

3

小計

問1		問2			問3	問4	
問5		問6		の		問7	

問12		問13		問14		問15	

4

小計

問1		問2		問3		問4	
問5							

5

小計

問1		問2		問3		問4	
問5							

6

小計

問1		問2		問3				問4	
問5									

合計

※100点満点
(配点非公表)

問4	(1)		(2)		問5	(1)	と	(2)	と
問6	秒								

5

小計

問1

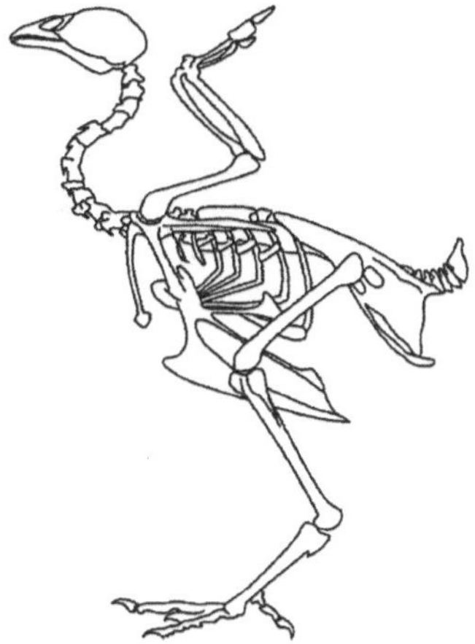

問8

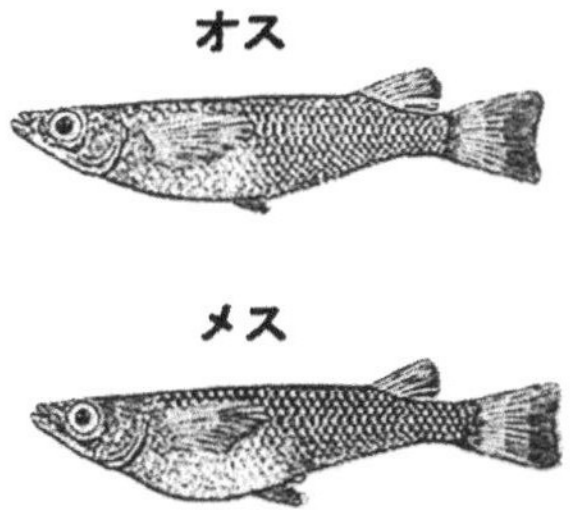

問2

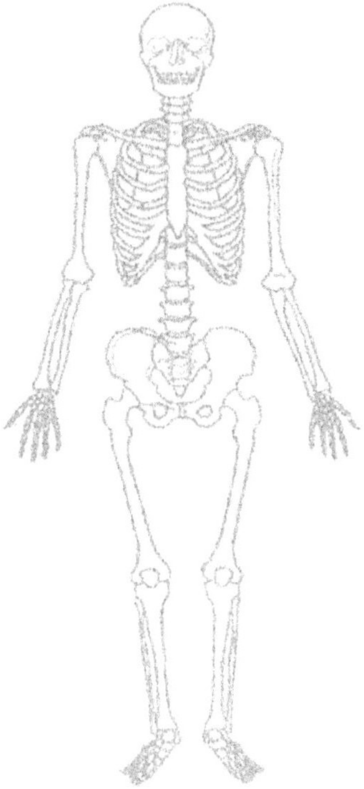

問3	
問4	
問5	
問6	
問7	
問9	
問10	

合計

※100点満点
(配点非公表)

K 教英出版

受験番号	

4

小計

(1) ア　　通り　イ　　通り　ウ　　通り

エ　　通り

(2) (あ) オ　A → D → C →

カ　A → D → E →

(い) キ　　通り　ク　　通り

(う) ケ　　通り

コ　　通り

5

小計

ア　　イ　　ウ

(1) エ　　日

(2) オ　　日　カ　　月

(3) キ　　日

(4) ①　　月　　日

②　　③　　月　　日

合計

※100点満点
(配点非公表)

二〇二一（令和三）年度　国語入学試験問題　盈進中学校

解答用紙

一

小計

①

②

③

④

⑤

⑥

⑦

⑧ める

⑨ わる

⑩ める

⑪

⑫

⑬

⑭

⑮

⑯

⑰

⑱

⑲ し

⑳ い

二

小計

問一

問二

不安

問三

問四

(1)

(2)

問五

問六

主語

述語

問七

(1)

なぜなら、

からね。

(2)

三

問一

問二

問三

問四

合計

※100点満点
（配点非公表）

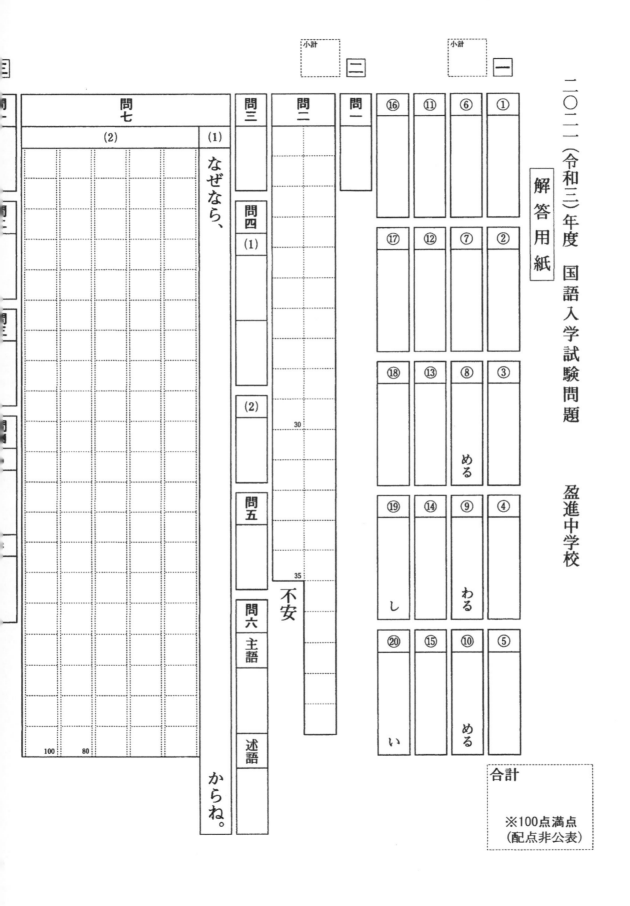

1 次の各問いに答えなさい。

問１　次のスケッチは、町の様子を調べるために学校の屋上にあがり、北を上にして、東西南北に見えた建物などを絵や文字で書き込んだものです。写真**ア～エ**は、学校の屋上から東西南北の風景を撮《と》ったものです。東の風景を撮った写真はどれですか。下の**ア～エ**から１つ選び、記号で答えなさい。

スケッチ

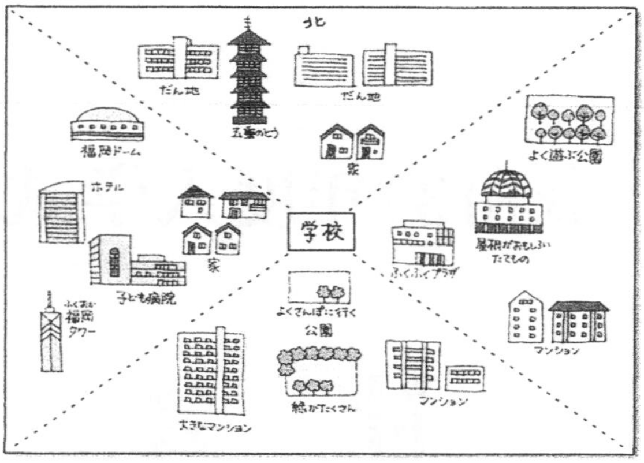

ア

イ

ウ

エ

問２　次の**地図（あ）**は生徒がかいた学校のまわりの絵地図です。**地図（い）**は先生がかいた地図です。それぞれの地図をみて、次のページの各問いに答えなさい。

地図（あ）

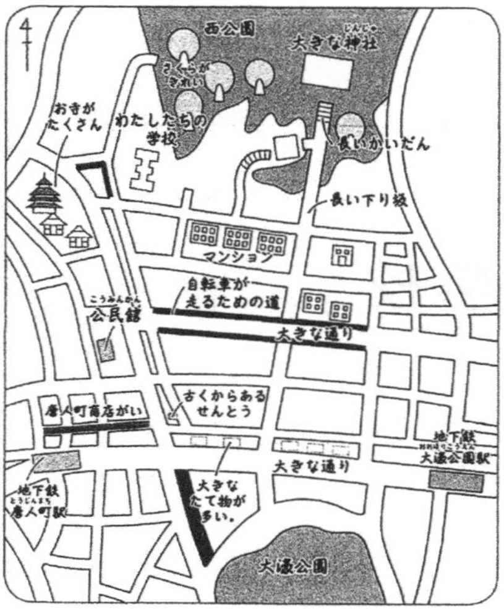

地図（い）

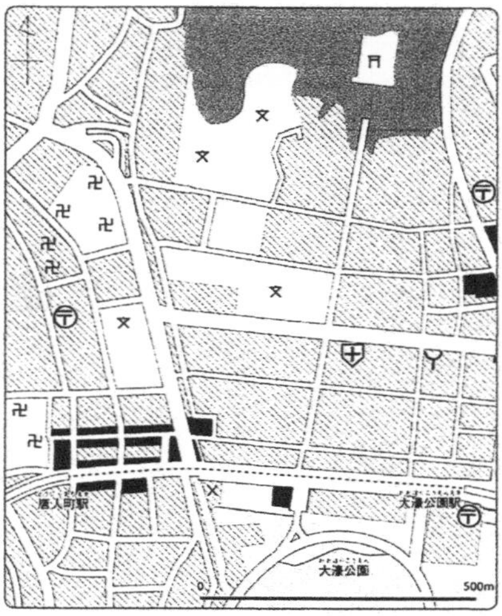

(1) 神社に行くために地下鉄に乗って大濠公園駅《おおほりこうえんえき》でおりました。駅を出て広い道路を西へ歩き、最初の角を北へ曲がりしばらく歩くと右側にある建物が見えてきました。そのある建物とは何ですか。下の**ア～オ**から１つ選び、記号で答えなさい。

ア．病院　　**イ**．消防署　　**ウ**．郵便局　　**エ**．学校　　**オ**．寺

(2) 次の**ア～エ**は、**地図（あ）**と**地図（い）**をみて、気づいたことをまとめたものです。あきらかに**あやまっているもの**はどれですか。下の**ア～エ**から１つ選び、記号で答えなさい。

ア．地図（あ）は、**地図（い）**と比較して、道路の幅がわかりにくい。

イ．地図（あ）をみると、神社に行く手前に階段があることがわかる。

ウ．地図（い）は、郵便局のある場所がわかる。

エ．地図（い）をみると、大濠公園駅から唐人町駅《とうじんまちえき》までの距離は２㎞以上あることがわかる。

問３　次の表は、町の人がどの店に買い物に行くのかを調査したものです。一番多くの人が買い物に行くところの理由として、もっともふさわしいものはどれですか。下の**ア～エ**から１つ選び、記号で答えなさい。

よく買い物に行く店（集計の結果）

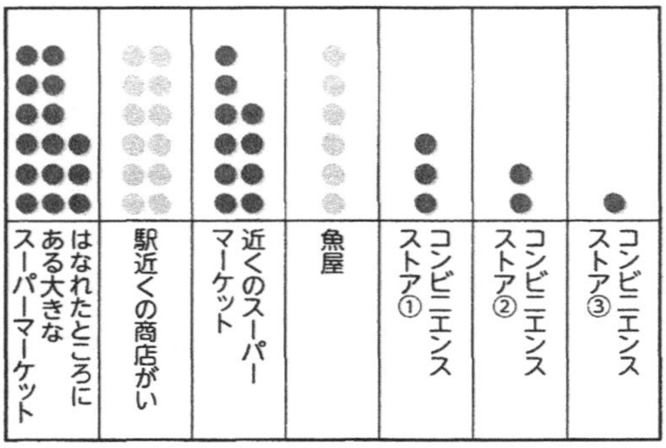

ア．駅から近いので仕事の帰りに買い物ができ、店の種類が多いから。

イ．駐車場が広いので車で行くことができ、一度にいろいろな品物が買えるから。

ウ．店は小さいが朝早くから夜遅くまであいており、電気代など支払いができるから。

エ．昔からある身近な店で、歩いて買い物に行けるから。

問４　買い物に行くと、レジ袋の有料化のお知らせがはってありました。レジ袋が有料化となった理由として、もっとも正しいものはどれですか。下の**ア～エ**から１つ選び、記号で答えなさい。

ア．ごみ処理の費用を住民に負担してもらうため。

イ．ゴミ出しのルールを守らない人が増えたから。

ウ．レジ袋代が高くなり店の負担が増えたから。

エ．プラスチックごみを減らすため。

問５　コンビニエンスストアでは、商品についているバーコードをレジで読み取り、商品が売れた時間や種類などを自動的に記録するシステムを使っています。このシステムを何といいますか。下の**ア**～**エ**から１つ選び、記号で答えなさい。

ア．ＳＮＳ　　**イ**．ＡＴＭ　　**ウ**．ＰＯＳ　　**エ**．ＡＩ

問６　次のカード①～③は、町の移り変わりについてまとめたものです。年代の古い順に並びかえたとき、正しい組み合わせはどれですか。下の**ア**～**カ**から１つ選び、記号で答えなさい。

①	町のようす	交通のようす
	工場が増え、大きな団地もできた。	高速道路や新幹線が通った。

②	町のようす	交通のようす
	田んぼや畑が広がっていた。	電車が走り、大きな道路ができた。

③	町のようす	交通のようす
	お年寄りの数が増え、外国の人がたくさん住むようになった。	大きな都市まで、より短時間で行けるようになった。

ア．①→②→③　　**イ**．①→③→②　　**ウ**．②→①→③
エ．②→③→①　　**オ**．③→①→②　　**カ**．③→②→①

問７　私たちの生活を支えている運輸《うんゆ》について調べました。次の**ア**～**エ**は、貨物列車、トラック、船、飛行機の特色についてまとめたものです。このうち貨物列車にあてはまるものはどれですか。下の**ア**～**エ**から１つ選び、記号で答えなさい。

ア．軽くて値段の高い電子機器や精密《せいみつ》機械を運んでいます。
イ．安全性に優れ、二酸化炭素《にさんかたんそ》の排出《はいしゅつ》量は少ないです。
ウ．重い貨物をもっとも大量に運べ、輸出入の輸送にも使われます。
エ．利便性に一番すぐれ、国内貨物の輸送の割合は約50％です。

2 次の各問いに答えなさい。

問1　次の4枚の地図中にある**ア〜エ**は、県庁所在地を示しています。県名と県庁所在地名が同じものはどれですか。下の**ア〜エ**から1つ選び、記号で答えなさい。(注：縮尺は違います。)

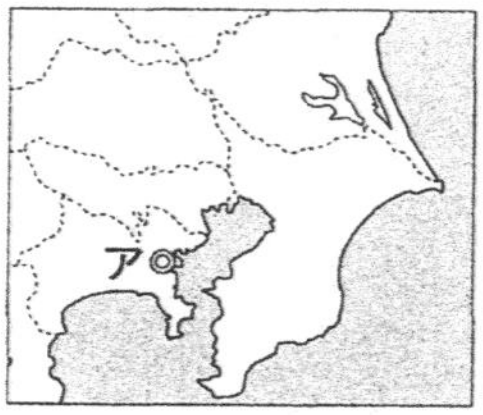

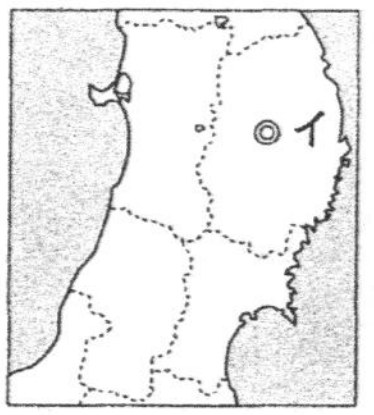

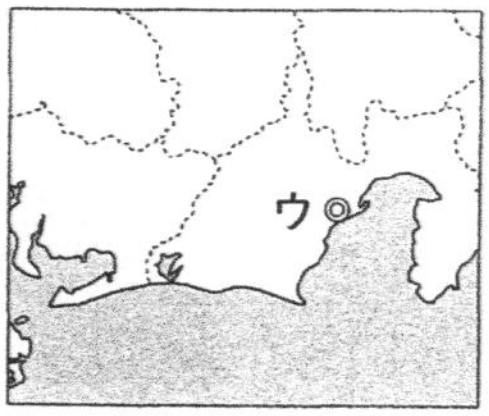

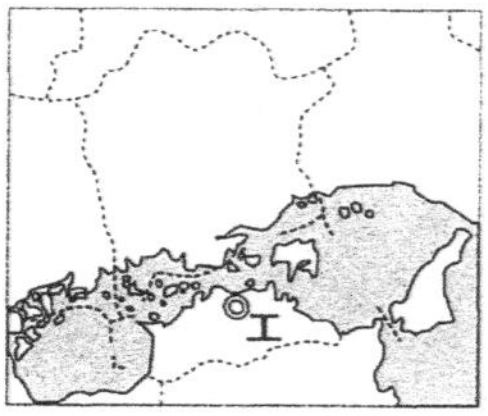

問2　次の地図をみて、下の各問いに答えなさい。

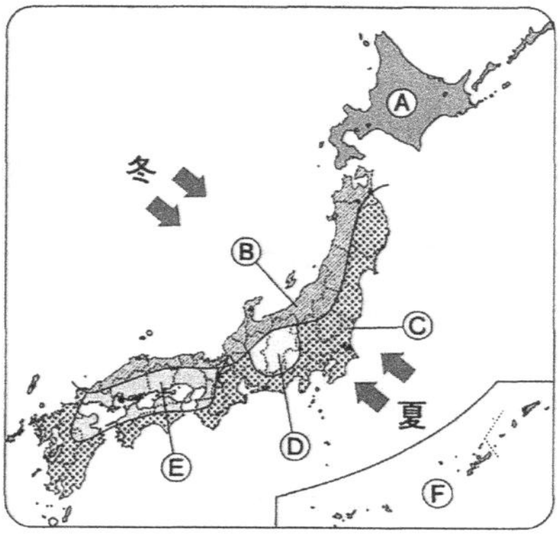

(1) 次の**ア〜カ**は、地図中のⒶ〜Ⓕの気候区の代表的な都市の気温と降水量を示したものです。Ⓔにあてはまるものを解答用紙の（Ⅰ）に、Ⓕにあてはまるものを解答用紙の（Ⅱ）に、それぞれ**ア〜カ**から1つずつ選び、記号で答えなさい。

ア

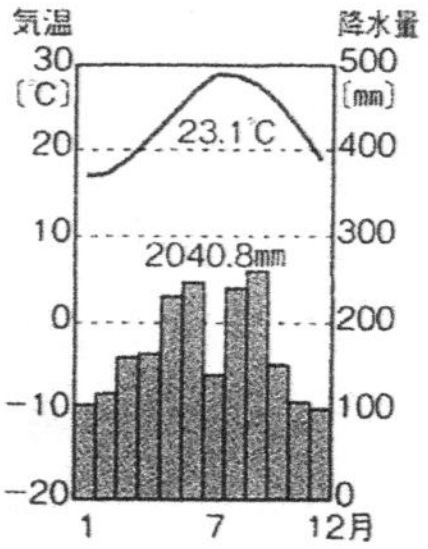

イ

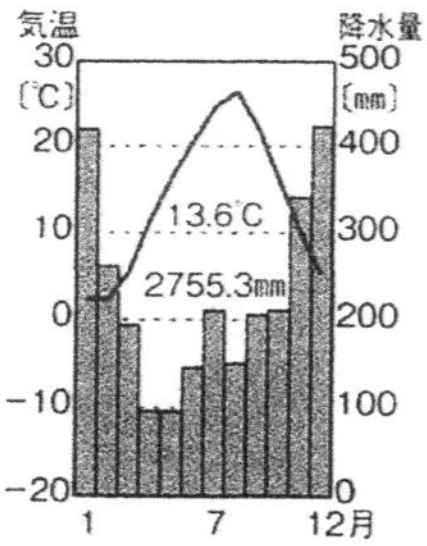

ウ

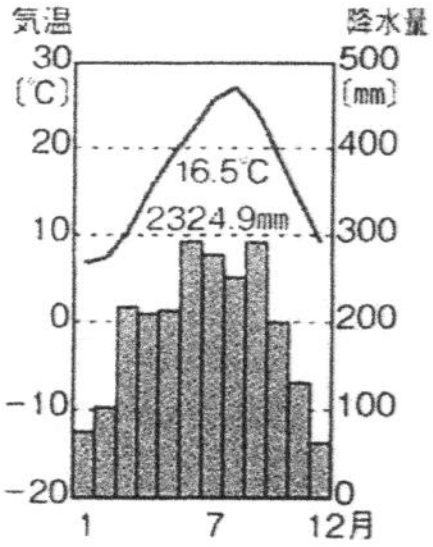

エ

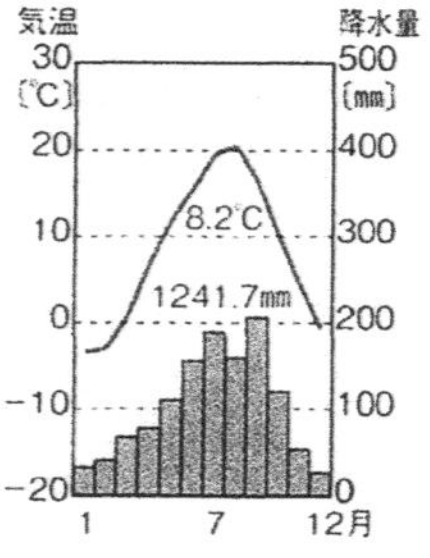

オ

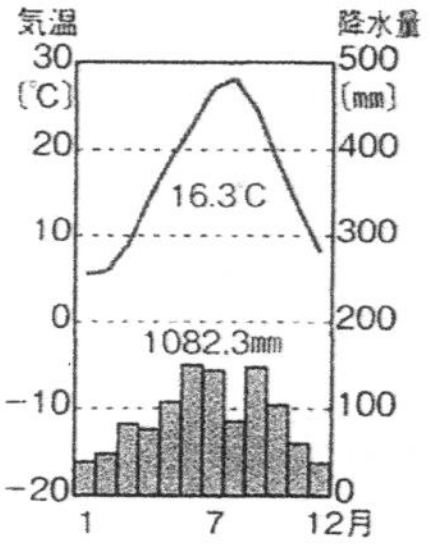

カ

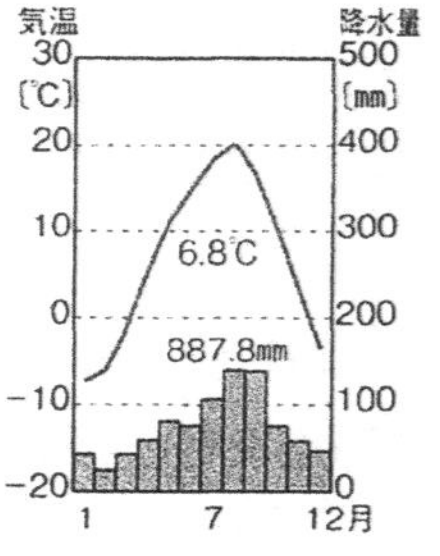

(理科年表)

(2) 日本に四季があるのは、夏は南東から、冬は北西から吹く風が影響しています。この風を何といいますか、答えなさい。

問3 次のグラフは、世界各国の国土にしめる森林の割合を示したものです。下の**ア〜エ**は日本、ロシア、アメリカ、中国のいずれかです。日本にあてはまるものはどれですか。下の**ア〜エ**から1つ選び、記号で答えなさい。

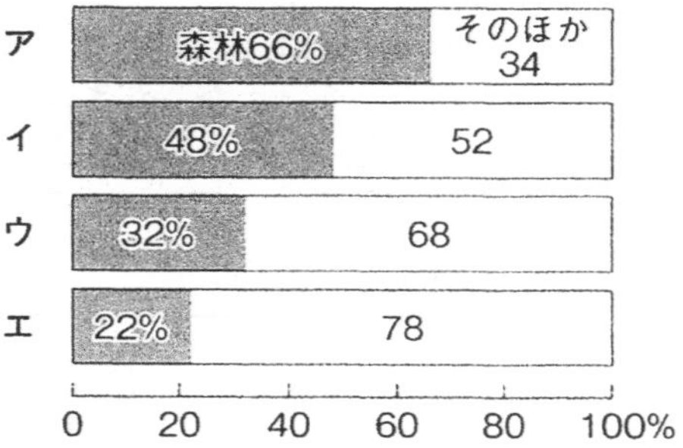

(日本国勢図会)

問4 次のグラフは、地域別の農業産出額の割合を示したものです。下の①〜③は北海道、東北、四国のいずれかです。①〜③と地域名との正しい組み合わせはどれですか。下の**ア〜カ**から1つ選び、記号で答えなさい。

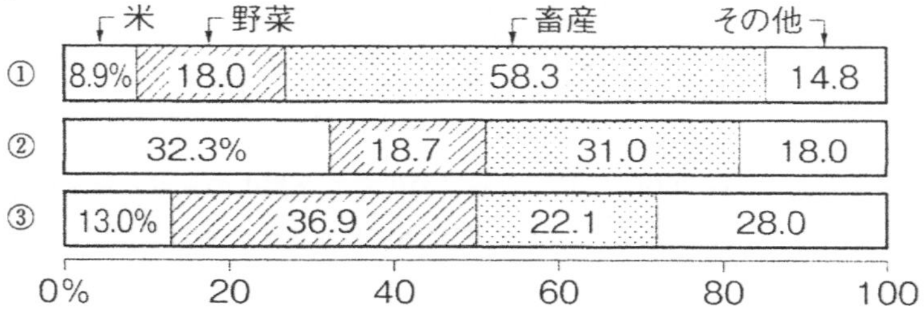

(日本国勢図会)

	①	②	③
ア	北海道	東北	四国
イ	北海道	四国	東北
ウ	東北	北海道	四国
エ	東北	四国	北海道
オ	四国	北海道	東北
カ	四国	東北	北海道

問5 近年、「食品ロス」が問題になっていますが、この問題を正しく説明したものはどれですか。下の**ア〜エ**から1つ選び、記号で答えなさい。

ア． 異常気象の影響で食料が不足していること。

イ． 国内の食料生産が減っていること。

ウ． 食べられる食料が大量に捨てられていること。

エ． 食料の多くを輸入にたよっていること。

問６　次のグラフは、面積、人口、工業出荷額、小売業販売額の全国に占める都道府県別の割合を示したものです。グラフ中の**ア～エ**は北海道、東京、愛知、大阪のいずれかです。大阪にあてはまるものはどれですか。グラフ中の**ア～エ**から１つ選び、記号で答えなさい。

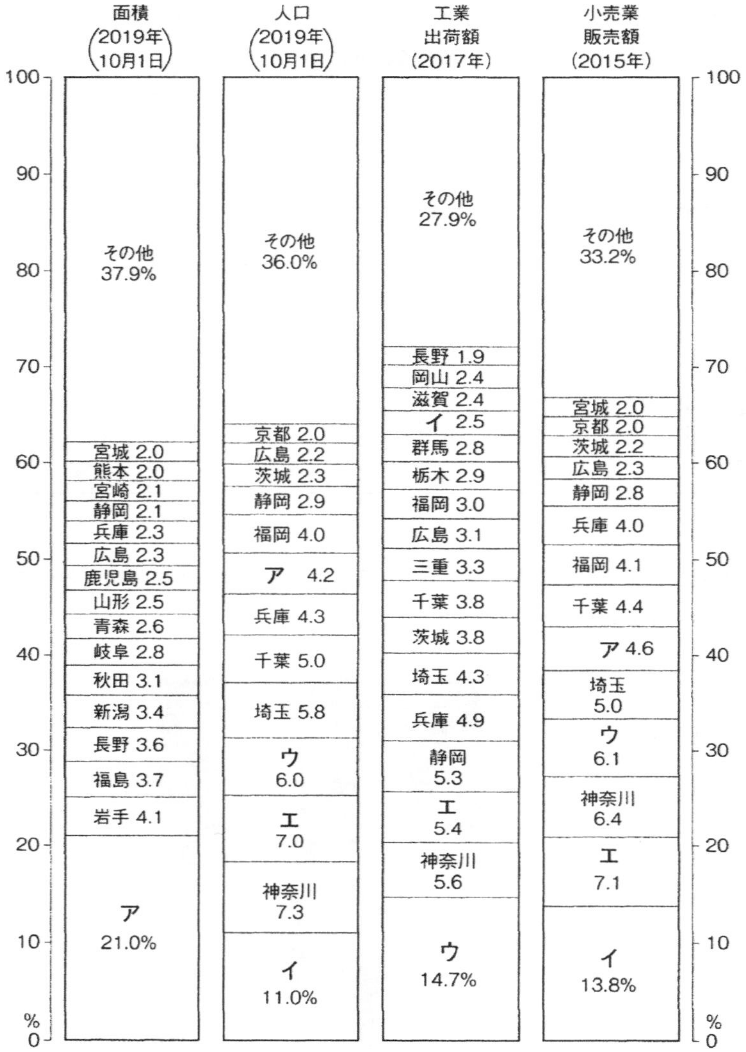

（日本国勢図会）

問7　次の文①～③は世界自然遺産に認定されている、白神山地《しらかみさんち》、屋久島《やくしま》、知床《しれとこ》について説明したものです。①～③と世界自然遺産との正しい組み合わせはどれですか。下の**ア～カ**から１つ選び、記号で答えなさい。

①　火山や流氷《りゅうひょう》の美しさで有名な場所で、熊などの動物も見られる。

②　樹齢《じゅれい》が3000年をこえるともいわれる縄文杉《じょうもんすぎ》が有名である。

③　ぶなの天然林が有名な場所で、青森県と秋田県にまたがっている。

	白神山地	屋久島	知床
ア	①	②	③
イ	①	③	②
ウ	②	①	③
エ	②	③	①
オ	③	①	②
カ	③	②	①

問8　次の写真は、ある自然災害に備えてつくられた設備です。その説明文として正しいものはどれですか。下の**ア～エ**から１つ選び、記号で答えなさい。

ア．地震に備え、建物が倒《たお》れないようにするためにつくられた。

イ．洪水に備え、大雨であふれた水を取りこむためにつくられた。

ウ．津波に備え、ひなん場所としてつくられた。

エ．大雪に備え、雪を川に流すためにつくられた。

問９　次の文①・②は自然災害について説明したものです。この①・②の文が正しいものとあやまっているものとの組み合わせとして、正しいものはどれですか。下の**ア〜エ**から１つ選び、記号で答えなさい。

①　日本列島は、４つのプレートがぶつかり合い、内陸には断層《だんそう》も多いため地震が多い。

②　海底で地震が起きると、海水が持ち上げられて津波が発生する。

ア	①の文は正しい。	②の文は正しい。
イ	①の文は正しい。	②の文はあやまっている。
ウ	①の文はあやまっている。	②の文は正しい。
エ	①の文はあやまっている。	②の文はあやまっている。

問10　次の地球儀《ぎ》上で赤道の位置を正しくあらわしているものはどれですか。下の**ア〜エ**から１つ選び、記号で答えなさい。

3 A～Eの文章を読んで、次の各問いに答えなさい。

A　日本に米づくりが広がっていくと、人々の生活の様子も大きく変わりました。佐賀県にある（　①　）遺跡《いせき》は、1～3世紀ごろの弥生《やよい》時代後期の遺跡で、集落のまわりを大きな二重の堀《ほり》やさくで囲んでいます。

弥生時代には、倉庫にたくわえられた食料や種もみ、田や用水、鉄の道具などをめぐって、むらとむらとの間で争いが起こるようになりました。また、米づくりが広がったころ、朝鮮《ちょうせん》半島から日本列島へわたってきて住みつく（②□□□）が大勢いました。この人たちは、建築や土木工事、焼き物などの技術を身につけた人々がおり、進んだ技術や文化を日本にもたらしました。

中国でまとめられた古い歴史の本には、米づくりが日本に伝わって、600年ほどあとの日本のようすが、次のように書かれています。

「倭《わ》（日本）の国の王は、もとは男性が務《つと》めた。従《したが》えていたくにぐにが争いを起こし、戦いが続いたので、相談して、③卑弥呼《ひみこ》という女性を王に立てた。」

問1　（　①　）にあてはまる語句は何ですか。下の**ア～エ**から1つ選び、記号で答えなさい。

ア．吉野ヶ里《よしのがり》　　**イ**．大仙《だいせん》　　**ウ**．板付《いたづけ》　　**エ**．三内丸山《さんないまるやま》

問2　（　②　）にあてはまる語句は何ですか。漢字で正しく答えなさい。（1つの□には、漢字一字が入ります。）

問3　下線部③について、この人物に関する説明として、**あやまっているもの**はどれですか。下の**ア～エ**から1つ選び、記号で答えなさい。

ア．約30ほどの国を従えていた。
イ．治めていたくには「邪馬台国《やまたいこく》」とよばれた。
ウ．うらないをして、人々をひきつける力があったといわれていた。
エ．インドに使いを送り、おくり物をしたので、倭王《わおう》の称号《しょうごう》があたえられた。

B　6世紀の終わりから7世紀の初めにかけて、（④□□□□）は豪族《ごうぞく》の蘇我《そが》氏とともに、天皇《てんのう》を中心とする政治のしくみを整えていきました。また、冠位十二階《かんいじゅうにかい》を定め、大和朝廷《やまとちょうてい》の役人の位《くらい》を、家柄《いえがら》や出身地に関係なく能力や功績《こうせき》で取り立てたり、⑤中国（隋《ずい》）という国に小野妹子《おののいもこ》らを使者として送って、対等な国の交わりを結ぼうとしました。

（　④　）の死後、蘇我氏が天皇をしのぐほどの勢力をもち、その様子をみた中大兄皇子《なかのおおえのおうじ》と中臣鎌足《なかとみのかまたり》は、645年に蘇我氏をたおし、中国（唐《とう》）から帰国した留学生や留学僧らとともに天皇を中心とする国づくりを始めました。この政治の改革を（⑥□□の□□）といいます。

問4　（　④　）にあてはまる人名は何ですか。漢字で正しく答えなさい。（1つの□には、漢字一字が入ります。）

2021（令和3）年度入学試験問題

社　会

（50分）

（注意）解答はすべて解答用紙に記入しなさい。

盈進中学校

1 次の文を読んで、後の問いに答えなさい。

> みちるさんは、雨のやんだ次の日に、大きな水たまりをみつけました。毎日その水たまりを見ていると、だんだんと水が少なくなって、いつのまにか水がなくなっていました。ある日、自分が飲み残したコップに残っていた水も、置いたままにしていたら中の水がなくなっていました。しかし、ふたをしたまま置きっぱなしにしていたペットボトルの水はそのままでした。みちるさんは、不思議に思って、水についていろいろと調べてみることにしました。

問１ 水たまりの水や飲みかけのコップの水がなくなった現象を何と言いますか。次のア～オから１つ選び、記号で答えなさい。

ア．凝《ぎょう》固　　イ．凝《ぎょう》縮　　ウ．蒸発　　エ．液化　　オ．融《ゆう》解

問２ 問１の現象が起こったとき、液体の水は何に変化していますか。次のア～オから１つ選び、記号で答えなさい。

ア．氷　　イ．霧《きり》　　ウ．湯気　　エ．水蒸気　　オ．雨つぶ

問３ 問１の現象を最も短時間で起こすためには、どうしたらいいですか。次のア～エから１つ選び、記号で答えなさい。

ア．なべの中に水を入れて、コンロで加熱し、ふっとうさせる。
イ．ペットボトルの中に水を入れてふたをし、上下に激しくふり続ける。
ウ．コップの中に水を入れて、かきまぜぼうでかき回し続ける。
エ．ペットボトルの中に水と食塩を入れてふたをし、そのまま置いておく。

問４ ふたをしていたペットボトルの水がなくならなかったのはなぜですか。次のア～エから１つ選び、記号で答えなさい。

ア．ペットボトルの中できりができて、そのきりがペットボトルの中を満たしているから。
イ．ペットボトルの中の水じょう気が、ふたをしているために空気中へにげることができないから。
ウ．ペットボトルの中の湯気が、ふたのあたりで氷になり、それがとけて水にもどるから。
エ．ある程度時間が経つと、勝手にふたのすき間から水が入ってくるから。

みちるさんは、水の不思議についてもっと調べたいと考えました。そこで今度は、(A)水をビーカーに入れて冷凍《とう》庫に入れてみることにしました。何分かごとに温度を測定し、その(B)記録をまとめ、パソコンの表計算ソフトでグラフにしました。

問5　水は何℃で氷になりますか。温度を数字で答えなさい。

問6　下線部(A)について、冷凍《とう》庫に入れる前に、右図のように水面のところに目印の線をひいておきました。すべての水が氷になったとき、氷の一番上の部分は、どのようになっていますか。次のア～ウから１つ選び、記号で答えなさい。

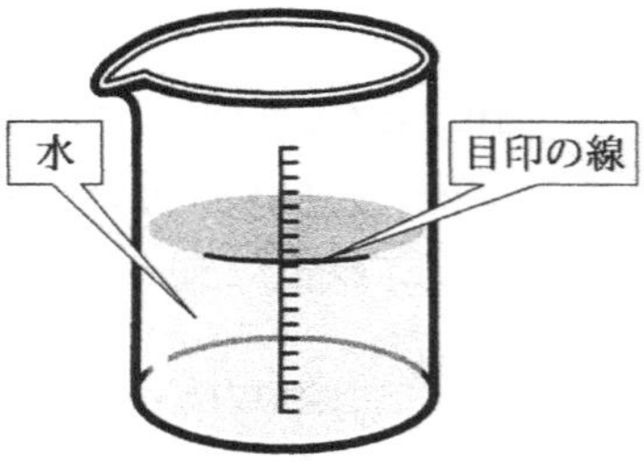

ア．氷の一番上の部分は、目印の線より下にできる。

イ．氷の一番上の部分は、目印の線のところにできる。

ウ．氷の一番上の部分は、目印の線より上にできる。

問7　下線部(B)について、下図のようなグラフができました。グラフのア～エのうち、すべての水が氷になったのは、どの点ですか。次のア～エから１つ選び、記号で答えなさい。

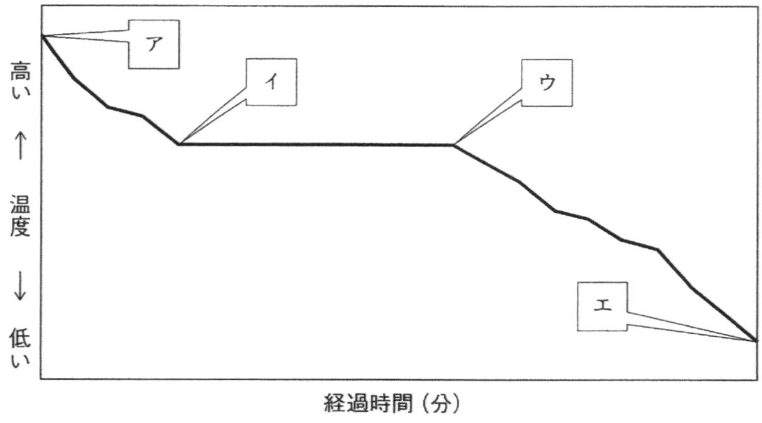

水を冷凍庫に入れて冷やした時の時間と温度の変化

みちるさんは、水のことについて調べていくうちに、水はいろいろな物質をとかすことができることを思い出しました。そこで、ビーカーとスプーンを用意し、食塩と砂糖をそれぞれ水に入れとかしてみました。

問8　ビーカーに40℃の水を100mL入れて、食塩と砂糖をそれぞれとかしました。食塩と砂糖は、どちらがとけやすいですか。とけやすい方の名前を答えなさい。

問９　みちるさんは、水の温度を変えなくても、もっと食塩や砂糖が水にとける方法がないか考えました。そのときに行った方法が、下のア～ウです。ア～ウの中で、とける量が増えたものを１つ選び、記号で答えなさい。

ア．水の量を100mLから200mLに増やす。

イ．水の量を100mLから50mLに減らす。

ウ．食塩または砂糖といっしょに、せっけんもとかす。

問10　とかした食塩のつぶ(結晶《しょう》という)をもう一度取り出すために、みちるさんは以下の方法を試しました。以下のア～ウの方法の中で、**食塩のつぶが全く出てこなかった方法はどれですか。**次のア～ウから１つ選び、記号で答えなさい。

ア．食塩のとけた液100mLをビーカーに入れ、太陽の光があたるところへ10日間置いておく。

イ．食塩のとけた液100mLをビーカーに入れ、温度を40℃に保ったまま、ガラス棒で２時間かきまぜつづける。

ウ．食塩のとけた液100mLをなべに入れ、ガスコンロで30分間加熱しつづける。

2 小学校の理科の授業で習ったことは、実際の生活の中で出会ういろいろなことがらを理解するのにとても大切です。令治くんが感じた身の回りのことについて、次の問１～問10に答えなさい。

問１ 外で遊ぶのが大好きな令治くんは、その日は雨でつまらないと思いながら、ふと雨の日は晴れの日にくらべて気温が上がらないことに気づきました。雨の日に気温が上がらないのはなぜですか。次のア～エから１つ選び、記号で答えなさい。

ア．雨の水で空気が冷やされるので　　イ．水が蒸発するとき熱がうばわれるので
ウ．雲によって日光がさえぎられるので　　エ．雲によって空気が閉じ込められるので

問２ ある夜、令治くんは学校で習ったさそり座にある真っ赤な１等星をさがしました。この１等星は何という星ですか。次のア～エから１つ選び、記号で答えなさい。

ア．ベガ　　イ．アンタレス　　ウ．アルタイル　　エ．デネブ

問３ ある日の午後６時、令治くんは真南の空に右図の様な月が出ていることに気づきました。この後、この月はどの方向に動いていきますか。右図中の①～⑥から１つ選び、数字で答えなさい。

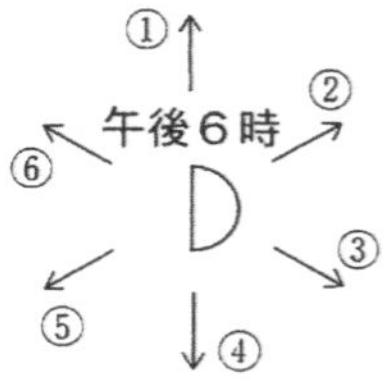

問４ 問３の月がその後どうなったかを調べるために、令治くんはその日の午後11時ごろ、外に出て月をさがしました。月は次のア～オのどの位置にあると考えられますか。最も正しいものを１つ選び、記号で答えなさい。

ア．北の空　　イ．東の地平線近く　　ウ．南の空
エ．西の地平線近く　　オ．すでに地平線の下に沈んだ

問５ 台風が近づいていることを知った令治くんは、毎日天気予報で台風の動きを気にかけていました。令治くんが見た下の図①～④の衛星写真を日時の早い順に左からならべ、その数字を「④③②①」のように答えなさい。

①　②　③　④

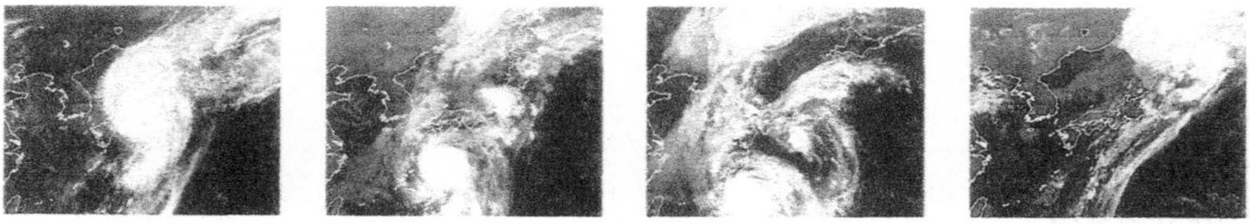

問６　令治くんが、空を見上げたとき、空全体の広さを10としたら、雲の量が７くらいの割合でした。この日の天気は何ですか。

問７　令治くんは空に浮かぶ雲を見るのが好きです。雲を見ていると、いろいろなつまらない気持ちがなくなって、大らかな気持ちになれるからです。学校の授業で、雲には雨を降らせるものと、雨を降らせないものがあると学びました。下の図①～④の雲のうち、雷をともなうはげしい雨を降らせることがあるのはどの雲ですか。正しいものを１つ選び、数字で答えなさい。

①　②　③　④

問８　令治くんは川遊びが好きです。魚をとるのも楽しいし、石を回転させながら投げて水面で石をはねさせる水切りも楽しいからです。令治くんは、水切りで８回という記録をもっているのがじまんです。水切りで投げる石は、平たくて丸っこい形が一番よいことを令治くんは知っています。そんな石が多くて、水切りがしやすい川はどんな川ですか。次のア～ウから１つ選び、記号で答えなさい。

ア．山の中を流れる川（上流）　イ．平地を流れる川（中流）　ウ．海の近くを流れる川（河口）

問９　「令和２年７月豪雨《ごうう》」により川の水があふれ、激しい流れとなって、多くの家々が流されていくニュースを見た令治くんは、いつもの川は楽しいけれど、いったん洪水《こうずい》になるとすごくこわいと思いました。川のはたらきは３つありますが、家が流されたのは、そのうちの何というはたらきですか。

問10　令治くんは、大雨による川の災害をできるだけ少なくするためにはどうしたらよいのか、次のア～オの５つを考えました。この中で、大雨による川の災害対策《たいさく》とならないものが１つあります。以下の記号から１つ選び、記号で答えなさい。

ア．利水ダムをつくる　イ．コンクリートで堤防《ていぼう》をつくる　ウ．遊水地をつくる
エ．山の木々を育て、森を育む　オ．護岸ブロックを川岸に設置する

3　次の文章を読んで、問いに答えなさい。ただし、文章中の同じアルファベットには、同じ語が入ります。

ここは、とある研究所です。この研究所のすすむ博士（以下、博士）とえいた助手（以下、えいた）が、発電に関して話し合いをしています。

博　士：えいた君。環境《かんきょう》にやさしく、電気がたくさん発電できる方法は、何かないだろうか？

えいた：そうですね。そんな方法があればみんな困っていないのですが……。

博　士：君は、どんな発電の方法があるか知っているかね？

えいた：そうですね……。石油や天然ガスを燃やして、その熱で水を沸騰《ふっとう》させて電気をおこす[A]発電や、ウランなどの原子が分裂《れつ》し、別の原子になるときに発生するエネルギーを使って水を沸騰させて電気をおこす[B]発電や、水をダムでせきとめて、その水を高いところから流して発電する[C]発電などがあります。

博　士：そうだな。実にいろいろな発電の方法があるが、それぞれに問題があるのだ。

えいた：なかなかうまくはいかないものですね……。

博　士：うむ。その問題が解決できれば、もっと安全で安く、将来にわたって発電をすることができるはずなのだ。

えいた：博士、たとえば[A]発電の問題点はなんですか？

博　士：１つは、[D]という問題点がある。

えいた：それはまずいですね。それがなくなってしまったら、もう[A]発電はできなくなります。

博　士：２つめは、[E]という問題点がある。

えいた：なんですって！地球の気温がどんどん高くなると、南極大陸の氷がとけて海面が上昇《しょう》し、海に沈《しず》んでしまう場所が出てきますね。

博　士：そうなんだ。両方とも大変な問題なんだよ。

えいた：では[B]発電はどうですか？

博　士：この発電の方法は、[A]発電のようなことは起こらないが……。

えいた：やっぱり問題があるんですね……。

博　士：そうなんだ。もしも事故が発生したら、われわれの健康をおびやかす[F]を発生させる物質が、広い範囲《はんい》にまきちらされてしまう。

えいた：そうですね。(G)東日本大震《しん》災では、実際に事故がおこってしまいました。

博　士：一度事故がおこると、その影響《えいきょう》はとても長く残ってしまう。何とかしようと思っても、[F]を発生させる物質の処分は、大変難しいのだよ。

えいた：では、[C]発電はどうでしょうか？

博　士：そうだね、３つの中では一番問題は少ないかもしれない。しかし、経済産業省資源エネルギー庁の「エネルギー白書2016」によると、2014年の日本における全発電量のうち、[C]発電が占める割合は3.4%だ。

えいた：ええっ、少ないですね。

博　士：うむ、そうだ。

えいた：やはりそこには何か原因があるのでしょうか？

博　士：では、こちらの図を見てほしい。この図は、日本と海外の主な川の長さとこうばい（川の流れのかたむきの大きさ）を表している。

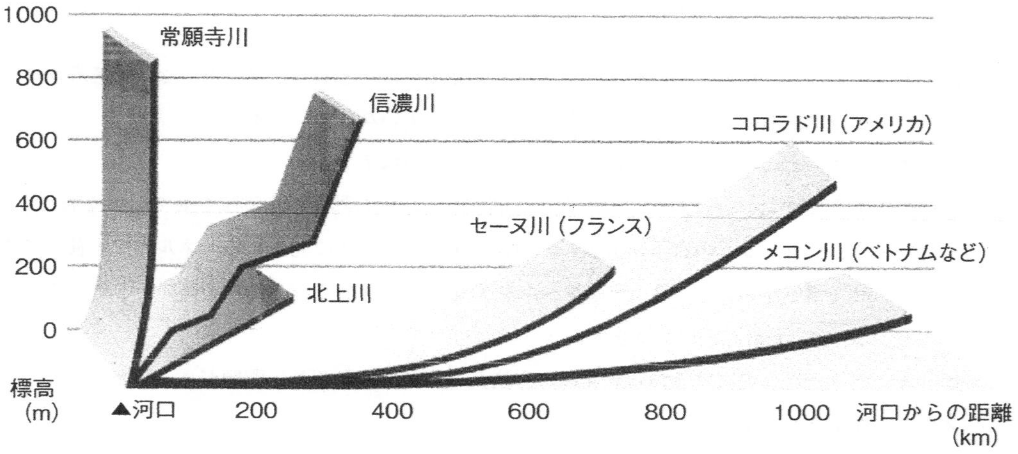

国土交通省, 河川事業概要2005より（改編）

えいた：これは……。日本と海外の川でははっきりちがいが出ていますね。

博　士：常願寺《じょうがんじ》川、信濃《しなの》川、北上《きたかみ》川は日本の川、セーヌ川、コロラド川、メコン川は、海外の川だね。(H)日本の川と海外の川では、はっきりと特徴《ちょう》が表れているね。

えいた：しかし、これが C 発電にどう関係するのですか？

博　士：実は、この特徴のちがいが、(I)日本の C 発電の建設を難しくしているんだ。

えいた：そうなんですね。では、 C 発電は、このままなくなってしまうのでしょうか。

博　士：大きなものは難しいけれど、中ぐらいのものや小さいものは日本に向くのではないかと言われているよ。

えいた：なるほど。電気は私たちの生活に必要だから、研究がすすんで、安心して電気が使えるようになるといいですね。

問１　文章中の A ～ C にあてはまる発電の名前を**漢字で答えなさい**。

問２　 A 発電の問題点としてあげられている D と E に入る言葉として最も正しいものを、次のア～オからそれぞれ１つずつ選び、記号で答えなさい。

ア．水を沸騰させる必要があるために、地球から水がなくなってしまう

イ．地球にある石油や天然ガスは、ほり出せる量に限りがある

ウ．石油や天然ガスを燃やして発生する熱が、地球の気温を上げてしまう

エ．石油や天然ガスを燃やして発生する二酸化炭素が、地球の気温を上げてしまう

オ．有毒ガスが発生し、そのガスが地球の気温を上げてしまう

2021（令和3）年度入学試験問題

理　科

（50分）

（注意）解答はすべて解答用紙に記入しなさい。

盈進中学校

3 次の□にあてはまる数を答えなさい。

(1)　下の図の三角形ABCで、AD：DB＝1：2、AE：EC＝3：4です。

三角形BDFの面積が16cm^{2}のとき、三角形ABCの面積は□cm^{2}です。

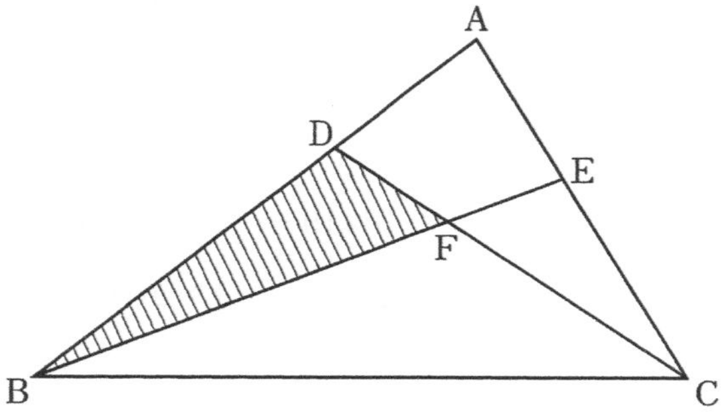

(2)　たくやくんは、3600mはなれた図書館へ行くのに、10時10分に自転車で家を出発し、12分後に途中にある公園に着きました。そこで、ゆうたくんと待ち合わせをし、5分後に分速80mの速さで、ゆうたくんといっしょに歩いて図書館へ行きました。

下のグラフは、たくやくんが家を出発してから図書館に着くまでの時間と道のりの関係を表しています。

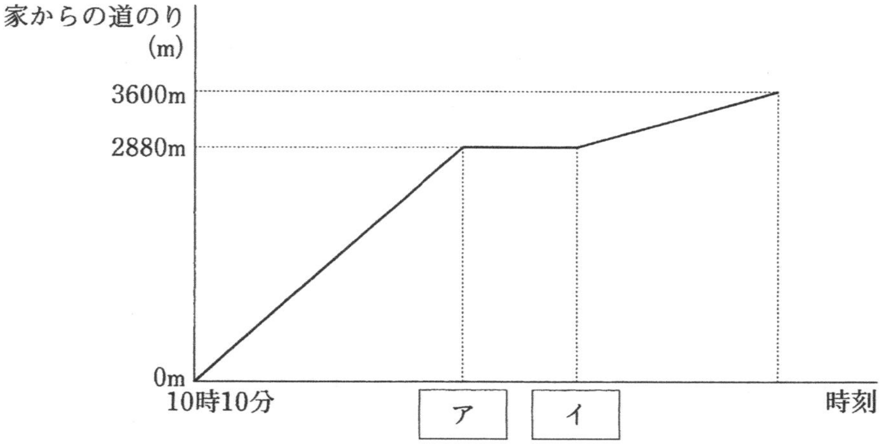

①　グラフの［ア］にあてはまる時刻は□時□分です。

②　グラフの［イ］にあてはまる時刻は□時□分です。

③　たくやくんの自転車の速さは、分速□mです。

④　たくやくんとゆうたくんが図書館に着いた時刻は□時□分です。

⑤　たくやくんが家と図書館のちょうど真ん中の地点を通過したのは、家を出発してから□分□秒後です。

2 次の□にあてはまる数を答えなさい。

(1) 35人のクラスで、自転車を利用して登校している生徒は14人です。
これは、クラスの生徒全体の□％にあたります。

(2) ある作業をするのに、あかりさんは10分、としやくんは15分かかります。
この作業を２人でいっしょにすると□分かかります。

(3) 秒速15mの速さで進んでいる長さ120mの列車が、長さ1800mのトンネルを通過するのにかかる時間は□分□秒です。

(4) ４％の食塩水300gに水を□g加えると、３％の食塩水ができます。

(5) あるクラスで算数のテストを行い平均点を出したところ、以下の表のような結果になりました。

	人数	平均点
男子	21人	イ
女子	15人	70点
合計	ア	66.5点

1 次の □ にあてはまる数を答えなさい。

(1) $48+36\div 3=\square$

(2) $(2018+2019+2020+2022+2023+2024)\div 2021=\square$

(3) $\frac{15}{16}+0.125\times\frac{1}{2}=\square$

(4) $1\frac{1}{4}+\frac{5}{3}-2\frac{1}{2}=\square$

(5) $1.07\times 35+10.7\times 6.5=\square$

(6) $\left(\frac{1}{2}+\frac{1}{10}-\frac{2}{45}\right)\times 9=\square$

(7) $100-(93-\square)\times\frac{2}{3}=90$

2021（令和3）年度入学試験問題

算　数

（50分）

（注意）解答はすべて解答用紙に記入しなさい。

盈進中学校

「祐也」
呼ばれて顔をあげると、※三和土《たたき》に背広を着た父が立っていた。
「どうした?」
心配顔の父に聞かれて、祐也は4連敗しそうだと言った。
「そうか。それじゃあ、もう休もう。ずいぶん、苦しかったろう」
祐也は父に歩みよった。肩に手を置かれて、その手で背中をさすられた。
「挽回《ばんかい》できそうにないのか?」
手を離《はな》した父が一歩さがって聞いた。
「無理だと思う」
祐也は目を伏《ふ》せた。
「そうか。それでも最後まで最善を尽《つ》くしてきなさい」
「わかった」
父に背をむけて、祐也は大広間に戻った。どう見ても逆転などあり得ない状況で、こんな将棋にしてしまった自分が情けなかった。
10手後、祐也は頭をさげた。次回の、今年最後の研修会で1局目から3連勝しないかぎり、D1で2度目の降級点がつき、D2に落ちる。これでは奨励会試験に合格するはずがない。しかし、そんなことよりも、いまのままでは、将棋自体が嫌《きら》いになりそうで、それがなによりこわかった。
祐也はボディーバッグを持ち、大広間を出た。
「負けたのか?」
父に聞かれて、祐也はうなずいた。そのまま二人で1階まで階段をおりて、ＪＲ千駄ヶ谷《せんだがや》駅へと続く道を歩いていく。④いきには気づかなかったが、街はクリスマスの飾《かざ》りでいっぱいだった。
「プロを目ざすのは、もうやめにしなさい」
祐也より頭ひとつ大きな父が言った。

「2週間後の研修会を最後にして、少し将棋を休むといい。いまのままだと、きみは取り返しのつかないことになる。わかったね？」
「はい」
そう答えた祐也の目から涙《なみだ》が流れた。足が止まり、あふれた涙が頬《ほお》をつたって、地面にぼとぼと落ちていく。胸がわななき、祐也はしゃくりあげた。こんなふうに泣くのは、保育園の年少組以来だ。身《み》も世《よ》もなく泣きじゃくるうちに、ずっと頭をおおっていたモヤが晴れていくのがわかった。
「将棋をやめろと言っているんじゃない。将棋は、一生をかけて、指していけばいい。しかし、おととしの10月に研修会に入ってから、きみはあきらかにおかしかった。おとうさんも、おかあさんも、気づいてはいたんだが、将棋については素人《しろうと》同然だから、どうやってとめていいか、わからなかった。2年と2ヵ月、よくがんばった。[X]」
父が頭をさげた。
「そんなことはない」
祐也は首を横にふった。
「たぶん、きみは、秀也が国立大学の医学部に現役合格したことで、相当なプレッシャーを感じていたんだろう」
父はそれから、ひとの成長のペースは千差万別なのだから、あわてる必要はないという意味の話をした。
千駄ヶ谷駅で総武《そうぶ》線に乗ってからも、父は、世間の誰もが感心したり、褒《ほ》めそやしたりする能力だけが人間の可能性ではないのだということをわかりやすく話してくれた。
「すぐには気持ちを切り換《か》えられないだろうが、まだ中学1年生の12月なんだから、いくらでも挽回はきく。高校は、偏差値《へんさち》よりも、将棋部があるかどうかで選ぶといい。そして、自分なりの将棋の楽しみかたを見つけるんだ」
⑤ありがたい話だと思ったが、祐也はしだいに眠《ねむ》たくなってきた。錦糸町《きんしちょう》駅で乗り換えた東京メトロ半蔵門《はんぞうもん》線のシートにすわるなり、祐也は眠りに落ちた。
午後6時すぎに家に着くと、玄関《げんかん》で母がむかえてくれた。
「祐ちゃん、お帰りなさい。お風呂が沸《わ》いているから、そのまま入ったら」
いつもどおり、張り切った声で話す母に、⑥祐也は顔がほころんだ。

浴槽《よくそう》につかっているあいだも、夕飯のあいだも、祐也は何度も眠りかけた。2年と2ヵ月、研修会で戦ってきた緊張がとけて、ただただ眠たかった。

悲しみにおそわれたのは、ベッドに入ってからだ。

「もう、棋士にはなれないんだ」

祐也の目から涙があふれた。布団《ふとん》をかぶって泣いているうちに眠ってしまい、ふと目をさますと夜中の1時すぎだった。父と母も眠っているらしく、家のなかは物音ひとつしなかった。

常夜灯がついた部屋で、ベッドのうえに正座をすると、祐也は将棋をおぼえてからの日々を思い返した。※米村君はどうしているだろう。中学受験をして都内の私立に進んでしまったが、いまでも将棋を指しているだろうか。いつか野崎君と、どんな気持ちで研修会に通っていたのかを話してみたい。

祐也は、頭のなかで今日の4局を並べ直した。どれもひどい将棋だと思っていたが、1局目と2局目はミスをしたところで正しく指していれば、優勢に持ち込めたことがわかった。

「おれは将棋が好きだ。プロにはなれなかったけど、それでも将棋が好きだ」

うそ偽《いつわ》りのない思いにからだをふるわせながら、祐也はベッドに横になり、深い眠りに落ちていった。

（佐川光晴《さがわみつはる》『駒音《こまおと》高く』による）

※金剛さん…祐也が土曜日ごとに通っていた浦和《うらわ》将棋センターの責任者。アマチュア将棋の強豪《きょうごう》。

※江幡さん…秀也の同級生の父。アマチュア将棋の強豪で、祐也を浦和将棋センターに紹介してくれた。

※赤点…落第点。　※詰め将棋…与えられた譜面《ふめん》で決められた駒《こま》を使って、王将を詰める方法を研究する将棋。

※飛車、銀…いずれも将棋の重要な駒の一つ。　※三和土…セメントで固めた土間。

※米村君…祐也が将棋を始めるきっかけとなった同級生。小学三年生の時、祐也のクラスに転校してきた。

問一 ――線部①「それ」とありますが、具体的にどのようなことを指していますか。最も適切なものを次から選びなさい。

ア 勉強では兄の秀也にかなわない祐也が、「絶対に棋士になってやる」と毎日のように誓っていること。
イ 負けたくない気持ちが先立っている祐也が、思いきった将棋を指せなくなってしまったこと。
ウ 将棋と勉強の両立を目指す祐也が、勉強面では医学部に進学した兄の秀也にはかなわないこと。
エ 自分よりも実力が上のクラスの相手には勝てない祐也が、奨励会試験にも合格しそうにないこと。

問二 [a]にあてはまる漢字一字を答えなさい。

問三 ――線部②「将棋にうそはつけない」とありますが、これはどのようなことを意味していますか。最も適切なものを次から選びなさい。

ア 祐也は自分と奨励会員との差は技術ではなく気魄だと気付いた。そのことで、自分の技術に対して自信過剰《かじょう》となり、今までのように全力で勝負にいどむことができなくなってしまったということ。
イ 祐也は万全の態勢でのぞんだ奨励会員との対局に勝てず、将棋を指すことがおもしろくなくなった。そのため、自分らしい勝負の仕方を見失い、将棋から逃げたくなってしまったということ。
ウ 祐也は勝てない将棋や難しくなる勉強など、思い通りにいかないことで落ち込んでいた。そのせいで、励ましてくれた両親や兄の言葉を素直に受け止めることができなくなってしまったということ。
エ 祐也は奨励会員との対局で他者を寄せつけない彼らの迫力にふれ、自分には勝ち目がないことを自覚した。だから、いくら勝利を追い求めるふりをしても、敗戦という結果に表れてしまうということ。

問四 [b]・[c]にあてはまる語句として、最も適切なものをそれぞれ選びなさい。

[b]……ア 背水　イ 水泳　ウ 背中　エ 水軍
[c]……ア 理不尽《りふじん》　イ 有頂天《うちょうてん》　ウ 悪循環《あくじゅんかん》　エ 瀬戸際《せとぎわ》

問五 ――線部③「祐也は、野崎君に密かに感心していた」とありますが、その内容についてまとめた次の文の空らんにあてはまる語句を、ⅰは十字、ⅱは七字で本文からそれぞれ抜き出しなさい。

祐也は感心していた。それは、野崎君が二十歳までに初段というハードルを越えるのは難しく、祐也よりも［ ⅰ ］状況《じょうきょう》におかれているのに、［ ⅱ ］で自分の目指す将棋と向き合い、努力し続けているからだ。

問六 ――線部④「いきには気づかなかったが、街はクリスマスの飾りでいっぱいだった」に見られる表現の効果について四人の生徒が意見を述べました。次のAさんからDさんのうち、正しいことを言っている人を一人選び、記号で答えなさい。

Aさん 祐也は対局を終えた帰り道で「街はクリスマスの飾りでいっぱいだった」と気づいていますね。ここには上手に指すことができなくなった将棋をやめると決心した祐也の、もうプロ棋士を目指さないですむという喜びが表現されていると思います。

Bさん 「街はクリスマスの飾りでいっぱいだった」という部分には、十二月らしい町並みの様子がえがかれていますね。ここには季節感を鮮やかに表現するという効果が見られます。将棋会館から帰る夕方になるとその美しい光景がより際立って見えたのでしょう。

Cさん 祐也は将棋の研修会の試合でC2からD1に降級し、もうあとがない状況で今日の試合に向かったはずです。クリスマスの飾りに「いきには気づかなかった」というのは、対局に負けて帰るときにやっとその緊張感から解放されたことを強調していますね。

Dさん 父親は対局に負けてショックを受けている祐也をはげまそうとしたのだと思います。ここには「クリスマスの飾りでいっぱい」の通りを一緒《いっしょ》に帰ることで、祐也を明るく元気づけたいという愛情が感じられますね。

問七 ［ X ］に入ることばとして、最も適切なものを次から選びなさい。

ア そのがんばりを、今度は勉強で発揮したらどうだ。
イ 今日まで、ひとりで苦しませて、申しわけなかった。
ウ でも、もう少しきみが将棋を指す姿を見たかったな。
エ 今まで、きみの将棋の応援をさせてくれてありがとう。

問八　――線部⑤「ありがたい話」とありますが、どのような話ですか。本文中の語句を用いて、四十字以上五十字以内で説明しなさい。

問九　――線部⑥「祐也は顔がほころんだ」とありますが、この時の祐也の気持ちとして最も適切なものを次から選びなさい。

ア　将棋にも勉強にも中途半端《ちゅうとはんぱ》な自分を厳しく叱《しか》る父親とは対照的に、優しく接してくれる母に対して申し訳ないと思っている。

イ　いつもどおりの元気な母の声を聞いてやる気がわき、今度こそは将棋で勝って母に恩《おん》返しをしたいと闘志《とうし》を燃やしている。

ウ　将棋で大敗し、棋士になる夢をあきらめる決断をした直後にも関わらず、のんきな様子の母親に不満の気持ちをいだいている。

エ　将棋の勝敗に関わらず自分のことをいつも温かく見守ってくれる母の存在に気づかされ、安堵《あんど》の気持ちを感じている。

問十　――線部「おれは将棋が好きだ」とありますが、この作品の主人公は、なかなか結果につながらなくても、ひたむきに将棋に打ち込んでいました。そして、大きな目標を断念した時、改めて将棋そのものが好きだと気付くことができました。では、あなたがひたむきに努力できる好きなことは何ですか。六十字以上八十字以内の文章を書きなさい。

ただし、次の二つの条件を満たすこととします。

①　字数は六十字以上八十字以内で、二文以上に分けて書きなさい。

一文目に「好きなこと」を、二文目以後に「どのように努力しているか（または、今後努力できるか）」を書くこととします。

書き出しは一マス空けて、以後段落は変えないこととします。

②　文字は濃く、大きく、ていねいに書きなさい。

四 次のことばを**例**にならってローマ字（ヘボン式）に直して答えなさい。

① 着物（きもの）

② 地図（ちず）

③ 積み木（つみき）

④ 楽器（がっき）

⑤ だるま

例 盈進（えいしん）

eishin

2021(R3) 盈進中
K 教英出版